読みなおす日本史

木戸孝允

松尾正人

吉川弘文館

目次

プロローグ　幕末の志士・桂小五郎

桂小五郎と木戸孝允　木戸孝允は、幕末勤王の志士桂小五郎《かつらこごろう》としてよく知られている。文久三年（一八六三）八月のクーデター、翌年七月の禁門（蛤御門《はまぐりごもん》）の変、そして慶応二年（一八六六）正月の薩長盟約など、桂小五郎ほど幕末動乱の多くの現場に立ち会い、生死の危機を掻いくぐった人物はいない。小五郎が京都で新選組に追われ、三本木の芸妓幾松《いくまつ》に助けられたそのスリルとロマンは有名である。

桂小五郎は天保四年（一八三三）六月二十六日、長州藩医和田家に生まれ、天保十一年四月に桂九郎兵衛家の養子になった。父の和田昌景は眼科と外科を専門とする同藩医で、小五郎は昌景と後妻清子との間に生まれている。和田家の後継ぎは、昌景の最初の妻が生んだ長女に迎えた婿養子の文譲に決まっていた。

小五郎が養子となった桂家は、毛利家の大組《おおぐみ》（中士）。他藩の馬廻格《うままわりかく》である。毛利家の諸臣の首位は一門で、その次に寄組《よりぐみ》（上士）があり、その下が大組（中士）であった。大組の同家は、桂波門家で「木戸桂」とも呼ばれていた。桂家は一五〇石であったが、数え八歳の小五郎を養子に迎えた桂九郎兵衛孝古は病死し、死の直前の末期養子であったために九〇石とされている。家名の断絶は避けられたが、末期養子の場合は知行の半分程度に削られるのが一般であった（『松菊木戸公伝』上）。

養父孝古に続いて翌年に養母も没したことから、少年の小五郎は桂家を継いだ後、実家の和田家で育てられた。和田家は二〇石取りであったが、民間の治療も行い、昌景の遺言状には貸家などの不動産や多額の現金が記され、裕福な家計である。しかし小五郎は、嘉永元年（一八四八）三月に実母清子が死去し、大柄な体躯でありながら病弱質であったようだ。

そのような桂小五郎は、禁門の変に敗れて潜伏した但馬の出石《いずし》から帰藩した後、慶応元年（一八六五）九月に藩主に改名を願い出て、木戸貫治《かんじ》とすることを許された。幕府の嫌疑をうけ、その追及を避ける必要があったことによる。その際、昔時の「木戸桂」にちなんで、木戸と改名したのであった（『木戸松菊公逸事』）。木戸貫治は、準一郎、孝允《たかよし》とも称し、松菊《しょうぎく》・竿鈴などの雅号を用いたが、本書は記述の都合で、慶応元年以降を諱の孝允に統一する。

ところで、幕末の桂小五郎は、小説あるいは映像・舞台にたびたび登場する。幕末長州藩の志士といえば桂小五郎がその代表である。だが、それに比較して、明治の木戸孝允を取り上げた研究は少ない。田中惣五郎『木戸孝允』は、幕末政治と桂小五郎の人物・活躍を追った研究である。大江志乃夫『木戸孝允』も、やはり幕末の「勤王の志士」の時代に限定している。

また、村松剛『醒めた炎』や南条範夫『幾松という女』は、興味深い小説であるが、桂小五郎と木戸孝允の人物を主体にした追究、あるいは幾松（松子）との心性を描写している。幕末から明治に至る伝記として妻木忠太『松菊木戸公伝』があり、木戸孝允の陰影を追究した評伝に冨成博『木戸孝允』が出版されているが、史料の記述が中心である。幕末に比較して、明治の木戸孝允の一書となると、いずれも十分な考察とはいえない。

王政復古後の明治新政権の形成は、幕府を倒すこととは異なり、ある意味でそれ以上の困難に直面した。幕末乱麻の大騒動の舞台から、一転して新たな国家を展望し、その創設に向けて力を結集するのは簡単ではない。明治新政権では、封建制度そのものを打ち破り、西欧列強諸国に伍していくために、近代国家の枠組みに切り換えていくことが最大の課題となった。そこでは討幕の立役者もわずか数年後に失脚し、逆賊と変わっていく。時勢の移り変わりは無情である。

幕末の桂小五郎と明治の木戸孝允の一身二生。幕末の志士が新たな時代の明治の政治家へどのように変貌したのか、興味が尽きない。幕末と明治では、その連続と断絶の両極面が浮かび上がる。明治の木戸孝允の丹念な分析は、幕末の桂小五郎についても新たな発見が可能になる。

桂小五郎と尊王攘夷　桂小五郎は、聡明で幼小の頃から書を得意としたようだ。小五郎の生まれた萩の呉服町の和田家は、現在も往時の姿を残し、書斎の床の間に小五郎の掛軸がある。手習いの「今日」という書で、「以っての外よろし」と朱筆の評価が付記され、萩城下で評判になったという。

その小五郎は、藩黌《はんこう》の明倫館で学び、さらに吉田松陰《しょういん》に師事した。松下村塾《しょうかそんじゅく》に通ったわけではないが、三歳年長の松陰を師と仰ぎ、折々に教えをうけている。その後、嘉永五年（一八五二）九月に江戸の剣客斉藤新太郎が萩に来たことから、関東遊歴の藩許を請い、新太郎に従って自費で江戸に向かっている。実家の和田家が藩医であり、長期の遊学が可能だったことによる。九月に新太郎の父斉藤弥九郎（篤信斎）道場に入り、長ずるに従って頭角をあらわし、塾頭にまでなった。麴町三番町にあった斉藤道場では、大学・中庸《ちゅうよう》・論語・日本外史《がいし》も講読し、西洋陣法を学び、海防を議している。弥九郎は神道無念《しんとうむねん》流の二代目で水戸の藤田東湖《とうこ》と同門。小五郎は、道場などで水戸藩士らとの交流が深まった。翌年六月にはペリー艦隊の来航があり、鎖国を突き崩す衝撃的な事件を、小五郎自身が江戸で体験することになった。小五郎が二十一歳の時である。

桂小五郎は、韮山《にらやま》代官江川英竜《ひでたつ》の従僕に加わり、江戸湾から相模・伊豆の海岸防備、測量を見学した。斉藤弥九郎が江川英竜の兵学の先輩であったことを利用している。同年十一月には長州藩が相模の海岸警備を命じられ、小五郎は藩当局に対して、太平の因循を一新して「上皇帝を奉護、下万民を撫育」すべしとする意見書を提出した。そして江川の新銭座の塾に通い、洋式兵術を学ぶ。さらにロシアのプチャーチンが来航し、安政大地震で下田のディアナ号が被害をうけると、安政元年（一八五四）十一月にその見学を試みた。翌年七月には浦賀奉行所の中島三郎助のもとで、造船術を学んでいる。そして十一月には藩命で西伊豆の戸田に出張して、ディアナ号に代わるスクーナー型帆船の建造を調査した。ペリー来航後の時勢に敏感に反応した積極的な行動が、後年の小五郎の幅広い活躍、機略縦横の出発になっている。

桂小五郎は、外圧の厳しい現実のなかで、幕府が大老井伊直弼のもとで通商条約を締結すると、その対外政策を批判し、挙国一致による攘夷を主張した。小五郎の師の吉田松陰は、ペリーの軍艦に乗り移って海外に渡航しようとし、幕府に引き渡されていた。老中の要撃をも主張する過激な言動が幕府の糾弾することとなって、松陰は安政六年十月に処刑されている。諸藩の有志との交流、そして松陰の刑死が幕藩体制のあり方、国家の将来を考える小五郎に大きな影響をあたえたことはいうまでもない。また小五郎は、尊王論者でもあった。十一、二歳の頃に「天朝の衰微」を歎き、「幕府の驕敖《きようごう》」を怒って、しばしば同藩士に語ったという。孝明天皇をはじめとする朝廷が、強く攘夷を主張していたことも、小五郎の尊王攘夷への傾倒に結びついたといえる。

そして安政六年十一月、小五郎は江戸藩邸の有備館用掛、翌年四月に同舎長となり、江戸藩邸の文武修業の責任者となった。万延元年（一八六〇）三月には、大老井伊直弼暗殺事件を身近で体験している。小五郎は、松陰の思いを背に、水戸や薩摩の有志と交流を深めていく。小五郎は、長州藩の丙辰丸艦長の松島剛蔵《ごうぞう》を通じて水戸藩の西丸帯刀《さいまるたてわき》に会い、水戸藩有志と連携する「丙辰《へいしん》丸の盟約」を結んだ。公武合体を推進した老中安藤信正を襲撃した文久二年（一八六二）正月の坂下門外の事件では、襲撃の時刻に遅れた水戸浪士が小五郎を訪ね、長州藩桜田邸内で自決する事態となっている。小五郎は幕府から嫌疑をかけられ、危うい思いをしたという。

その後、小五郎は上京を命じられ、文久三年四月に機務参与に任じられ、藩政に参画するようになった。長州藩では、長井雅楽《うた》が文久元年四月に航海遠略策を朝廷に建言し、さらに江戸に向かい、公武合体論の立場から老中安藤信正と連携していた。しかし、信正の失脚で長州藩も藩論の転換をせまられる。薩摩藩は島津久光《ひさみつ》が文久二年四月に上洛し、勅使大原重徳《しげとみ》を擁して幕政改革に乗り出していた。長州藩内でも、久坂玄瑞《げんずい》や入江九一《くいち》らの尊王攘夷の激派が上洛し、朝廷に連携した攘夷論に立って活動している。長州藩は、公武合体策を否定し、攘夷奉勅を藩政の方針に切り換えていく。小五郎は右筆《ゆうひつ》、政務座の副役に補せられ、さらに学習院用掛に命じられた。小五郎の持っていた水戸や薩摩などとの幅広い人脈が、長州藩当局の政策判断に役立つようになっている。激派には松下村塾出身者が多く、それを抑えられるのは小五郎しかいない。師松陰は入獄中、長州藩当局に対して、桂小五郎を「寛洪の量、温然愛すべき人なり、且才気あり」とし、「御密用御祐筆《ゆうひつ》」に任じて政務座へ登用するように推薦していた。聡明・才気の小五郎の昇進は、松陰の期待に答えるものであったといえる。

かくして、尊王攘夷を掲げる長州藩は、京都の主役となった。将軍家茂《いえもち》も文久三年三月に上洛し、孝明天皇が攘夷祈願のための下賀茂・上賀茂両社へ行幸。長州藩世子毛利元徳《もとのり》も将軍家茂とともに供奉したのであった。

しかし、攘夷は具体的な実行となると簡単ではない。それでも権中納言の三条実美《さねとみ》や久留米の祠官真木《まき》和泉《いずみ》らの攘夷派は、朝廷を背に攘夷の実行を幕府にせまる。四月には石清水八幡宮への行幸が行われ、進退のきわまった将軍家茂は五月十日を攘夷期限として上奏した。小五郎らは、攘夷が不可能なことをわかっていた。それでも朝廷を無視して締結した条約に対して、攘夷を掲げて国内の結束を固め、「皇国」が一体となって改めて諸外国との修好を取りかわすべきと論じている。この攘夷の要求は、幕府を糾弾する討幕の動きに結び付く。長州藩が建議した攘夷親征の計画は、天皇が大和に行幸し、親征の軍議を興すという八月十三日の勅語となっている。

追い詰められた幕府は、八月十八日にクーデターを敢行した。孝明天皇自身は、幕府を倒すまでの意図は持っていない。天皇は、朝廷内をぎゅうじる三条実美らの攘夷派の過激な行動に批判的になっていた。それゆえ、京都守護職の会津藩あるいは薩摩藩などの幕府側は、クーデターで京都御所から尊攘派を排除することに成功。三条などの参内が停められ、長州藩の堺町御門警衛も免じられた。三条らの攘夷派は山口に逃れている。いわゆる七卿落ちで、長州藩攘夷派の失墜であった。

禁門の変と幾松　文久三年（一八六三）八月十八日の政変後、桂小五郎は三条実美ら七卿を兵庫まで送り、ふたたび入京した。新堀松輔と変名し、朝廷や幕府・諸藩の動向を探索して、時局の転換に向けた画策を企図している。朝廷は、三条などの攘夷派公卿の官位を奪い、関白鷹司輔熙《たかつかさすけひろ》に差控を命じた。また長州藩主毛利敬親《たかちか》父子の入京を禁じている。小五郎は正親町《おおぎまち》三条実徳《さねあつ》邸を訪ねたが、尽力の成果もあがらず十月三日に帰藩した。

帰藩した小五郎は、直ちに奥番頭格の直目付に任じられた。長州藩では、三条の下向に随従した久留米の祠官真木和泉が出兵論を主張し、藩内でも中村九郎らが呼応するようになっている。藩内の実力者周布《すふ》政之助《まさのすけ》は情勢の不可を論じ、桂小五郎・高杉晋作《しんさく》も出兵慎重論であった。小五郎は京摂視察の命をうけ、元治元年（一八六四）正月に京都の対馬《つしま》藩別邸に入って、政局転換を画策。四月には先任の乃美織江とともに京都留守居をつとめている。その小五郎は六月五日、新選組に三条小橋の池田屋を襲撃され、危機一髪の間に難を免れた。京都で将軍後見職一橋慶喜《ひとつばしよしのぶ》や松平慶永《まつだいらよしなが》・島津久光《しまづひさみつ》らの参予会議が分裂すると、長州藩内では進発論が優勢となり、池田屋騒動の報が届くことで大挙の出撃と決まった。

そして長州藩では、福原越後・国司《くにし》信濃・益田《ますだ》右衛門介らが兵力を上京させ、嵯峨《さが》・山崎・伏見《ふしみ》などに布陣した。小五郎は開戦に否定的であったが、同時に因州（鳥取）藩に内応を働きかけ、加賀藩の応援を依頼したようだ。しかし、元治元年七月十九日に戦いが始まったいわゆる禁門の変では、薩摩藩が会津藩に加勢し、長州藩側は窮地に陥った。小五郎らは開戦とともに有栖川宮《ありすがわのみや》を奉じて決起することを因州藩側と内約していたが、戦いになると因州藩士は朔平門に近い有栖川宮邸に入り、小五郎らに比叡山《ひえいざん》に向かうことを勧める。因州藩邸にとどまった小五郎らは明け方に有栖川宮邸に向かったが、因州側の違約を知った。小五郎は、兵火で炎上する鷹司邸の周辺の混乱にまきこまれ、さらに伏見から淀《よど》に至ったという。小五郎は戦闘に参加することができず、長州藩諸隊は敗退した。

この京都で潜伏をよぎなくされた小五郎は、幾松に助けられた。潜伏場所は幾松の住む三本木やその周辺の数ヵ所であったようだ。幾松が握飯の類を運んだが、日々場所を変えて隠れ場所は誰にも洩らしていない。良く知られている三条橋下の乞食生活の伝説は、隠れ場所の一つであったのかもしれない。幾松は、若狭国小浜城下の町人生咲《きざき》市兵衛の次女で、京都の三本木の瀧中《たきなか》にあずけられ、舞の名手として知られたという。きかん気で、嬌名も高かった幾松は、長州藩きっての顔役の小五郎と文久三年に入って恋仲となったようだ。木戸と幾松の艶名は志士の間で有名になり、新選組も幾松を追及している。最初の妻に去られていた小五郎は、幾松に助けられ、苦難をともにしただけに、幾松への思いが強い。小五郎は、青雲に上った後も幾松と生涯をともにした。明治三年には幾松を長州藩士岡部藤吉の養女とし、正式に結婚している。

京都を元治元年七月に脱出した小五郎は、対馬藩御用商人の広戸甚助の庇護で但馬《たじま》に向かった。出石《いずし》に潜んで後図を画策しようとした。それでも幕府側の探索が厳しい。小五郎は甚助・直蔵の兄弟の援助をうけて出石に一家を借り、広戸家の分家の広江孝助と称し、荒物屋となっている。

しかし、同時期には長州藩内では守旧派が主導権を取り返した。禁門の変の敗北後、幕府が七月に長州征討の勅許を得て全国の諸藩に動員を令し、さらに長州藩はイギリスをはじめとする四ヵ国連合艦隊から八月に下関砲撃をうけている。そのような事態のなかで、藩政を握った守旧派の椋梨藤太《むくなしとうた》らは、幕府に恭順する方針を打ち出し、尊攘派やそれに近い有力者を粛正した。反動に憤った周布政之助は自殺し、益田・国司・福原の三家老が切腹を命じられ、中村九郎らの参謀が斬罪に処された。毛利登人《のりと》・前田孫右衛門・大和国之助・楢崎《ならざき》弥八郎・松島剛蔵《ごうぞう》なども斬罪となった。小五郎はその困難な情勢を見通し、直ちに帰藩しないで上手に危機をくぐり抜けたといえる。それでも小五郎は、長州藩の危機に苦心。対馬藩の大島友之丞《とものじょう》などに対して、周防・長門二国と有力藩の割拠策を書き送っている。

このような長州藩は、高杉晋作らが奇兵隊《きへいたい》などを率いて内戦に勝利し、藩権力を奪取すると、新たな段階に入った。藩内を結束し、武備恭順の方針を決定している。長州藩側の復権の動きに対し、幕府は新たに長州藩主父子、三条実美らの五廷臣の江戸召致を決定した。そして長州再征を全国諸藩に発令し、将軍家茂も江戸を進発して大坂に入った。

長州再征の動向が現実化するなかで、小五郎は出石を出て帰藩した。伊藤俊輔(博文《ひろぶみ》)や野村靖之助(靖《やすし》)などから小五郎の帰藩を求める書状が到来するようになっていた。危機的状況にあった長州藩では、時勢に通じた小五郎の存在が欠かせない。京都を逃れた幾松が下関《しものせき》から出石に向かい、小五郎に合流。小五郎は密かに大阪に出て、神戸・讃岐を経て下関に到着した。禁門の変から九ヵ月ぶりの小五郎の帰藩であった。

慶応元年(一八六五)四月二十六日に下関に着いた小五郎は、伊藤や大村益次郎《ますじろう》(村田蔵六《ぞうろく》)と会った。

伊藤や大村に防長二州の上下一致と民政・軍制の確立、支族の岩国藩および徳山・長府・清末の三支藩との結束の強化を説いている。大村はそれを山口藩庁に報じ、山口藩要路は小五郎の山口到着を促した。伊藤は岩国に出発して、岩国の吉川堅物《けんもつ》（経幹）を山口に勧誘。藩当局からも三支藩に特使を送り、藩政の刷新をはかっている。吉川堅物が山口に入ることで、防長二州一和が明白となった。幕府軍に対する防長二国の結束を誇示することができるようになったのである。小五郎もまた、政事堂用掛、国政方用談役心得に任じられた。小五郎は大村を抜擢して軍政を担当させ、西洋陣法に則った兵制改革を進めている。「防長一和待敵」を藩議で決定、幕府への抗戦を決意して、軍制改革を中心とした藩権力強化策を断行したのであった。

薩長盟約の立役者　長州再征を企図した幕府が慶応元年（一八六五）五月十六日に将軍進発を令すると、薩摩藩はそれに反発した。薩摩藩は諸侯会議の開催を要求したが、幕府はそれを受け入れない。幕府は、横浜鎖港を提起して参予会議を破綻させ、幕権強化に全力をあげていた。そのようななかで、薩摩藩は、長州藩との軋轢を緩和する方向を模索する。一方、太宰府に移った五卿に随従する土方久元《ひじかたひさもと》と中岡慎太郎《なかおかしんたろう》が、薩摩藩側の協力を得て密かに京都を探索し、その後に中岡が下関にいた木戸を訪ねてきた。長州藩では、太宰府《だざいふ》に藩士小田村素太郎《おだむらもとたろう》を派遣し、そこでやはり太宰府を訪れた坂本龍馬から薩摩藩側の変化を聞かされた。坂本は神戸海軍操練所が閉鎖された後、薩摩藩の庇護をうけ、亀山社中《かめやましやちゆう》などを組織している。

この坂本龍馬は薩摩・長州両藩の提携が必要と考えていた。中岡・土方らは、下関で西郷吉之助（隆盛）と木戸を会見させることを企図する。大坂の薩摩藩邸の同意を得て、西郷が上京の際に下関に立ち寄って木戸と会談するように画策した。しかし、この画策は、西郷が京都の政情を重視して、大坂に直航したことで失敗に終わる。木戸と坂本は下関で西郷を待ち続けたが、西郷に同行していた中岡だけが下関に引き返してきた。

その後、幕府との対決が避けられなくなると、長州藩は芸州藩との提携を模索する。イギリス公使ハリー・パークスが下関に来航して長州藩要路との面談を求めると、木戸は下関に赴いた。パークスの軍艦を訪ねて会談を行い、さらに小銃・汽船購入の希望を表明している。長州藩側は、新式小銃の購入を企図し、下関駐在の井上聞多（馨《かおる》）・伊藤俊輔が苦心を重ねていた。それゆえ井上・伊藤は、薩摩藩の名を借りて購入することを計画。坂本龍馬の仲介を得て両者が長崎に直行し、トマス・グラバーから小銃・汽船を購入したのであった。

薩摩・長州両藩の対決姿勢の緩和にともない、坂本は両藩の連携の具体化をはかり、西郷と小松帯刀《たてわき》を説得した。西郷に対しては、下関を通じた兵糧米の供給策を語った。西郷と小松は黒田了介（清隆《きよたか》）を下関に派遣し、木戸の上京を求める方途に同意している。木戸は黒田・坂本との会談で上京に難色を示したが、高杉晋作や井上から奮発をうながされ、最後は上京に同意した。奇兵隊の三好軍太郎《みよしぐんたろう》、御楯隊《みたてたい》の品川弥二郎《やじろう》、遊撃隊の早川渡、土佐藩士田中顕助（光顕《みつあき》）を従え、黒田とともに上京している。

大坂から伏見を経て慶応二年（一八六六）正月五日に京都の薩摩藩邸に入った木戸は、薩摩藩側から歓待をうけた。十八日には重臣の島津伊勢・桂右衛門や西郷・大久保一蔵（利通《としみち》）・吉井幸輔《よしい》（友実《ともざね》）らと小松帯刀宅で国事を談じている。それでも薩摩・長州両藩の提携の具体的な話には至らなかったようだ。木戸が帰藩を決意し、別離の会が持たれた直後、坂本龍馬が到着した。坂本は、木戸に国家将来の大策を取り決めない理由を問いただしている。木戸は、長州藩のこれまでの苦難を述べ、「士民決心団結」して幕府と対峙している最中に、長州藩側から協力を求めるようなことができないと語った。西郷らは、具体的な盟約を結ばなくても、意気投合した程度でよいと判断していたのかもしれない。坂本は木戸を責めず、薩摩藩側を説得し、小松・西郷が了承して改めて会談が持たれた。

提携の協約は六ヵ条であったという。第一は、幕府と長州藩が交戦した際、薩摩藩が二〇〇〇人の兵を京都・大坂へ出すことである。第二は長州藩が勝利の場合、薩摩藩が朝廷に長州藩復権を尽力すること。第三は敗戦の場合の尽力、第四は幕府兵撤退の後に長州藩の冤罪《えんざい》解除に尽力のこと。第五は一橋や会津・桑名藩が拒んだ場合は決戦を辞さないこと。第六は両藩が「皇国の御為皇威相暉《あいかがや》き御回復」のために誠心・尽力することであった。

木戸は会談を終えた後、会談の約束が将来に残らないことを恐れた。正月二十三日に至って大坂の薩摩藩邸から坂本に盟約の六ヵ条を書いて送り、その紙背に坂本の奥書を求めている。坂本は二月五日に相違ないとし、「後来といへとも決して変り候事無之は神明の知る所に御座候」と証明して、木戸の不安を払拭させた。会談の場に同席した品川弥二郎は、「木戸の意気込みは大したもの」で、木戸がこれまでの経緯を「正々堂々論」じて、薩摩藩の「背信行為を督責」したと回想している。品川は、手に汗を握り、「頗《すこぶ》る懸念に絶えなかった」が、西郷もそれに口を挟むことなく、その豪腹さに感動したという。この盟約の両者が提携を重視し、その実行によって幕府の長州再征を失敗させたことの意義は大きい。両藩の指導者による提携の約束は、討幕さらには王政復古の進展にむすびつき、維新後の政局運営にまで各般の影響をあたえたのであった。

幕府は老中小笠原長行《おがさわらながみち》を広島に派遣し、長州藩側の宍戸備後助と交渉を行ったが、結果は、決裂に終わった。そして幕府は、慶応二年六月に瀬戸内海の大島口から攻撃を開始している。長州側は大島方面に上陸した幕府側諸隊を撃退し、石州口では浜田城を占領した。小倉《こくら》口では、関門海峡を越えて小倉城も奪取している。敗れた幕府側は止戦を希望し、長州藩当局も国内情勢から、それを得策として調停に応じている。

この間、薩摩藩の黒田が長州藩との連携を取り、また品川弥二郎が京都の薩摩藩に入って、各般の活動を行った。薩摩藩は七月に朝廷に対して、長州再征の解兵と政体改革を建議し、同藩の使節を山口に出張させている。長州藩側も木戸が十二月に鹿児島を訪問して、両藩の提携が強まった。そして、薩摩藩は島津久光が上京し、慶応三年五月に松平慶永らと四侯会議が開催されると、長州藩主父子処分の宥免後に兵庫開港の勅許を行うように建議。それに幕府が応じないことに反発し、王政復古をも企図するようになる。

長州藩側では、薩摩藩側の強い姿勢を知って、品川が京都から帰藩し、薩摩藩とのより強固な提携を上申した。九月には薩摩藩の大久保と大山綱良《つなよし》が山口に来て、木戸・広沢兵助（真臣）との間に出兵盟約を締結している。長州藩側は、幕府との休戦交渉で支藩主を上京させ、それに兵力を随従させることとなった。長州藩はその後、薩摩・長州両藩に芸州藩も加え、三藩の出兵盟約としている。

このようななかで、薩摩藩は討幕の密勅の作成を画策した。大久保は長州藩の広沢、芸州（広島）藩の植田乙次郎とともに前権大納言中山忠能《ただやす》、権中納言中御門経之《なかみかどつねゆき》と会談している。すでに三藩が盟約を交わし、兵力結集と必死尽力・決議確定の要目を作成していることを語った。薩摩藩と連携した岩倉具視《ともみ》からは、中山・中御門および正親町三条実愛《おおぎまちさんじようさねなる》に対して、事前に王政復古に向けた新たな動向が伝えられていた。大久保らは、三藩盟約の進展を説き、中山・中御門・正親町三条から、薩摩・長州両藩主父子に宛てた討幕密勅を入手することに成功している。

もっともこの討幕密勅を入手した同じ慶応三年十月十四日、十五代将軍徳川慶喜が大政奉還《たいせいほうかん》を願い出た。大政奉還の願書を受け取った朝廷は、有力藩主の召集を令し、二十一日には薩摩・長州両藩に討幕の密勅の実行中止を命じている。朝廷は二十四日に慶喜に対して将軍職の辞表を提出させたが、その後の政治運営についての明確な展望があったわけではない。討幕の密勅を入手した薩摩藩は、藩兵を上京させることとし、藩主島津茂久《もちひさ》(忠義《ただよし》)が途中で三田尻《みたじり》に入り、薩摩・長州・芸州三藩の出兵部署を協議している。長州藩も毛利内匠《たくみ》らの諸兵を、芸州藩の嚮導で摂津西宮に近い打出浜に上陸させた。十二月二十九日には西宮に本営を移している。

そのような軍事面の集結を背景として、十二月九日に王政復古のクーデターが断行された。クーデターは、大久保らの討幕派と公家の岩倉らによって極秘に準備されていた。正親町三条実愛や中御門経之、さらには明治天皇の外祖父にあたる中山忠能の協力も約されている。薩摩藩だけでなく公議政体派の土佐藩にも参加が要請された。薩土盟約や薩長芸出兵盟約あるいは朝廷との関係が重視された諸藩の参加である。クーデターは土佐藩の要請で八日の予定が延期となって九日に決行と決まった。八日の夜の会議で長州藩父子の赦免・官位復旧、公家の岩倉や三条らの赦免が決せられ、摂政らの佐幕派の公家が退出した直後に断行された。薩摩・芸州・尾張・越前藩兵が出動して御所を封鎖した。岩倉が参朝し、王政復古の大号令を発している。王政復古にもとづいて「神武創業」が強調された。復古の原点に立ち返り、武家政権や公家政権を象徴した幕府・摂政・関白は廃された。「至当の公議」を標榜した新政権の発足が宣言されたのである。

一　王政復古と木戸孝允

1　王政復古と戊辰戦争

鳥羽・伏見の戦い　慶応四年（一八六八）正月三日、鳥羽・伏見で新政府軍と旧幕府軍が激突した。薩摩藩が江戸で攪乱工作を行い、その鎮圧のために旧幕府側が十二月二十五日に薩摩藩邸を焼打ちし、それが大坂に報じられたのである。大坂の旧幕府側が「討薩の表」を掲げて、鳥羽・伏見に進撃。旧幕府側は、直属の歩兵や会津・桑名両藩兵など、新政府側の三倍の兵力を擁していた。しかし、戦いは戦意と武器に勝る新政府側の勝利に終わった。

この鳥羽・伏見戦争には、長州藩から毛利内匠が指揮した奇兵・遊撃・整武などの諸隊七〇〇人余が参加した。長州藩兵は、前年十一月二十九日に摂津国打出浜《うちではま》に上陸して、その後は西宮に滞陣していた。長州藩兵は王政復古の前日の朝議で藩主毛利敬親父子の官位復旧・入京が許可され、京都の新政府軍に合流している。やはりその朝議で討幕派の三条実美ら五卿の官位復旧、岩倉具視らの蟄居が許され、十二月九日の討幕派によるクーデターでは、王政復古の大号令が発せられ、幕府・摂政・関白が廃された。新たに総裁・議定・参与が設置され、総裁には有栖川宮熾仁《たるひと》親王が任じられている。この新政府のもとで、長州藩兵は十二月十一日に京都御所の警備に加わり、旧幕府軍の北上に対しては、伏見街道の新政府軍の主力となったのである（『防長回天史』）。

鳥羽・伏見の戦いに勝った新政府軍の先鋒部隊は、前将軍徳川慶喜が江戸へ逃げ去った大阪城に正月九日に入った。その間、新政府は正月四日に仁和寺宮嘉彰《よしあき》親王を征討大将軍に任じた。諸道に向けて、四日に山陰道鎮撫《ちんぶ》総督西園寺公望《さいおんじきんもち》、翌五日に東海道鎮撫総督橋本実梁《さねやな》、九日に東山道鎮撫総督岩倉具定《ともさだ》、北陸道鎮撫総督高倉永祜《ながさち》を任じている。二月三日には慶喜以下の旧幕府側の追討を掲げて親征の令を発した。六日には東海・東山・北陸三道の鎮撫総督を先鋒総督兼鎮撫使に改め、九日に有栖川宮熾仁親王を大総督に任じたのであった。

木戸孝允の任官　王政復古が断行された慶応三年（一八六七）十二月九日、木戸孝允は山口にとどまっていた。十三日の夜に京都から使者が帰藩し、王政復古の断行を知らされている。木戸は十二月十五日、太宰府の三条実美ら五卿のもとに向かうことになった。十九日には、三条の一行を下関で迎えている。三条らは、下関から三田尻（防府）に着き、藩主毛利敬親父子の歓迎をうける。京都に向かう五卿には、長州藩の広沢真臣・井上馨らが随行した。長州藩自体も、王政復古前日の朝議で敬親父子の官位復旧と入京が許可され、毛利出雲を上京させている。そして出雲は、長州藩の「公正」な姿勢を明らかにする立場から、豊前・石見両国の占領地を朝廷に返上することを奏請した。その豊前・石見両国返上論の提案は木戸孝允である。木戸は、十二月二十八日付で三条実美に密書を送り、両国の返上とその後の管理の希望を書き送っていた（『木戸孝允文書』二）。

その木戸は慶応四年（一八六八）正月七日、藩命で岡山に向かった。江戸の薩摩藩邸焼打事件、そして兵庫沖での旧幕府軍艦の薩摩藩蒸気船攻撃が山口に報じられ、長州藩が総力をあげて上京する日が近い。木戸は討幕派の「公論」が復活し、岡山藩との間も「勤王の旨趣」を掲げた同盟に進むと判断している。しかし、海路を進んだ木戸は、海上の風波に妨げられた。木戸は広島に寄港し、広島藩から蒸気船を借りてようやく十二日に尾道《おのみち》に到着している。そこで木戸は、鳥羽・伏見の開戦と新政府側の勝利をはじめて耳にした。最初は、「意外千万の次第」である。そして歓喜の涙が止まらなかったようだ（『木戸孝允文書』二）。

その後、木戸は岡山で神戸事件を知り、急ぎ東上して正月十九日に大阪に着いた。新政府側に参加して西宮に向かった岡山藩兵が十二日に神戸で外国人に銃撃を加え、港内の外国船から陸戦隊が上陸して、戦争が危惧された事件である。神戸で同事件に直面した長州藩の伊藤博文は、大阪で外国事務取調掛の参与東《ひがし》久世《くぜ》通禧《みちとみ》に会い、急ぎ神戸に立ち帰って外国側との談判を重ねた。外国側との衝突が攘夷行動と批判され、新政府は重大な危機に直面している。東久世は、諸外国側に王政復古を報じる国書を渡し、新政府は岡山藩責任者を切腹に処した。木戸は伊藤から同事件の危機を聞かされ、改めて「宇内の公法」にもとづく外交の確立の必要を痛感している。

木戸は正月二十一日に京都に入った。早速、新政府から正月二十五日付で参与に任じられ、総裁局顧問を命じられている。同じ二十五日には、薩摩藩の大久保利通がやはり総裁局顧問となった。木戸は、外交の確立、江戸城の急速追討などを論じるとともに、天皇の大阪遷都を建言している。新政府内は、会計・内国両事務局などの政務が円滑でなく、目前の問題に追われていた。木戸は、「永遠の大策」を議論するに至らない新政府の内情に焦慮したようだ。大阪遷都論はすでに大久保が岩倉に建白していたが、その後の大阪親征に当たって、改めて長州藩の木戸も大阪遷都を建言したのであった（『木戸孝允文書』八）。

開国和親に向けて　総裁局顧問となった木戸孝允は、新政府外交の確立に尽力した。木戸は、対外問題に対処する国内規則の制定を求め、同時に新政府が諸外国に承認されることの急務を論じている。諸外国からの承認を得ることは、イギリス公使館の日本語書記官アーネスト・サトウの助言であった。サトウからは天皇が外国公使に謁見するように要求されている。サトウは、神戸事件などの攘夷事件をなくすためにも、天皇みずからが開国和親を表明するように求めていた。

この点、新政府は戊辰戦争を遂行するためにも、諸外国から正当な政府と承認されることを、不可欠とした。そのためには、これまで拒否してきた外国人が京都に立ち入ること容認しなければならない。木戸は、このような外交課題を、伊藤あるいはサトウを通じて理解している。前年十月に木戸と会う機会があったサトウは、木戸に好意的だった。サトウは木戸の最初の印象を、「軍事的、政治的に最大の勇気と決意を心底に蔵した人物だが、その態度は、あくまで温和で物柔であった」と記していた（『一外交官の見た明治維新』下）。いささか感動的だが、木戸の適格な外交判断は、その裏にサトウの友好的な支援が存在したものといえる。

そして木戸は、開国和親に向かう前提として、二月七日に議定の島津忠義・松平慶永・山内豊信《とよしげ》らから、外交の確立を求める連署の建言書を出させた。その上で、木戸と松平慶永・大久保利通・広沢真臣・後藤象二郎《しょうじろう》らが新政府内の外国公使参朝の担当になっている。そして木戸は、三条に宛て、天皇が公卿・諸侯に親諭を発するように建議した。外国公使の参朝に先んじて、皇威を海外に発揮するために公卿・武家の同心協力を命じたのである。

かくして二月三十日、紫宸殿《ししんでん》にて天皇と各国公使との謁見が行われた。新政府は、堺でフランス人水兵を土佐藩兵が殺傷する事件が二月十五日に発生していたことから、厳戒体制をしいている。それにもかかわらず、攘夷派の襲撃があった。よりによって襲われたのが、イギリス公使ハリー・パークス一行である。ともあれ、天皇はパークス以外の各国公使に謁見した。「自今両国との交際を益々親睦にして永久不変を希望す」との勅語をあたえている（『太政官日誌』慶応四年、第四）。そして、襲撃事件でイギリス護衛兵が負傷したパークスの旅館には、外国事務総督の山階宮晃《やましなのみやあきら》親王が天皇の慰問の聖旨を持参した。岩倉・三条らも慰問の書を呈し、陳謝を重ねた。延期となったイギリス公使パークスには、天皇が改めて三月三日に謁見している。天皇が勅語で慰撫し、なんとか大国イギリスの信任を獲得することに成功したのであった。

江戸の開城　鳥羽・伏見戦争の後、徳川慶喜は慶応四年二月に入ると恭順の姿勢を示し、十二日には上野寛永寺の大慈院《だいじいん》に蟄居《ちっきょ》した。勝義邦《かつよしくに》（海舟）を陸軍総裁に任じ、後事を託している。その勝は、山岡鉄太郎を大総督府参謀西郷隆盛のもとに送った。山岡は勝の書翰を携え、三月九日に駿府で西郷に面会し、慶喜に対する寛大な処置を歎願している。

新政府内では、徳川慶喜の追討に寛大・厳罰両論があり、西郷は後者の厳罰論であった。その主張は、大久保に宛て、慶喜を「是非切腹」と書いている（『大久保利通関係文書』三）。これに対して、木戸は「寛典を主張」していたという。ところが、山岡と会談した後、西郷はその姿勢が変化する。西郷は急ぎ江戸に向かい、三月十三日に高輪の薩摩藩邸に入って勝と会い、会談を重ねた。そして西郷は、勝の歎願に対して、十五日に予定していた江戸城総攻撃を延期し、駿府を経て京都へ立ちもどった。

西郷は、三月二十日の新政府三職会議で、徳川処分を慶喜の死罪一等を許して水戸で謹慎とするなどの五ヵ条に取りまとめた。徳川家の家名を立てることが許され、江戸城を尾張藩に引き渡すこと、軍艦兵器を取り上げて追って相当数を差しもどすこと、城内住居の家臣を城外で謹慎さすこと、慶喜の謀反を助けた者を相当に処置することなどが命じられている（『復古記』三）。これらの処分の基本は、大久保の腹案あるいは木戸が考えていた処分案に近い。江戸城の総攻撃については、新政府に肩入れしていたイギリスも、戦火にともなう横浜の混乱などを危惧して、反対するようになっていた。北関東などの「世直し一揆」の拡大も危惧されている。江戸城の総攻撃や騒乱を誘引する強硬な処分断行がむずかしくなっていたのである。

かくして四月四日、江戸城に乗り込んだ東海道先鋒総督橋本実梁から、徳川処分の決定が徳川家後見役の徳川慶頼《よしより》（田安《たやす》慶頼）に伝えられた。徳川慶喜は死一等を許され、江戸開城の四月十一日、上野の大慈院から新たな謹慎先の水戸に向かったのであった。

戦火の拡大　戊辰戦争は、この江戸開城と「朝敵」の第一等とされた慶喜の処分で主目的を達成した。

しかし戦火は、その後に関東から信越、東北地方に拡大する。江戸では彰義隊《しょうぎたい》などが上野に立てこもり、関東各地で旧幕府側の諸隊が抗戦を続けた。会津・庄内両藩の追討をめざした新政府軍に対しては、仙台・米沢両藩が中心となって奥羽列藩同盟を結成している。さらに長岡藩をはじめとする北越諸藩も加わった奥羽越列藩同盟が結ばれ、北関東から信越、東北の各地で大規模な戦闘が続いた。

この戊辰戦争の拡大に対して、木戸孝允は長州藩兵の出兵に苦心した。長州藩では、東海道先鋒総督府軍に鋭武隊を中心とした二四四人、東山道先鋒総督府軍に第一大隊を中心とした三〇九人を派兵している（『防長回天史』）。さらに三月には仙台藩領寒風沢《さぶさわ》に上陸した奥羽鎮撫総督府軍にも桂太郎らの第四大隊第二中隊の約一三〇人が加わった。世子毛利元徳は、干城《かんじょう》隊を率いて二月七日に入京し、四月に山県有朋・時山直八らの奇兵隊と支藩である長府藩の報国隊が北越戦線に出兵したが、薩摩藩に比較すると動員数は多くない。元徳自身は大阪行幸に供奉した後、閏四月に帰藩していた。元徳に代わって藩主の敬親が上京したが、それも短期間の限定であった。

木戸は、戊辰戦争が完全な軍事的勝利となることを重視した。関東各地の苦戦に直面した江戸の大総督府が妥協的な方向を模索すると、木戸は反政府勢力の一掃が先きなことを論じている。閏四月に三条・岩倉に宛て、戦争が「大政御一新」の基本を確立する最上の「良法」と書いた（『木戸孝允文書』三）。徳川家の処置も、「余賊」を掃蕩した後に改めて家名などの処置を決すべきとの姿勢である。上野の戦いでは、軍務官判事の大村益次郎が大総督府や東海道先鋒総督府軍の諸軍を督責し、断固とした鎮圧を行った。長州藩は鋭武隊をはじめとする二中隊を出兵させている。その後も大総督を江戸鎮台と「会津征伐大総督」

に任じて、断固とした平定を強行するように岩倉に建言したのであった。

それゆえ、木戸は奥羽の白河、磐城平《いわきだいら》、秋田、さらに北越などで、奥羽列藩同盟側諸藩との激戦が繰り返され、新政府の危機が報じられると、その増援に尽力した。一方で旧幕府側であった姫路・伊予松山両藩が、軍資金を献納したことで「朝敵の大罪」を許されたことに「皇基の不相立」と慨歎している。木戸は六月十日、列藩同盟側諸藩の向背を改めて問い、「大に官軍を起し、賊勢を圧するの大策立たん」ことを主張した。その上で、敬親に戦いの近情を陳述し、長州藩兵の増派を求めて、それを藩政府に報じている。広沢真臣と連名で長州藩政府へ発した六月十一日の書状には、敬親が「京都に先遊撃を被為置《おかせられ》候御都合に御決定」とし、三番大隊とその後に振武《しんぶ》隊を派兵するように書き送った（『木戸孝允文書』三）。木戸はこの苦戦に対して、みずからも戦地に赴き、新政府への協力が充分でない同藩に代わって奮励することを願い出たという。北越には、六月中旬に前原一誠らの干城隊が出兵していた。結果は、木戸の先鋒志願は認められない。木戸は、内政面で関東出張を命じられることになったのであった。

2　五箇条誓文と木戸孝允

五箇条誓文の作成　維新の変革、とりわけ慶応四年段階では、五箇条誓文の作成と遷都の推進が、その後の国家形成に大きな影響をあたえた。

五箇条誓文については、新政府の発足直後から、参与の由利《ゆり》（三岡《みつおか》）公正《こうせい》と福岡孝弟《たかちか》が「国是」を検討し、修正を重ねている。新政府は発足とともに公議を標榜し、諸侯会議などの具体的な方策を模索していた。それゆえ、新政府内では、由利が「議事の体大意」として、「万機公論に決し」や「庶民志を遂げ人心をして倦まさらしむるを欲す」などの五箇条を作成し、東久世通禧を通じて岩倉具視に提出している。由利の五箇条は、制度取調参与の福岡によって修正された。由利案の「議事の体大意」を福岡は「会盟」と改め、第五条に「万機公論に決し私に論するなかれ」とあるのを、「列侯会議を興し万機公論に決すべし」と修正して第一条に移している。第二条の「士民心を一にして盛に経綸を行ふを要す」は、「上下心を一にし盛に経綸を行ふべし」と、「上」と「下」を区別した。由利案の第五条の「貢士期限を以て賢才に譲るへし」は、各藩から推薦された「貢士《こうし》」の交代を意図していた。それに対して福岡は、新政府が抜擢した「徴士」を精選することに改めている。福岡は諸藩の「列侯会議」路線を企図したといえる。

この「国是」の検討については、総裁局顧問に任官した木戸孝允が、三月に「国是一定に関する建言書」を作成し、改めて具体化をはかった。新政府の「前途の大方向」確立の急務を喚起している。木戸は、天皇が親《したし》く公卿・諸侯を率いて「神明に被為誓」て、「国是の確定ある所をして速に天下の衆庶に被為示度」と主張した（『木戸孝允文書』八）。木戸は、福岡案の修正を行い、「徴士」の任用を制限していた第五条を削除した。攘夷の否定と開国和親の徹底を求めて、「旧来の陋習《ろうしゅう》を破り宇内《うだい》の通義に従うべし」を加えた。「会盟」は三条実美の意見で「誓」に改められる。そして、最後は第一条の「列侯会議」が否定され、「広く会議を興し万機公論に決すべし」と改められ、よく知られている条文となった。

この五箇条誓文は、慶応四年（一八六八）三月十四日、天皇が京都の紫宸殿で公卿・諸侯をひきいて天《てん》神地祇《じんちぎ》をまつり、国是五箇条を誓い、三条実美が祭文を奏して誓文を読上げた。誓文に対して誓約が求められ、公卿・諸侯以下がそれぞれ署名を行っている。木戸は後年の自叙の中で、「朝廷の規模」を明らかにし、「天下の侯伯と誓い、億兆の向ふ所を知らしめ、藩主をして其責に任ぜんと欲し」たと記している(『木戸松菊略伝』)。まさに天皇が公卿・諸侯および百官を率いて「国是の確定」を天地神明に誓い、その聖詞を広く天下に示すという木戸の建白した方策が具体化したのであった。

この天皇を頂点にした位置づけは、五箇条誓文の翌日に出された「国威宣布」の「宸翰《しんかん》」で、補強される。木戸はその草案作成に尽力し、天皇みずからが「四方を経営」して、「万里の波濤を拓開」することの必要を強調した。「億兆の君」である天皇が「唯《ただ》名のみに」なっていることを刷新しようとしている。そして、人民が天皇の志を体認し、私見を棄てて公議を取り、天皇に助力して「神州を保全し列聖の神霊を慰」めるように求めた。

また遷都に関しては、新政府内で参与大久保利通が大阪遷都を建議し、その端緒を引き出していた。大久保は建議書のなかで、天皇を「民の父母」と位置づけ、伝統的な宮廷勢力から切り離し、「新政府」の前面に押し立てることの必要を記している。天皇の命令で、天下が「慄動《りつどう》」する体制を作り、新政が全国に徹底することを求めた。そのためには都を移すことが最善である。そこで、大阪に遷都するように主張したのであった。

この大久保の大阪遷都論は、正月二十三日の三職会議で強い反対に直面した。維新官僚が天皇を擁して新政府内の指導権の奪取を企図した方策であっただけに、宮廷勢力の批判が強い。薩摩藩の主導に対する反発もある。二十三日には福井藩の議定松平慶永《よしなが》（春嶽《しゅんがく》）らが諸侯会議を開催して「御治定」することを求め、結果的に遷都の提起は否定されている。

大阪行幸と政府改革　大久保利通の大阪遷都の建議に関しては、事前に長州藩の広沢真臣と土佐藩の後藤象二郎が相談をうけていた。上京が遅れた木戸孝允は、まだ参与に任じられていない。木戸は、天皇を「旧習」から切り離し、政治的君主とする考えで大久保と一致する。この遷都論については、新政府が正月十三日に太政官代を九条道孝邸に設け、さらに二十七日に二条城へ移していたことがさきがけであった。それゆえ、大久保は、大阪遷都が却下されると、それに代わる方策として、大阪に天皇が行幸して行在所《あんざいしょ》を置くことを推進した。大久保は二月一日、天皇みずから親征を行って、徳川慶喜追討の前面に立つことを求めた意見書を作成している。岩倉は親征条目を作成し、新政府は二月三日に親征の令を発して、諸藩にも出兵を命じたのであった。

天皇親征と大阪行幸については、大久保・広沢と木戸が御用掛となった。大阪行幸は、守旧派の宮廷勢力や諸侯の反発で数次の延期を重ね、なんとか三月二十一日に断行となる。天皇は鳥羽・伏見の戦跡を廻り、石清水八幡宮を参詣し、大阪の西本願寺を行在所とした。大阪湾では海軍を観閲して親征の趣旨を体現している。また閏四月一日には、イギリス公使パークスに謁し、信任状の捧呈式が実施された。ビクトリア女王から天皇に宛てたパークスの信任状である。それはイギリスが新政府を正式承認したことを意味した。新政府がなによりも願った正式承認の儀式であり、前述のようにアーネスト・サトウの助力で具体化したのであった。

大阪では、天皇は後宮を離れ、木戸や後藤らの意見を聴取している。木戸は四月十二日に行在所に参内し、十七日には後藤とともに内命をうけ、内外の状況を言上した。木戸の日記には、「今日までの大勢」を言上し、「宇内の大勢」を申し上げて、最後に茶菓をたまわったとある。「布衣《ほい》にして天顔を咫尺《しせき》に奉拝せし事、数百年来未曾聞なり、感涙満襟」とその感激を記した。

木戸は四月十六日の政府会議で、天皇が臨機に行幸を行い、今回の還幸後にも二条城に移って万機親裁とするように建議した。木戸は大いに論じて「終に制度一変の議を決す」となる。十八日には岩倉のもとで、「還幸後の制度改革其外施行の順序」を定めた。閏四月四日には、恭順謝罪した徳川慶喜を「寛典」に処す方針をうけて、七日に京都へ還幸することが公にされた。還幸後も、折々に大阪や四方に行幸を実施すること、二条城で万機親裁を行うことの勅諭が発せられたのである。

そして新政府は、天皇が京都にもどった後、閏四月二十一日に政体書を頒布した。そこでは、王政復古クーデターの際に設置した総裁・議定・参与の三職制度を廃し、予告していた太政官の復興に着手している。政体書には、五箇条誓文に則った公議の趣旨を組み入れた。太政官の権力を立法・行法・司法の三権とした点がそれである。立法に関する議政官には上局と下局を設け、上局に議員となる議定・参与が置かれた。行法を担当する行政官には輔相が設けられ、天皇を輔佐して事務を総判することとしている。議定には三条実美・岩倉具視ら公卿・諸侯の有力者が任じられた。行政官の輔相は定員二名とされ、議定の三条・岩倉が兼任している。三条・岩倉の二人が立法と行政を掌握した。参与は、長州藩は木戸と広沢真臣、薩摩藩は大久保利通と小松清廉《きよかど》（帯刀）、土佐藩は後藤象二郎と福岡孝弟、肥前藩は副島種臣《そえじまたねおみ》、福井藩は由利公正、熊本藩は横井小楠《しようなん》である。討幕に尽力した三条・岩倉、それをささえる木戸・大久保らが主導する維新政権の政治体制が具体的になったのである。

キリスト教問題　一方、大阪行幸中の政府内では、信仰を公然と表明するようになったキリスト教徒を、どのように取り扱うかが課題となった。その問題は、フランスが元治元年（一八六四）に大浦天主堂を建立したことが契機であった。木戸はその対応のために長崎へ出張している。長崎に着任した新政府の沢宣《さわのぶ》嘉《よし》長崎裁判所総督が、浦上《うらがみ》のキリスト教徒を召還し、その処分を求めたことが発端であった。長崎から外国事務局判事の大隈重信《おおくましげのぶ》と井上馨が上京し、木戸に善処を求めていた。木戸は井上の意向をうけて、キリスト教徒の指導層を処罰して津和野《つわの》藩、その他を西国の有力藩に分散配流する方策を政府会議に提案し、みずからその実現に立ち合うこととした。

慶応四年閏四月十二日に神戸を発った木戸は、長崎に向かう途中で長州藩領の龍口に上陸している。山口で御楯隊元総管で参政の御堀耕助《みほりこうすけ》に会い、山口の藩庁に出勤した。木戸は、かねてから版籍奉還を急務とし、それに関する長州藩内の合意が急務なことを知り、長崎出張を山口に立ち寄る良い機会と考えていたようである。

長州藩内では、新政権発足後も「京坂情実不通人心疑惑」が存在し、木戸らを苦しめていた。王政復古クーデターの中心となった薩摩藩が新政権を主導することに対して、幕末に薩摩藩と抗争してきた長州藩内の反発は少なくない。新政府へ登用された木戸・広沢らへの不満も存在したようである。そのことが、毛利元徳の帰藩、同藩の出兵への消極的な姿勢につながっていた。木戸や広沢も、藩内の反発をおもんぱかって、新政府へ数次の辞表を提出する事態に至っている（『木戸孝允文書』八）。それゆえ、木戸は「御国を一定」にすることを重視し、御堀をはじめとする藩内の有力者との間の調整に着手している。もっとも、このような藩内の反発は簡単に解消するわけではない。それでも木戸の出張の際には表面化することがなかったようで、木戸は藩主敬親に呼ばれ、密かに後述のような版籍奉還《はんせきほうかん》の企図を言上したのであった。

その後、五月十一日に長崎に到着した木戸は、沢総督や井上をはじめ野村宗七外国事務局判事・佐々木高行《たかゆき》長崎裁判所判事らと協議を重ねた。木戸は佐々木に対して、「神祇にて関係の人」の強硬論で新政府が困難におちいる危惧を語っており、妥協的な措置を模索したようだ（『保古飛呂比』三）。それでも十四日には、「邪徒巨魁の連数十人」を津和野藩へ預処罰と決し、その他についても蒸気船を長崎に回港しておいてはど捕縛することを定めた。具体的に加賀藩の蒸気船を用意し、キリスト教徒の指導者を呼び出して乗船させている。配留を長州・福山両藩へも分散させ、二十一日に決行したのであった。明治二年十二月には、第二次の配流が行われている。六年二月にキリシタン禁制の高札撤去が公にされ、三月に教徒の配留廃止が行われるまで、諸藩への配留者は三千三百余人にのぼった。過酷な処遇が多く、まさに維新の裏面の桎梏《しっこく》をうかがわせる（家近良樹『浦上キリシタン流配事件』）。

3　東幸から東京へ

東幸の準備　慶応四年（一八六八）六月三日に京都にもどった木戸孝允は、政府内で検討されていた天皇の東幸を重視し、その実現に向けて奔走する。新政権にとって、東国支配を確立することが急務であり、そのためには天皇を前面に立てた国家意志の統一が不可欠であった。大阪遷都を主張した大久保は、新たに関東へ向けて天皇が親征を行う必要を議定兼輔相の岩倉具視に提起している。関東への親征を名目として、五月には岩倉の同意を獲得していた。そして大久保は六月五日、京都を出発して江戸へ先行している。

京都の岩倉は、江戸へ供奉する人員と留守役の人選などの検討を重ね、さらに江戸の輔相兼関八州鎮将三条実美に対して、親征の計画を伝えた。この天皇の関東親征案に対し、木戸も異論はない。木戸が同様な企図をもっていたことは、大阪行幸の際に万機親裁の勅諭を作成し、四方への行幸を急務と論じていたことにうかがわれる。木戸に近い館林藩出身の岡谷繁実《おかのやしげざね》が、木戸に頻繁に会い、江戸遷都論を建白したこともそれを裏付ける。

木戸自身は、六月二十日に大木喬任《おおきたかとう》らをともなって京都を発ち、神戸から蒸気船で江戸に入った。木戸は、京都で岩倉と「東幸の密事」を熟議し、出発の際には、「天下の基礎相立候」との勅語をうけている。江戸を東京と定めること、それにともなう「遠大の御内慮」について、江戸の有栖川宮大総督や三条実美と評議を重ねることを命じられた。木戸自身、東幸の実行が「万民安堵」の姿勢を示し、「海内一致」を明らかにして、「御一新」の「皇威」を掲げる最良の機会と信じている。それゆえ木戸は、三条実美に対して江戸を東京に改める方針を進言し、大久保や大木喬任・大村益次郎らと協議を重ねた。江戸府や関東鎮台設置の諸準備についても、困難を調整して合意を取り付けている。そこでは、天皇の東幸を「神州大興起の御基」とし、天皇が「御宸断」で新政を推進するための好機と位置づけたのであった（『木戸孝允日記』一)。

木戸の周旋尽力　慶応四年七月七日に京都へもどった木戸孝允は、天皇の皇居住居の準備などを岩倉具視に伝え、東幸実現のための詔書発布に向けて尽力した（拙稿「明治初年の宮廷勢力と維新政権」）。岩倉は、江戸を東京と改める詔書の草案を作成し、木戸がそれを訂正補修して、十七日に左の詔書を渙発している（『太政官日誌』慶応四年、第四六）。

朕今万機を親裁し億兆を綏撫《すいぶ》す、江戸は東国第一の大鎮四方輻湊《ふくそう》の地、宜《よろ》しく親臨を以て其政を視《み》るへし、因《よつ》て自今江戸を称して東京とせん、是朕の海内一家東西同視する所以なり、衆庶此意を体せよ

辰七月

詔書は江戸を東京と改め、天皇が東京に「親臨」して万機を親裁する旨を明記している。東京とは、京都を西京とし、それに対するよび名である。「海内一家、東西同視」を強調したのであった。同時期、木戸は詔書案などの作成に関与し、その行政官僚的な力が新政府内で果たした役割は大きい。

かくして、新政府は七月十七日、江戸鎮台を廃して東京府を置き、駿河以東の一三ヵ国の事務を「総裁」する鎮将府を設置した。旧幕府の徳川宗家は田安亀之助が相続し、駿河国七〇万石となっている。鎮将府の設置にともなって、それまで全権を委任されていた大総督府は、軍務の「専管」に限定。鎮将は、新政権を代表する輔相の三条実美であった。鎮将のもとには議定・参与で構成される議政官、あるいは弁事などの行政官が置かれている。議定には蜂須賀茂韶《はちすかもちあき》、准議定に細川護美《もりよし》・東久世通禧、参与には大久保利通が任じられ、鎮将府がまさに東日本の太政官の代行になったのである。

関東では、それまでの知県事を任じた支配が改められた。六月には神奈川府と岩鼻《いわはな》県が置かれ、七月十七日の東京府に続いて、明治二年正月に小菅県と葛飾《かつしか》県が開設された。その後、大宮・品川・宮谷《みやざく》・若森・日光などの諸県があいついで設置される。府は東京・京都・大阪の三都のほか、開港場の神奈川・長崎・箱館などの要地に設置された。

しかし、この鎮将府の設置と天皇の東幸に対しても、中山や大原重徳《しげとみ》らの守旧的な宮廷勢力は反対にまわった。親征が東京への東幸となり、さらに遷都へ転換されるのではないかとの危惧である。七月二十八日に「御東幸の事件を内密決定す」としていたが、八月三日に長岡城が奥羽越列藩同盟側に奪回されたとの情報が入り、戦争を理由にした反対論が復活した。

木戸らは、翌四日に予定通り「四海の内孰《いずれ》か朕の赤子」であるとした詔書を発し、「御親臨御綏撫」のための近日中の出輦《しゆつれん》を達した。それでも出発はさらに延期が続く。八月二十七日に天皇即位の大礼が予定され、榎本武揚《えのもとたけあき》らの旧幕府海軍の動きが危惧されたことから、それを理由とした延期論も強調された。

この時期、京都をぎゅうじる岩倉に対しては、周囲の誹謗や「罵詈怨言」が集中し、木戸なども「傍観座視」ができない事態にあった。木戸は、岩倉への非難をやわらげるために「半は引受け候心得にて勉励」であったという(『木戸孝允文書』三)。木戸は、七月に岩倉自身が肥前藩兵とともに北陸に出兵することを主張した際には、その「軽易の揺動」を抑えていた。輔相の岩倉の「根本の確乎」を求め、政府中枢を掌握した上で、戦争の遂行と東幸の実現を求めている。肥前藩などの増援を建言するとともに、長州藩からも前原一誠らの干城隊を援兵に派遣することを進めた。八月には「北越出張の請願書」を作成して、みずからも出張・尽力を求め、奥羽越列藩同盟側と安易に妥協しない新政府の断固とした姿勢を強調したのであった（『木戸孝允文書』八）。

この京都での東幸延期論に対し、江戸の三条は、京都の岩倉に宛て、重ねて東幸の断行を求めた。そして東幸の延期が、東国経営の瓦解にもつながることをあやぶんだ大久保は、九月十三日に京都へ立ちもどっている。大久保は岩倉に対し、東幸を機とした一八ヵ条の改革方針を上申した。「旧幕吏」の排除や刑法・会計と民政の区別、着輦の準備などの見込である。さらに宮廷勢力に対する監察の強化も論じた。木戸が岩倉をささえ、大久保が断固とした督促を行うことで、東幸期日が九月二十日に決定されたのであった。

天皇と木戸孝允　かくして、天皇は、慶応四年九月二十日に京都御所を出発し、東京へ向かった。岩倉具視・中山忠能らとともに、木戸孝允も供奉している。一行は、土佐・岡山・大洲藩などの警衛兵を含めると三千三百余人にのぼった（『東巡日誌』）。

大津では、公卿の大原重徳が京都への還幸を建言して行列を阻止しようとしたが、東幸は強行されている。天皇は、沿道各地で「蒼生御綏撫」を行った。高齢者、孝子・節婦や維新の功労者を旌賞し、奉幣《ほうへい》・養老・賑恤《しんじゅつ》の典を実施している。天皇を万民の前に明らかにし、「億兆の父母」と位置づける崇高な演出である。木戸は、天皇が輦輿《れんよ》を止めて農夫の収穫様子、さらには海辺で漁網を引上げる作業を直視したことを歓迎した。三河国の白須賀では、天皇が輦輿を止め、初めて太平洋を望観したことを喜び、「皇威の洋外相輝ん始なり」と感激している。天皇を「億兆の父母」と位置づけ、同時に鳥射ちの見物などの行状が「小民の煩《わずらい》」とならないように配慮し、英明君主とするための苦心を重ねている。

天皇は十月十三日に品川を発して東京に到着した。当日は、大総督有栖川宮親王・輔相兼関八州鎮将三条実美・東京府知事烏丸光徳《からすまるみつえ》らが品川から先導している。供奉の親王・公卿・諸侯は衣冠帯剣、三等官以上の徴士は直垂帯剣の騎馬であった。朝廷衣冠の礼を整え、朝威を示している。天皇の到着を見物していたアーネスト・サトウは、天皇の鹵簿《ろぼ》を目の当たりにし、黒漆塗の鳳輦《ほうれん》が印象的であったようだ。鳳輦が近づくにつれて、見物の群衆のざわめきが水を打ったように静かになったと、サトウは感動的に書いている（『一外交官の見た明治維新』下）。

東幸後、東京市民に「天盃頂戴《てんぱいちょうだい》」と称する酒肴がふるまわれ、天皇の仁恵ぶりが示された。東幸の経費は、同年の通常歳入の約二割にあたる七七万八〇六〇両にのぼっている。それゆえ東幸は、「永世不抜の御基礎」の確立に向けた改革の出発点になる。同時に二十四日間にわたる恰好の一大デモンストレーションは、維新官僚に掌握された絶対君主を作りあげるための舞台だったのである。

4　万機親裁の戦後処理

万機親裁の実態　江戸城が東京城と改められ、天皇の東京入りにともなって皇居とされた。また氷川神社を武蔵国の鎮守勅祭社と定め、慶応四年（一八六八）十月二十八日には天皇みずから行幸した。神祇を尊び祭祀を重んじるのを「皇国の大典」とし、「祭政一致」を復活させると詔している（『明治天皇紀』第一)。

東幸に先立って九月八日に改元の詔が下され、慶応は明治と改められた。天皇の東京到着まもない十月十七日には、「皇国一体東西同視」として、東京で「内外の政」を万機親裁する旨の詔書が発せられている(『東京城日誌』明治元年、第二)。親裁の実際は、いうまでもなく三条・岩倉らと結んだ維新官僚の政治権力の強化であった。

この万機親裁にもとづき、十月十八日に駿河以東一三ヵ国の政務を担当してきた鎮将府が廃された。二十八日には藩治職制を布告している。藩治職制は、諸藩の藩制についての統一をはかり、執政・参政・公議人を置き、人材登用を命じた(『太政官日誌』明治元年、第一一七)。木戸は「職制等」から「天下一般に相成候」を期待し、その布告の遅れに対しては、後藤象二郎に督促していた。二十九日には東北平定にともなって有栖川宮熾仁親王の東征大総督が免じられている。

木戸はこの東京政府の中心となり、人事や弁事分課などの改革を推進している。十一月八日には横浜に出張し、外国公使団とりわけイギリス公使ハリー・パークスとの厳しい交渉を行った。箱館に立てこもった榎本武揚らの旧幕府軍の追討、およびキリスト教徒問題である。箱館戦争に局外中立の姿勢を取る外国公使団に対し、新政府を唯一の正当な政府と認めさせ、榎本らを反乱軍と位置づけることが必要であった。正当な政府と認定されることで、旧幕府が米国から購入したストンウォール号の新政府受理が可能になる。米国公使は局外中立撤廃に慎重であり、パークスは局外中立問題を通じてキリスト教徒に厳しい新政府の姿勢を転換させようとした。木戸は、「内地の人情等」を掲げ、パークスの過激な批判に屈しない。パークスのキリスト教問題を批判する厳しい口調は、日本語書記官のアーネスト・サトウが、「日本人はあなたとの会見をするのをこわがるようになる」とパークスに忠告するほどであった（『一外交官の見た明治維新』下）。

翌日、サトウはパークスに対して、さらに新政府との良好な関係を維持するように説得した。パークスは十日に木戸を招き、局外中立撤廃などでのイギリス側の協力を示している。木戸は、この厳しい交渉を通じて、万国公法の現実を痛感した。木戸は、国内を平定したにもかかわらず、「一箇海賊」である榎本軍のために局外中立を主張される理由はないと論じた。それでも、「外国へ不相通の情実あり、今日までの談判甚難し」と記している。大国が局外中立論を名目として自国の権益を強化しようとするとみなし、「万国公法は弱国を奪う一道具」との感慨を強くしたのである。

天皇は十一月二十二日・二十三日、東京で最初のイギリス・アメリカなど六ヵ国の公使との引見を実施した。十二月四日には、木戸とともに東幸に尽力した大木喬任が東京在任を命じられ、東京府知事兼勤に任じられている。木戸は、十二月二日に建言書を作成し、「内は人民平等の政を施し、外は世界富強の各国え対峙する」と、後年の廃藩置県の詔に用いた対句を記している。その中で国家の富強が人民の富強によるとし、「一般の人民無識貧弱の境」にあっては、「王政維新の美名も到底属空名」と論じた。「文明各国」の単純な模倣ではなく、それを取捨し、全国に学校を設けて教育をほどこす必要を強調したのであった（『木戸孝允文書』八）。

戦後処理の苦心　東幸に際しては、会津・庄内両藩や仙台・米沢などの奥羽越列藩同盟諸藩の処分が懸案となり、東京に凱旋した諸藩兵の慰労が急務であった。

戊辰戦争は、白河で会津藩や奥羽越列藩同盟諸藩側と新政府軍が激戦を繰り返したが、新政府側は慶応四年六月十六日に増援部隊を浜街道沿いの平潟に上陸させた。北越戦線でも新政府軍が七月二十五日に阿賀野川東岸の松ケ浜に上陸し、新潟・長岡を手中に収めて列藩同盟側を窮地に追い込んでいる。新政府側の勝利が続き、米沢・仙台両藩が相次いで降伏した。会津藩はその後も会津若松城で抗戦を続けたが、九月二十二日に開城している。

この戦争処分については、木戸は十月四日、軍務官副知事の大村益次郎（永敏《ながとし》）へ宛て、玉石混淆の処分を避けるべきとする方策を書き送った。具体的には、会津藩を「第一罪魁」とし、仙台・米沢を第二、その他の小藩を第三としている。処分の寛厳については、新政府内で概して寛典を主張する薩摩藩と、厳刑を持論とする長州藩とのあいだで相違を生じていた。木戸は、「不忠の臣を懲し、国家の大典を挙」るべしと論じ、「天下後世」をして「賞罰の当否」を知らしむべしと主張している（『木戸孝允日記』一）。とくに「千載の刑律」をはっきりさせること、および「寛典の御趣意」を示し、不公平とならない処分を強調した。木戸の断固とした姿勢は、将来を見通した国家形成をめざす冷徹ともいえる見解である。

十二月七日の戦後処分の宣告では、会津藩藩主松平容保《かたもり》の死一等を減じて鳥取藩に永預とし、新政府に敵対した諸藩主などにそれぞれ処分を下した。藩主に代わって主謀の重臣が死罪となった。仙台藩は六二万石余から二八万石、南部藩は二〇万石から七万石、米沢藩は四万石を削封などの処分である。木戸は新政府側諸侯の賞典には否定的であったが、将士兵卒の多数が賞されるように主張した。財政危機が深まると、戦争中の官禄半減を戦後も恒常化するように論じている。

また木戸は、戦地の荒廃や新政府軍の「驕暴の弊」が報じられることに慨歎し、その回復にも苦心した。「万民安撫」と「皇威を四方」に輝かすことを急務とする木戸の歎息は少なくない。そして木戸は大村に宛て、浪人が数多く出るようでは「政事」の障害になるとし、なるべくは「且々に食われ候様にして御所致相立候が可然《しかるべく》」(『木戸孝允文書』三)と書き送る。厳格な姿勢をとると同時に、おびただしい浪人の輩出をとどめることを重視したのである。それゆえ、木戸は東北諸藩の処分に際して、奥羽を分割して七ヵ国とする案を提起した。結果は、陸奥・陸中・陸前・磐城・岩代および羽前・羽後の七国とされ、それが廃藩置県後の東北諸県の形成にあたえた影響は少なくない。占領地の民政については、木戸は七月に「人心の居会肝要」として、「大中藩の内一藩へ丸に御任せ被為在、相応に兵力も御備有之候」とし、その上で府県知事などの人選を進めるように論じた(『木戸孝允文書』三)。それは大久保の見解と一致していたようで、戦後処理の際に有力藩による管理案が検討され、奥羽諸藩取締が具体化されている。木戸は民部官の新設の必要を論じ、人民の教化と撫育に尽力したのであった。

一方、そのような木戸は、榎本武揚らの箱館籠城に対しては、その徹底した追討を主張した。榎本らの抗戦が旧幕臣の暴走であることを明らかにすべきとして、旧主の徳川慶喜を榎本追討に参加させるように論じている。この点、木戸は戦争を政治的に活用することにしたたかである。戊辰戦争の際にも、「太平は誓て血を以ての外買求不相成《かいもとむるほかあいならず》」と強調していた(『木戸孝允文書』三)。御一新の基礎を確立するために、「戦争より良法は無御座」との判断である。

それにしても木戸は、幕末の禁門の変をはじめ、幕府側との戦争あるいは藩内抗争で多くの仲間を失った。戊辰戦争における長州藩兵の死者は四四五人、傷者五六八人におよんだ。木戸が彼らを追悼する思いは強い。戦争が極めて政治的な背景を持っただけに、その思いが増したのであろう。長州藩では国事に斃《たお》れた同藩関係者を慰霊する招魂墳墓《しょうこんふんぼ》・招魂場《しょうこんじょう》が設けられていたが、木戸はとくに禁門の変の際に京都・摂津で倒れた志士を偲んで東山に改葬した。来島又兵衛《きじままたべえ》・久坂義助・入江九一ら百余名の遺骨を東山に改葬し、墓銘を認めて追懐している。五月十日には、東山に一社を建立することを布告し、「王事に身を殲《ほろぼ》し候輩速に合祀可被為在候」と、諸藩の「忠節」な戦死者の合祀を命じていた。木戸は明治二年（一八六九）六月、軍務官副知事大村益次郎らの意見にもとづき、東京の九段坂上に招魂場を設立することに尽力した。招魂場は招魂社と呼ばれ、後に靖国神社と改められる。

その木戸は閏四月、戦争を国内統一の「良法」とする政治的視点に立って、三条・岩倉に朝鮮を「皇国版図に加え申度、其中彼へ日本府位は立不申ては不相成事と奉存候」と書き送っている。（『木戸孝允文書』三）。木戸は戊辰戦争が終結して、諸藩が「小幕府の相集り候」といった様相になると、朝鮮出兵の企図を改めて強調する。二年二月には三条・岩倉に対して、諸藩が藩力をもってわがままに政府に申し立てる事態を危ぶみ、「皇国の大方向」を立てて視点を集中させるために、「征韓の儀御一決」を求めていた。朝鮮との間に「一旦干戈《かんか》」を生じても、先ず「一地歩」を確保して「後来の掠了」をはかるべきと論じている。木戸自身が、明治六年の政変にもつながった征韓論と無縁でなかったのである。

二　版籍奉還の建言

1　木戸孝允の版籍奉還建言

土地・人民の返上論　木戸孝允が明治国家の形成について、周囲にさきがけて提起し、その実現の立役者になった第一は、版籍奉還である。木戸は、封建制度の打破、とりわけ江戸時代以来の領有体制の改革を急務と考えていた。新政府の発足とともに土地・人民を返上する版籍奉還を提起し、その実現を推進している。

木戸は、慶応三年（一八六七）十二月九日に王政復古が断行されると、まず最初に幕府との戦いで長州藩が占領していた豊前・石見両国を「朝廷」に返す提言を推進した。長州では、前述のように重臣毛利出雲が上京した際、同藩の「公正」な姿勢を明らかにすべきとして、豊前・石見両国を「朝廷」に返上することを奏請している。その二国返上論の提案の首唱者が、木戸であったことは、木戸が十二月二十八日に密書を三条実美に送っていたことにうかがわれる（『木戸孝允文書』二）。木戸は三条に宛て、二国の返上願を「朝廷」が受理し、その上で長州藩が引き続き管理を命じられるように求めた。その管理を同藩が保持するのであるから、本当の返上とはいえない。それでも、いったん「朝廷」へ返上することで、全国の土地所有権が「朝廷」にあることを示し、まずはその原則を確認することの意義を重視したのであった。それゆえ、この二国の返上願は、慶応四年（一八六八）正月に長州藩から新政府へ「豊石両地返上の儀上申」として出され、それをうけた新政府は、当分のあいだ同藩の預地とするように指示したのであった（『公文録』諸侯之部）。

このような木戸は、上京後の慶応四年正月二十三日、参与に任じられた。その木戸は、副総裁の三条実美と岩倉具視に対し、二月三日に全国の版籍奉還の必要を建言している。この二月の建言書で、人民の「安撫」と「世界各国」に並立するために、七〇〇年来の積弊を一洗して、諸侯の領有する土地人民を還納させることの必要を主張した。封建割拠の「尾大《びだい》の弊《へい》」、とりわけ薩摩・長州両藩やその兵隊が強大となることの弊害を強調している。「至正至公」の精神にもとづき、王土王民の視点に立って、「三百諸侯をして挙て其土地人民を還納せしむべし」と論じたのであった（『木戸孝允文書』八）。

このような諸侯の土地人民の領有を改めることについては、薩摩藩の寺島宗則《てらしまむねのり》が、慶応三年十一月、大政奉還に応じて上京する藩主島津茂久（忠義）に対して、諸大名の封地を返還することが公明正大な措置であるとする意見書を提出していた。「勤王」の忠節をつくすために、諸侯がその「封地」と「国人」を「朝廷」に奉還し、みずから「庶人」となることが重要とする主張であった。西欧に留学した寺島が、海外で見聞した近代国家像にもとづく意見であったといえる（浅井清『明治維新と郡縣思想』）。

一方、木戸の場合は、より現実的な提案であった。幕府崩壊にともなって長州藩による豊前・石見両国占領の根拠がなくなったこと、同時に幕末の政治運動を通じて「朝廷」を中心とした国家体制を重視するようになったことによる。そして木戸は、西欧からの留学帰りの寺島と違って、長州藩の実力者である。朝廷に権力の集中を求め、みずからの出身である長州藩や薩摩藩の割拠をも批判している。したがって、豊前・石見両国の返上に続く諸藩の版籍奉還を求める木戸の意見が、極めて急進的な建言書であったことはいうまでもない。

版籍奉還の画策　それゆえ木戸は、まず極秘にその企図を藩主毛利敬親に言上した。前述のようにキリスト教徒問題で新政府から長崎出張を命じられた木戸は、その途中で閏四月に山口にもどっている。敬親に会った木戸は、大義名分を論じ、兵馬政刑の実権を「朝廷」に返すことの必要を説いた。「内外一致」を強調し、「天下の大勢」を説明している。敬親は慎重であったが、原則的には同意している。木戸は七月にも京都で敬親に謁した。毛利家の遠祖の大江広元が「朝廷を御輔翼」した「深意」を説きおこし、敬親に版籍奉還の説得を重ねている。敬親から、「そちとはもう主従ではなくなるのか」と言われ、その時ばかりは木戸も絶句したという。

そして木戸は慶応四年九月十八日、京都で大久保利通と出会し、念願としていた版籍奉還の企図を語った。大久保は東幸を推進するために帰京した折であった。木戸は、府藩県三治一致に関する藩治職制を推進していたが、諸侯の土地・人民に関する権限を政府に取りもどす方策として、版籍奉還の必要を大久保に説いたのである。

大久保も、寺島の意見書を知り、その流れに理解を示していた。薩摩藩では、大久保の画策にもとづいて、慶応四年二月十一日に封土一〇万石の献上願を新政府に提出していた。そこでは、鎌倉時代以前のような「往古の実義」にもどることを至当とし、封建制度の弊害を指摘し、諸外国に対峙していくために一〇万石を親兵創設の費用とするように建言していたのである（『復古記』三）。大久保自身も国元に対して、いずれ領地の「御投出し」が避けられないとの見解を書き送っていた。それゆえ、大久保は、木戸の版籍奉還論にとくに反対を示してはいない。まだ両者が胸襟を開いて語り合った段階ではなかったといえ、大久保も原則的に同意したのである。

木戸から、版籍奉還を具体化してはどうかと打ち明けられた大久保は、それ以後、薩摩藩内の藩論の取りまとめに尽力している。木戸と会談した九月十八日、大久保はさっそく参与小松清廉や同岩下方平《みちひら》、さらには伊地知貞馨《いじちさだか》などと会った。そして、その日の内に、薩摩藩側の在京有力者の同意を取りつけていたのである。

伊藤博文の兵庫論　木戸の版籍奉還の意図は、参与伊藤博文を通じて、正月二十四日にイギリス側にも伝えられた。神戸事件の処理を担当していた伊藤は、イギリス公使館の日本語書記官のアーネスト・サトウに対して、長州藩が豊前・石見両国を「朝廷」に「献納」したと打ち明けている。伊藤は文久三年（一八六三）に井上馨ら四人の長州藩士とともにイギリスへ密航し、サトウが卒業したユニバーシティ・カレッジで学んでいた。伊藤は新政府の外交を担当し、山口から木戸が上京してきた際には、木戸を大阪に訪ねている。そして、木戸から長州藩が豊前・石見両国返上願を提出したことを聞かされていたのであった。

サトウの日記によれば、伊藤は「木戸と自分は、長州がさらに一歩を進め、長州一門の扶養に必要なだけを残して、土地も家来も財産もすべて天皇に返上することを希望している」と語っている（拙著『廃藩置県の研究』）。さらに伊藤は、もしすべての諸藩がこれに従うならば、現在の制度では考えられないような「有力な中央政府」ができるだろうと話した。各藩がばらばらに軍隊の教練を行っていては強国になり得ないと論じたという。伊藤はプロシヤの例をあげ、「弱小な諸侯はより強大な者に併合されるほかはない」と語った。長州藩の豊前・石見両国返上願や薩摩藩の一〇万石返上願についても、伊藤がその不徹底さに不満を示していたと、サトウは記している。

この伊藤は、外国事務局判事から五月二十三日に兵庫県知事に抜擢されていたが、兵庫県に隣接する姫路藩で、伊藤が感動する事態が生れた。姫路藩が版籍奉還を願い出たのである。同藩は戊辰戦争で「朝敵藩」とされ、藩主の蟄居・隠退や軍資金の献納などを命じられていたが、その後に藩内が分裂していた。新政府側に擁立された新藩主酒井忠邦《ただくに》派と、あくまで徳川家に臣従しようとする父忠惇《ただとし》・祖父忠績《ただしげ》派の内紛である。藩内抗争にいきづまったなかで、明治元年（一八六八）十一月、忠邦は版籍奉還願を提出し、朝廷が諸侯の領地をいったん取りあげ、藩の名称を県に変え、改めて預けるように求めたのであった。

それゆえ、姫路藩の版籍奉還建議には、「朝敵藩」とされた汚名を挽回しようとする願いがあった。その真意は、天皇と藩主との君臣関係を確認し、藩を改めて天皇の直轄地である府県と同一の形態を取り、支配の再建をはかることにあったといえる。

兵庫県知事の伊藤は、すでに四月に郡県制移行論を主張し、十月にも、凱旋兵の意気衝天の勢いを危惧し、それらを朝廷の常備兵に再編して処遇を定め、政府の兵権を強化するように建言していた。その伊藤にとって、姫路藩の動きは願ってもない喜びである。早速伊藤は、同藩の建議を「皇国の幸」として、すみやかに許可するように政府に求めた。そして明治元年十一月には、版籍奉還を全国で実施するように建白したのであった。

伊藤はみずからの建白書で、全国の諸侯が姫路藩の建議を通じて、「宇内の大勢」を知り、政治と軍事の権を「朝廷」に奉還することの必要を論じた。百年後に「皇国の威武」を海外に輝かすためには、藩を府県にならって改めさせ、藩士の「強壮」者を選んで「朝廷の兵」とするように求めている。その実施については、「天下列藩に布告」し、「一大会議」を持って「皇国」の基本を定めるように論じた（『伊藤博文伝』上巻）。

そして血気さかんな伊藤は、明治二年（一八六九）正月、大阪府権判事の陸奥宗光《むつむねみつ》（陽之助）らを同行して京都に向かった。六ヵ条の意見書「国是綱目《こくぜこうもく》」を政府に上呈する。「国是綱目」は、天皇を中心とした一君万民の体制を作ることを目的とし、諸侯の政治・軍事権を政府にかえすように主張していた。世界万国と交通を積極的にすること、西洋の学術を取り入れた大学校・小学校を設けること、四民平等と職業選択の自由を認めることなどを建言している。

この伊藤の建白は、政府官員によって提起された郡県制にもとづく改革論であるだけに反響は大きい。それはいわゆる「兵庫論」と称され、政府内外に大きな衝撃をあたえたのであった。

2　四藩主の版籍奉還建白

京都円山の密議　姫路藩の版籍奉還建白と伊藤博文の「兵庫論」は、それまで秘密裡に進められてきた版籍奉還の画策を、全国におおやけにした。

明治元年（一八六八）十一月、岩倉具視や木戸孝允は天皇の東幸に供奉し、それに先行して三条実美・大久保利通などの政府首脳は東京に移っていた。岩倉は十一月二十二日、年内に天皇が京都に「還幸」し、翌二年春に東京へ「再幸」して「諸侯伯会同」の大会議を開催するように建言した。京都にもどって守旧派を慰撫し、その上で東京に「再幸」して「侯伯大会議」に集中する方策である。この「侯伯大会議」については、参与福岡孝弟が伊藤の建白をうけて、諸侯の召集を岩倉に助言しており、その開催が期待されていた。木戸は十二月十四日に岩倉から意見を求められ、「一新の際」を強調し、いったんまとめて「朝廷」に奉還するように論じている。その後に「天意の有る所を以再び一定の規則相立」れば、大いに「名分判然」になると進言した（『木戸孝允日記』一）。木戸はその手順として、薩摩・長州両藩をさきがけとし、そのもとに土佐藩などを連合させることが重要と論じている。そして時機に遅れないように「諸侯伯会同」を行い、版籍奉還の具体化を求めたのであった。

伊藤や木戸の版籍奉還に向けた積極的な動きに対して、大久保は京都にもどる天皇の「還幸」に供奉し、十二月八日に東京を出発した。その大久保は事態の進展が急なことを知ると、岩倉と木戸にも京都にもどるように求めている。そして、十二月二十二日に着京した大久保は、薩摩藩の新納立夫《にいろたてお》や海江田信義《かいえだのぶよし》と会い、二十五日には大阪で小松清廉や吉井友実らの薩摩藩有力者と会談を重ねている。いうまでもなく、版籍奉還への対応である。大久保は「御国論の趣意」の確保と長州藩への「信誼」を強調し、版籍奉還への在京薩摩藩有力者の同意を取り付けていた。

そして、明治二年正月十四日には、京都の円山《まるやま》端寮に薩摩藩大久保利通、長州藩広沢真臣、土佐藩板垣退助らが集まった。会議は東京に残った木戸の意向をうけて長州藩出身の広沢が中心になっている。広沢は十二月二十八日に兵庫で伊藤博文と会い、正月一日に京都に入っていた。十一日には広沢のもとを大久保と土佐藩の福岡孝弟が訪ね、「段々及示談」でおおよその方向を決めている。広沢は十四日の朝にも大久保に書状を送り、まず三藩が同心・戮力《りくりよく》することから朝廷を「輔翼」することの確認を行っていた（拙著『廃藩置県の研究』）。

広沢の根回しが効を奏し、円山端寮での密議は順調に進んだ。土佐藩は予定の福岡に代わって板垣が出席。その板垣が「殊の外奮発」であったという。板垣は土佐藩内の討幕派で、戊辰戦争で藩兵をひきいて活躍し、その名声をもとに同藩の実力者となっていた。板垣は、土佐藩内の会議では版籍奉還がとても実行できないであろうと語っていたが、実際には薩摩・長州両藩に伍していくことを先にしている。この日、三藩の協力で「土地人民返上一条合議」が成立した。その後、版籍奉還の上表は肥前藩にも連絡される。円山の会議に参加していなかった同藩も、木戸や伊藤を通じて「版籍論」が伝えられていた。広沢の配慮で最後に肥前藩も加わったのである。

四藩主の上表提出　この結果、薩長土肥四藩の提携のもとに、版籍奉還の上表が明治二年正月二十日付で提出された。毛利敬親・島津忠義・鍋島直大《なべしまなおひろ》・山内豊範《とよのり》の四藩主の連名である。薩摩・長州両藩が主導権をとって進め、土佐・肥前両藩を加えて、四藩主が土地・人民の返上を願い出たのであった。有力藩が率先する姿勢をとることで、その後の諸藩からの奉還を促進するという木戸の企図を具体化した上表である。

版籍奉還の上表文は、「皇統一系、万世無窮」を強調して、「普天率土其有に非ざるはなく、其臣に非ざるはなし」と記した。大義名分として、王土王民思想を掲げ、すべてが「天子」の土地と民であることを強調している。そして、諸侯が版籍を私有することを批判し、同時に土地と人民をあたうべきはあたえ、奪うべきは奪うと、あいまいな表現をとった。「朝廷」が自由に「其与ふ可きは之を与へ、其奪ふ可きはこれを奪」うとし、「列藩の封土、更に宜しく勅命を下し、これを改め定むべし」と奏請している。そして、制度と「朝廷」の「大権」との「名実」がともなって、はじめて海外各国と「並立」することができるであろうと上表した（『太政官日誌』明治二年、第九号）。政府は、版籍を奪うことを目的としていながら、諸藩の反発を危惧し、巧妙な表現を用いたといえる。

この点、木戸は後年に「用術施策」で「先旧幕の朱印の列を廃し、朝廷へ封土を返上し、許不許は只《ただ》朝命に随ひ大に名分を可正」と説き、ついに「版籍返上の挙」に至ったと吐露している。旧幕府時代にも将軍の代替りごとに朱印状を再公布し、君臣関係を再確認する慣行があったことから、それを上手に利用したのであった。

そして政府は正月二十四日、四藩の版籍奉還の上表に対し、まず「忠誠の志、深叡感被思食候《おぼしめされ》」としてそれをうけとった。その処置については、天皇の東京再幸を行った後に会議を開き、公論を集めた上で決定すると答えている。政府は上表文を提出した藩に対して、版（土地）と籍（人民）を取りしらべて差し出すことを命じたのであった（『太政官日誌』明治二年、第九号）。

一方、同時期の諸藩は、戊辰戦争中に軍事費の支出が増大し、藩財政を急速に破綻させていた。戦争は、将軍と諸大名との関係やそれぞれの藩内の身分・格式を突きくずし、旧来の君臣間の封建イデオロギーを大きく動揺させている。そして内乱が、国土を荒廃させ、幕末からの諸矛盾とあいまって「世直し一揆」を激化させ、封建的領有体制そのものを無力化させていた。それゆえ、諸藩の側には、王臣として新しく領主の地位を保証されたいという願望が存在した。弱体化した領主階級は、伝統的・封建的権威の頂点に立つ天皇、およびその新政府に対する依存度を強めていたのである。

それゆえ、薩長土肥四藩主の上表が出されるや、各藩もそれに追従して奉還を願い出た。米沢藩のようにそれまでの藩体制の重大な変更につながることを認識した上で版籍奉還願を出した藩も存在するが、概して、版籍をいったん返上しても改めて政府から再交付されるものと解した藩が多い。正月二十四日には鳥取藩、二十七日には佐土原《さどはら》藩、二十八日には福井・熊本・大垣藩が奉還を奏請している。六月二十四日までに二二三六藩主が版籍奉還の上表を提出したのであった（『太政官日誌』明治二年、第六八号）。

3　東京政府の発足と混乱

侯伯大会議の推進　四藩主の版籍奉還上表の新報が京都から東京に達した明治二年（一八六九）正月二十九日、木戸孝允は日記に「千歳の基を定る」と、その喜びを記した。そして、天皇の東京再幸とそれに合わせた大会議までに、多数の諸藩が呼応して建議を行い、実利があがるための「一策を廻らさん」と企図している。木戸は二月一日、三条実美・岩倉具視にも昨春来の素志が具体化したことの感動を書き送った。その上で、諸侯の会同で名分を正して「皇基」を定めるために、「万世不朽の御規則」を確定するように求めている。再幸後に数十藩から同意同論が建言されるようになれば、「大好機」が見出せるようになるとの思いであった。木戸自身は、土佐藩の実力者山内豊信（容堂）や前橋藩主松平直克《なおかつ》などの協力をとりつけている（『木戸孝允文書』三）。木戸は、薩摩藩に批判的な豊信の宴席や別邸に呼ばれることがあり、将来の大勢を論じ、名分を明らかにすることの同意を得ていたのである。

これに対して、岩倉の方も、版籍奉還の処理が「朝権維持の大関係」とし、「侯伯大会議」の開催に全力をあげる決意を固めている。岩倉は、輔相職を三条実美と並立したことで苦しみ、二年正月には辞意を表明していたが、事態はとてもそれが認められるような状況ではない。岩倉は木戸の要請もあって議定上席の専務にとどまっていた。急進論の姿勢を強めた伊藤からは、東京再幸前に速やかな「決極」を求められる事態で、岩倉も後にひけない状況であったといえる。

それゆえ岩倉は、大久保が薩摩藩内の説得のために帰藩することになると、それにあわせて薩摩・長州両藩に勅使を派遣することにした。勅使が両藩の積年の勤王実行を賞し、「皇国の股肱」としての島津久光と毛利敬親の上京を命じる。そして上京した久光・敬親から、東京での「侯伯大会議」に向けた事前の「見込」を出させようというのである。両者の「見込」をうけて政府内の大綱を定める。天皇の東京再幸を進めて、その上で「侯伯大会議」に「御下問」を行い、「治定」に持ち込む算段であった。二月十八日には、天皇の京都発輦を三月七日と公布している。二十四日には東京駐輦中に太政官を東京に移すことが布告された。京都には留守官が置かれたが、皇后も東京に行啓し、事実上の遷都となっていく。

長州藩内の混乱　それにしても、このような東京再幸と「侯伯大会議」については、困難が少なくない。その第一は、守旧的な有力藩の動向である。とくに木戸孝允の出身の長州藩では、同藩の幕末以来の功績が新政府に反映されていないことへの不満、新政権に登用された木戸や伊藤に対する反発が存在した。木戸らが「朝廷に仕へて奔走」し、「防長二州の事を顧念」しないとの批判、帰藩の約束に「違背」しているとの非難があったようだ。そこには、王政復古のクーデターが薩摩藩中心にあざやかに断行され、討幕運動に尽力したそれまでの長州藩の功績が薄れてしまったことへの不満が大きい。旧幕府側と最前線で戦った諸隊などは、数多くの戦死者を出して占領した豊前・石見両国の返上に納得がいかなかったようだ。長州藩世子毛利元徳が帰藩し、木戸や広沢が藩内事情を理由にいったんは新政府に辞表を出すようになっていた。

木戸は、この長州藩内の反発に対して、「只眼下の事より故障を起し」で、「万里外の大機」を誤ると、

「浩歎悲泣」している。明治二年三月に東京から京都にもどった木戸は、長州藩の「従来の陋習　益盛」

とし、痛苦の思いで、失意が隠せない。すでに、版籍奉還の急進論者になっていた伊藤博文に対しては、「従来の陋習《ろうしゅう》益《ます》盛《ますさかん》」その「兵庫論」が報じられると、非難が沸きおこり、伊藤を殺そうとする動きがあった。新政府は二年四月十日、よぎなく伊藤の兵庫県知事を免じて位記返上とさせたが、西欧体験を持って対外折衝にあたれる伊藤がいなくては、開港場が維持できない。四月十二日に「要港の儀に付」として、新たに兵庫県知事に就任した久我《こが》通城を輔翼する判事に伊藤を任じる始末であった。

このような長州藩側の反発は、版籍奉還にもブレーキをかける事態となった。東京での「侯伯大会議」のために山口に派遣された勅使へ対応して、毛利敬親は版籍奉還に批判的な島津久光とともに上京している。しかし両者は、事前の「見込」として、新政府の期待するような建言をしていない。さらに敬親は四月十一日、郡県制への転換は「漸を以てすべく、一朝一夕には難《おこないがた》行く候時勢の間、篤《とく》と御考察被為在度」といった意見書を輔相三条実美に書き送った。先に版籍奉還の上表を呈したにもかかわらず、「眼前の勇断」にはやることを戒めている。漸進論に転じてしまったのである（「毛利敬親書翰」三条家文書）。木戸は後年、版籍奉還を推進できたのは敬親の全面的な支持があったゆえと述懐しているが、木戸が語るほど敬親の態度が決まっていたわけではない。敬親の漸進論をうけて、長州藩参政の中村誠一も、諸藩の動揺を指摘し、封建の形態を一変するのを時期尚早と主張するようになった。中村は、郡県の精神のもとでしばらく旧態を残させ、後日の時機を待つように論じたのであった。

東京政府の危機　「侯伯大会議」については、政府内でも混乱・分裂の危機を生じていた。明治二年春の新政府は、前年十二月の天皇還幸にともなって三条・岩倉らの政府首脳が京都にもどり、東京が不安定な事態になっている。木戸も二年二月二十七日に東京を発って京都に帰っていた。また政府内では、前年の東幸で議定の中山忠能《ただやす》が供奉役、正親町三条実愛が「諸務御委任」、徳大寺実則《とくだいじさねつね》が「諸務御委任」と「輔相心得」、中御門経之らの公卿が議定に任じられていた。鷹司輔熙や大原重徳も議定である。徳川慶勝《よしかつ》（尾張）、伊達宗城《だてむねなり》（宇和島）、浅野長勲《ながこと》（安芸）、池田章政《あきまさ》（備前）池田慶徳《よしのり》（因幡）、蜂須賀茂韶（阿波）らの諸侯も議定に加わった。公卿や諸侯出身の守旧的な議定が増え、二年正月には参与横井小楠が守旧派の反政府士族に暗殺される衝撃的な事件が発生している。政府自体が東京と京都に二分され、東京政府は、議定東久世通禧と参与後藤象二郎が行政官機務取扱となってぎゅうじるようになった。

そのような東京に天皇は「再幸」し、輔相三条実美とともに三月二十八日に到着した。懸案であった太政官も東京に移されたが、政府の混乱は深刻である。東京は「後藤の勢東久世の勢両雄可驚事」であった。三条や実務にうとい議定らは、なすすべもない（『中御門家文書』上巻）。

後藤らは、四月八日に弁事を経ないで諸願伺を各官に直に提出できるように改革した。行政官が兼任していた議政官を改めて分離し、政体書の原則にもどしている。二十日には、二等官以上を集め、天皇が施政のあり方を「諮詢」した詔書を発した。その二日後には、親王・公卿や四位以上の諸侯を召見し、「国是確立」に関する意見を建言するように命じている。二十三日には、弁事大原重実《しげみ》を議長とし、公議所会議を開催していた。「侯伯大会議」に向けた施策であったが、その内実が固まらないままに形式のみが進行したといえる。後藤や諸侯の台頭で、「侯伯大会議」を掲げて公議政体路線を復活するような事態が存在したのであった。

4 維新官僚の結集

根軸の確立 東京の「侯伯大会議」の準備は、その開催後の方向をどのようにするかが定まっていなかっただけに、困難が予想された。公卿や諸侯の議定が勢力を拡大し、公議を掲げて参集しても、懸案の版籍奉還を断行することはむずかしい。このような事態は、版籍奉還の断行に向けて背水の思いにあった岩倉具視にとって、危機的な状況である。議定上席の岩倉は、木戸孝允や伊藤博文に版籍奉還の実現を迫られ、みずからも決意を固めていたが、肝心の輔相三条実美は東京での後藤の辣腕を抑えられないだけに弱い。三条の決断に不安が残る以上は、「侯伯大会議」の方向を定め、そのための政府内の主導権を確保することが必要であった。

大久保もまた、かねてより「朝廷の根軸」の混乱を危惧していた。とくに大久保は岩倉に宛て、議定・参与を「情合」で任用し、議定の人員が一七、八人におよんで「愕然たる次第」と、その批判を書き送っている（『大久保利通文書』三）。大久保は、二月に勅使柳原前光《やなぎはらさきみつ》をともなって帰藩したが、薩摩藩内の改革に苦心し、実力者の島津久光の新政府批判を実感していた。それだけに政府内の主導権が守旧的な公卿・諸侯に奪われることを危惧したものと思われる。

このようななかで、岩倉のもとに三条から東京へ参集を求める書状が到達し、岩倉は有馬温泉での休暇もそこそこで京都へもどった。岩倉は四月十二日、京都で大久保・木戸らと会談し、「侯伯大会議」開催の手順を協議している。岩倉や大久保にとって、公議を前提としつつも、「侯伯大会議」を公議政体派の復活の場とするわけにはいかない。岩倉は木戸に対しても、東京の「御大事」が「皇国存亡」にかかわるとし、三条・岩倉はもとより、大久保・木戸・広沢らが団結して、人員の精選に「死力」を尽くすことを求めた。そこには、木戸・大久保らが「員外」となることを求めた「意味深長」な策をも打ち出している。みずからの辞意をもちらつかせて、「在職の徒」の「御取替」を迫る企図を書き送っていた（『岩倉具視関係文書』四）。

かくして、岩倉と大久保は四月二十四日に東京にもどった。大久保は、政府へ宛て、「進退錯雑朝令暮改」の実態に着目して、その弊害を除去すべきとする意見書を提出している。大久保は岩倉に対しても、人物の登庸が軽んじられていることを指摘し、「本体を確立」した上で版籍奉還に臨むことが必要である旨を重ねて書き送ったのであった（『大久保利通文書』三）。

公選の断行　明治二年五月十二日、大久保と副島が行政官機務取扱に任じられた。岩倉は、政府首脳の人数の精選を主張し、大久保の進言をうけて政体書にある公選入札の実行を論じた。この結果、十三日には、議政官を廃して上下二局を開き、行政官に輔相・議定・参与を置き、さらに公選による人材登用を命じた詔書の発布となる。

この十三日には、三等官以上による公選が断行された。中央政府の判事以上および一等県の知事の投票で輔相に選ばれたのは三条実美。翌十四日は議定の選挙で、岩倉具視・徳大寺実則・鍋島直正が任じられた。身分を問わない参与には、公卿の東久世通禧、薩・長・土・肥四藩出身者の大久保・木戸・後藤・副島・板垣らが任命されている。結果として、前議定の中山・正親町三条らは各官知事に、浅野長勲・徳川慶勝・池田慶徳らはいずれも麝香間祗候《じゃこうのましこう》などの閑職にまわされた。宮廷勢力・諸侯勢力が政府の中枢から排除されたのである。

もっとも、この公選断行の実施の時期、木戸は東京に不在であった。木戸は前述の岩倉・大久保らとの四月十二日の会合において、早急に東京に集結することを合意していながら、健康を害している。木戸は、岩倉が京都を発った十九日の深夜に頭痛で眠れず、二十一日には胸痛を発し、東京へ出発できないでいた。五月に入って大阪でオランダ人医師ボードインの治療を受けている。「心志を労せし」との診断であった。養生を勧められ、天保山下で海水入浴の療養を重ねたのであった。

この間、木戸が岩倉や大久保へ送った書翰は、版籍奉還断行に向けて薩摩藩の主導を求めるとともに、対外的危機となっていたキリスト教や贋金問題、さらには浮浪士族や賞典問題まで各般の対策に及んだ。版籍奉還断行については、薩摩藩などの有力藩から断行に向けた意見を引き出し、その上で全国諸藩の実施を決定すべきと論じている。キリスト教については、前年四月に木戸みずから長崎に出張して、キリシタンを各藩に預けた問題の根本的な対応策であった。贋金は戊辰戦争の後に贋造された贋悪貨幣が外国人の手に渡り、その交換を迫られた事態である。キリスト教や贋金問題については、諸藩や府県での対応を統一することが、外交的危機を打開する根本策になると論じた。浮浪士族対策は、二年正月の横井小楠暗殺事件などの拡散が危惧された事態で、木戸は四月に維新の際の脱籍者の救済と修業の場を求めた「浮浪の議」を岩倉に建言している（『木戸孝允文書』八）。賞典問題対応は、戊辰戦争後の課題で、政府の支給額を一〇〇万石にとどめることとし、その際の詔書案文を作成したのであった。

5　版籍奉還断行と木戸孝允

郡県・封建の議論　版籍奉還の問題は、薩長土肥四藩主に続いて諸藩から上表が出された後、公議所でその議論が行われた。公議所は、政体書で設けられた下局を改称。諸藩から選ばれた公議人が議員で、いわゆる下院に類する位置づけである。

公議所は、幕末に西欧へ留学した森有礼《もりありのり》（金之丞）が議事取調を担当し、明治二年（一八六九）三月十二日に「御国体の儀に付問題四条」を提出していた。五月四日には、版籍奉還後の地方制度に関する具体的な議案として、「御国制改正の議」を提出している。それは、郡県論を基調として、「皇国一円私有の地を公収し、政令一に出る」ことが必要であると論じ、その前提のもとに当分は旧藩主をそのまま知事にするという折衷的な方策であった。

この森の議案に対する諸藩の議員の対応は、郡県制を是とするのものが昌平校《しょうへいこう》と一〇一藩、封建制を是とするのが一〇二藩である。郡県制を採用するように主張した藩は、幕末からの財政悪化や戊辰戦争の戦費の増大にともない、藩体制をそのままでは維持できない状態となっていた中・小藩が多い。大政奉還直後に新政府の召命を辞退した諸藩、あるいは戊辰戦争で政府の嫌疑をうけた加賀・紀州両藩も、概して郡県制賛成派にまわった。「朝敵」藩として処分された高松・大垣両藩なども、汚名返上の立場からそれに加わっている（「公議所日誌」『明治文化全集』憲政編）。

一方、政府内では五月四日、輔相三条実美が、上表を提出した薩摩・長州・土佐・肥前四藩の公議人を招き、版籍奉還の「機務」を下問して、各藩の意見を徴した。この三条の下問に対し、大久保は、在京有志による薩摩藩の答申を企図した。薩摩藩公議人の内田政風が鹿児島に「懸合」おうとしたのに対し、それが守旧派の反発、遅延を生むと封じ込めている（『大久保利通文書』）。同藩では長州・土佐両藩の在京者で取りまとめを進めており、その方向で四藩が形式的な答申を行ったと考えられる。

そして、政府内では「諸侯版籍返上」を担当した岩倉が、版籍奉還断行の政府原案の作成を試みた。岩倉の腹心の山本復一、宇田淵が参画している。最初の案文「版籍返上の事」は、各藩主を知州事、抜群の才能の者を判州事とし、「郡県の意を封建の中に寓」すべしとする七ヵ条であった（大久保利謙「版籍奉還の実施過程と華士族の生成」）。

岩倉は、この七ヵ条の案文を修正し、「列藩版籍奉還の処分に付具視意見を奏上する事」という岩倉案一二ヵ条として、五月十六日の政府会議に提出した。新たな岩倉案一二ヵ条は、藩を州に改めている。一〇万石以下の小藩を集めた州については、「今姑《しばら》く一州に数人の知事を置く」こととした。大藩の藩主を知州事、小藩主を副知州事とし、土地・人民は知州事の私有にしないと明記している。各州の歳入の一〇%を政府に集め、残りを均等に三分割して知州事の家禄、士卒の家禄、政庁の経費とすべきとした。海軍は政府の軍務官直属化としている。公卿・諸侯は貴族とした。これらの一二ヵ条は、大藩の藩主を知州事とし、封建制の形を残したなかに郡県の実を組み入れる新しい地方制度を創出しようとした原案といえる。

五月十六日の輔相・議定・参与の政府会議では、この岩倉案一二ヵ条にもとづいて政府の「大綱」を決定することが進められた。しかし、同日だけでは決らず、知州事の名称や、小藩の州の扱いなどが懸案として残されたようだ。結果として、知州事の名称は知藩事に改められたが、この岩倉案一二ヵ条自体は同時期に具体化されるに至っていない（拙著『廃藩置県の研究』）。

上局会議の開催　このような段階において、政府は明治二年五月二十一日、上局会議を東京城の大広間で開催した。天皇の東京再幸以前に「侯伯大会議」として諸藩主に会同を命じ、政体書の上局会議を復活して開催したのである。

二十一日の会議では、行政官と六官・府県などの五等官以上の官員、および親王・堂上・麝香間祗候《じやこうのましこう》が集められた。天皇から「皇道興隆」「知藩事選任」「蝦夷地《えぞち》開拓」の三件の諮問が行われている。「知藩事選任」の件は、版籍返上に関する衆議が「政令一途」であったことから、府藩県三治制の統一を進めるために、「改て知藩事に被任候思食《おぼしめし》に候間、所存無忌憚《きたんなく》可申出候事」とあった。いうまでもなく、版籍奉還に対する諮問である。「蝦夷地開拓」の件は、「開拓教導」の方法を具体化し、人口を増加させるための利害と得失についての意見を求めた（『太政官日誌』明治二年、第五三号）。二十二日には、この「皇道興隆」と「蝦夷地開拓」の二件を東京在留の諸藩主・中下大夫・上士総代に対しても諮詢している。ついで二十四日には、ふたたび五等官以上の官員を集め、外交・財政の二策に関する諮詢を行った。翌日には、諸藩主に対しても、「知藩事選任」と外交・財政を諮詢している。

上局会議は、右のような諮詢事項について、期日を限って意見を回答するように命じていた。このために、上局会議はとくに意見を交わす場となっていない。諮詢をうけた側の回答は当たり障りのないものが多い。概して形式的で、公議の限界を明示している。維新政権が必要としたのは前述のような「至当の公議」であり、上局会議はまさにその前提としての公論を聴取する機会であった。正当性を獲得する場として利用されたものといえる。

木戸孝允と版籍奉還　上局会議後の版籍奉還の断行は、岩倉・大久保らの政府首脳の大きな課題であった。岩倉案の州制が取り止めとなって藩の名称が残され、藩主を知藩事とすることになったが、政府会議では、知藩事の任用をどのようにするかが論議の焦点となった。

知藩事の任用に関する意見は、政府内でも改革に急進的な木戸・後藤と漸進的な大久保・副島、そして東久世・板垣らの三派に分れたようだ（『岩倉具視関係文書』四）。明治二年六月五日の会議では、知藩事と名称を改めただけでは意味がないとの意見が出され、輔相三条実美が知藩事の交替をも含めた急進論を提案した。長州藩関係者に近い三条は、木戸の版籍奉還論を意識して発言したのかもしれない。それに対して、十一日には大久保が三条を訪ねて、奉還後も藩主をそのまま知藩事に任用するように論じている。翌十二日の政府会議では大久保・副島がそれを主張した。大久保は、「漸次の功」を強調し、「断然郡県」という急進論を批判している。大久保の意見には、守旧的な島津久光らへの配慮があったことはいうまでもない。大久保が、鹿児島の桂久武に対して、「藩政向は先其藩へ被任候」と伝えていたことがそれをうかがわせる（『大久保利通文書』三）。

この漸進論に対して、木戸は強く反発した。木戸は岩倉や大久保に遅れて五月二十九日に東京に到着し、岩倉案の審議経緯や上局会議の詳細を知らないでいた。六月十三日に参与東久世通禧から前日の政府内の議論を聞かされる。完全な郡県制の決断を求めていた木戸は、「世間の沸騰」を気にして、機嫌を取るような漸進論を強く批判している。「時事を想察し、前途を推考し、実に概歎不少」との心境であった。木戸は、名を改めても実は「諸侯」と異ならないとし、「世襲の二字」を除き、東京に本住を命じるべきと建議したようだ（『木戸孝允文書』八）。木戸はその憤懣《ふんまん》を伊藤博文と大村益次郎に書き送った。驚いて駆けつけた大村に語り、自身も後藤を訪ねて論じている。「皇国」の将来に思いを寄せ、積年の宿志について、「此機に乗し皇国をして帰一せすんは忠孝の道何に立ん」とあった。木戸は概歎が募り、眠れない夜を過している。

木戸は伊藤に宛てた書状で、天下に関係する「大議論」の方向がたやすく変わってしまう政府会議のあり方を非難した。副島を打ち破り、大久保や黒田清隆などを攻撃するように伊藤に要請している（『伊藤博文関係文書』四）。副島は必ずしも藩主をそのまま知藩事一般に任ずる考えでなかったと思われるが、木戸は大久保に味方した副島を元凶とみなしたようだ。

木戸の要請に対して、伊藤はすぐに反応した。伊藤は版籍奉還について、「名分を正し名義を明かにする」だけでは無意味と岩倉に主張してきた急進論者である。伊藤はそれゆえに、朝廷が万民を統御して全国統一の政令をほどこし、外国から侮られないようにすべきと論じていた。それゆえ、伊藤は藩主をそのまま知藩事とする決定に「慷慨不能禁《こうがいをきんじあたわず》」とし、直ちに辞表を提出して抗議している。

このため政府内は混乱し、岩倉はみずから六月十四日に木戸のもとに出むいて説得を行った。そして三条・東久世に対して奉還の断行をうながし、十七日に知藩事任用を行うように要請している。大久保もまた、十五日に岩倉と木戸を訪ね、岩倉には決断を求めた。木戸は、大久保に「時事を論じ、情実を相告げている。大久保は、木戸が期待していたのと異なって藩知事世襲論であったが、木戸が「罵詈不平」を重ねて前途に着目するように論じると、大久保に変化がうかがわれたという。

かくして、版籍奉還は明治二年六月十七日、その奏請が勅許された。奉還を願い出た薩長土肥四藩などの諸藩に対する勅許には、「政令帰一の思食」をもって「言上の通被聞食《きこしめされ》候事」とある（『太政官日誌』明治二年、第九）。それは、深く時勢を察し、「広く公議」をつくした結果とされた。木戸・伊藤の意見を取り入れて、知藩事の世襲制は撤回され、「郡県制」の地方官という性格が強調されている。岩倉案などで検討された各般の企図は先き送りされており、大久保・副島らの漸進論の範囲にとどまっていたといえる。

政府は、上表を出していなかった藩に対しても、版籍奉還を命じている。版籍を奉還した藩は総計二七四藩となり、政府は藩主をそれぞれ知藩事に任じた。そして政府は、この知藩事に対して、旧来の知行状・領知目録などのいわゆる判物にあたるものを交付していない。その上で政府は、公家・諸侯の公武の別を廃し、新たに華族としたのである。

このような版籍奉還の断行に対して、知藩事に任じられた多くの藩では、一部の例外を除いて特段の反発は生じていない。この点、版籍奉還断行に先き立つ六月二日、戊辰戦争の有功将士に戦功賞典をあたえることが発表されていたことも、政府批判を封じて円滑な版籍奉還断行に寄与したようだ。木戸は、維新の際の尽力は「志士仁人」の当然の行為であるとし、死傷者を除く一般の賞典とりわけ世襲の賞典禄給与に反対していた（『木戸孝允文書』八）。それでも四百余人にあたえられた戦功賞典の総額は、禄米七四万五千余石、金二一万五〇〇〇両余にのぼった。禄米支給で嘉彰親王は一五〇〇石、熾仁親王は一二〇〇石である。諸藩士は西郷隆盛の二〇〇〇石、大村益次郎の一五〇〇石が大きい。諸侯では、薩摩・長州両藩にそれぞれ一〇万石、土佐藩に四万石が目立つ。この賞典禄に加えて、官位・褒詞なども付与された。さらに守旧的な姿勢が強い山県や西郷従道らは洋行させ、御堀もまた渡欧を許されている。討幕に協力した公家などへの復古賞典あるいは箱館戦争の戦功賞典も、その後に有功将士や公家にあたえられることとなる。

三治一致に向けて　版籍奉還断行に向けた政府側の岩倉案では、「封建の姿に郡県の意を寓すべし」などの諸改革が議論されていた。政府は、藩主を知藩事とすることを決定したが、版籍奉還の趣旨に近づけるためにも、諸藩に改革を求めている。明治二年六月二十五日、諸藩に諸務変革一一ヵ条を達し、十月までにその改革の成果を提出するように命じたのがそれである。この諸務変革については、やはり公議所で議論され、副島や三条も諸案を寄せ、麝香間祇候にも下問が行われていた。最後は、大久保利通の原案が政府内で検討され、公表されている（拙著『廃藩置県の研究』）。二十五日の一一ヵ条では、諸藩の石高について、これまで用いてきた表高を現米総高に改め、諸税や公廨費用の額を取り調べて、政府に提出するように指令している。職制や職員の実態および藩士・兵卒の人員、秩禄《ちつろく》や扶持米《ふちまい》を報告すべき旨も命じた。諸藩の一門から平士にいたるまでのすべてを士族と称することとし、諸藩の複雑な身分体系を抜本的に改めている。そして、知藩事の家禄《かろく》を現米総高の一〇分の一におさえること、それに応じた家令・家扶などを報告すること、さらに諸藩の給禄の改革などを指示したのであった（『太政官日誌』明治二年、第六八号）。

この諸務変革では、政府は版籍奉還後に知藩事と家臣との私的な君臣関係を制度的に否定し、藩職員重役の人選は政府に伺いを立てるように指示している。政府は、藩士を登用する場合も、その出身藩に問いあわせることをしていない。ただちに「廟議を以て御選用相成候」とした。刑罰も、斬罪以上を行うには政府の「天裁」が必要としている。それまでの諸藩の領有地についても、しだいに知藩事が天皇の土地を管理する「管轄地」とみなすようになっている。版籍奉還は、概して制度的な面の強い措置であるが、奉還の断行によって封建的領有制や私的な臣従関係が否定された。政府が藩政のあり方に強く干渉することができるようになったといえる。

一方、版籍奉還の断行は、兵制のあり方にも大きく関係する問題であった。版籍奉還に前後して、諸藩の過剰となった兵員の処遇および政府直属軍隊の形成が課題となっている。版籍奉還直後の六月二十一日の政府会議では、岩倉が薩摩・長州・土佐藩から一大隊ずつを政府軍に編入する案を提起した。それに軍務官副知事大村益次郎が反発している。この三藩兵の拠出については、大村は国民皆兵の視点に立った兵制構想から反対した。三藩兵の拠出は、横井暗殺事件などへの対策と藩側の過剰兵員の削減に対応した措置で、当面のそれは大久保の強い主張で強行されている。しかし、この兵制の議論は、将来的な建軍構想にむすびつくだけに厳しい。

大村らの軍務官側は農兵を募って直属軍とする国民皆兵の構想である。逆に大久保らは、農兵を「親兵」とすることに対する諸藩の士族の反発を危惧した。農兵の直属軍が、反政府運動や農民一揆の鎮圧に有効な軍事力となるかどうかも疑問である。紛糾の結果は、政府の人事問題にまでおよんでいく。木戸はもちろん大村の構想を支持していた。大久保が大村の排除を画策すると、木戸は大村を擁護し、大久保と木戸の対立が再燃している。版籍奉還断行をめぐる対立が、兵制問題を契機として再燃する事態になったのである。

6　太政官改革の混乱

職員令の制定　政府は版籍奉還の断行後、政体書の改革に着手した。政体書が太政官を設けていながら、それが実際には王政復古の趣旨にそった太政官制としての形態・機能を持っていなかったことが課題とされていた。「皇国は皇国にて制法相立度」との批判も出されている（『中山忠能履歴資料』九）。一方、大久保利通らの維新官僚も、政体書が旧来からの「百官」を残したことから、維新官僚の「位階」が十分に活用できず、それらの改正を必要としていた。

それゆえ、宮廷勢力との調停に苦心してきた岩倉具視は、明治二年（一八六九）正月二十五日、「大宝の令」に配慮し、施政の障害とならない範囲で旧慣を用いるように建白した（『岩倉公実記』下巻）。そして「明天子《めいてんし》」や優れた宰相《さいしょう》がいない場合でも、国家を保持することが可能な制度が必要であるとし、人材抜擢をも論じた。

実際の改革は、岩倉のもとで参与副島種臣が準備に関与し、政府は六月二十三日、六官知事および上局議員、翌二十四日に諸藩知事などに対して官位相当表・職員令の草案を明示した。「旧官の名」を用い、「更始の実を取り斟酌潤飾」した草案である。

そして、政府は明治二年七月八日、それまでの政体書を大きく改めた職員令を頒布した。職員令では、神祇・太政の二官を設置し、太政官には「掌輔佐天皇、統理大政、総判官事」を行う左大臣・右大臣を置いている。大納言・参議は「掌参議大政、献替可否敷奏宣旨」であった。太政官のもとに民部《みんぶ》・大蔵《おおくら》・兵《ひょう》部《ぶ》・刑部《ぎょうぶ》・宮内《くない》・外務の六省を置き、待詔院《たいしょういん》・集議院《しゅうぎいん》・按察使などを設けた。六月二十三日に示された草案段階と比較すると、民部省が設置され、式部《しきぶ》省に代わって宮内省が新設されている。藩についても、版籍奉還の断行をうけて、府県とのあいだの制度的な統一が進められ、知事・大参事・少参事の職名が府県と同一とされた。

この職員令による改革は、新たな位階と官位相当を定めた点で、それまでの宮廷勢力に大きな打撃をあたえた。旧来の「百官並受領《ずりょう》」も廃している。その位階は一位から八位までの各正従と大初位・少初位の計一八階で、八月の改訂で正従九位を加えた計二〇階となった。そして政府は七月十一日、四位以上の勅授、六位以上の奏授、七位以上の判授の制を定め、二十七日には、勅任《ちょくにん》・奏任《そうにん》・判任《はんにん》と改めている。この官位は、とりわけ大久保利通が重視した点である。大久保は、古来からの官位制度を利用し、維新官僚の正当性を強化したのであった。

また、職員令による七月八日の人選では、右大臣に三条実美、大納言《だいなごん》に岩倉具視と徳大寺実則、そして参議に佐賀（肥前）藩出身の副島種臣、山口（長州）藩の前原一誠が任じられた。参議と各省の大輔は鹿児島（薩摩）・山口・佐賀・高知（土佐）四藩出身の士族が中心である。逆に諸侯は、民部卿の松平慶永を除いてすべて排除された。実力者である大久保・木戸と高知藩出身の板垣退助は待詔院学士に任じられ、木戸がそれを固辞したことから、三人ともに待詔院出仕とされている。

大久保・木戸の両者が大臣・納言・参議の太政官三職に入らないで待詔院出仕になったのは、参議の人事に苦しんだ大久保の発案と思われる。それは、七月八日の職員令で設置された待詔院が、六月の草案段階の待詔局の権限をおおはばに強化していることに裏づけられる。待詔院の学士である大久保・木戸・板垣は、「太政御諮詢被為遊候間、献替指画可竭力旨御沙汰候事」と命じられている（『百官履歴』一）。

職員令では、左・右大臣が直接に天皇を「輔佐」「統理大政」するようになった。大久保は、その三条右大臣に対して、木戸・板垣らの実力者が待詔院学士となって、直接の影響力を行使していくことを考えたようだ。七月十三日に制定された太政官規則では、「宸断伺の儀は第一字より参入の事」とし、待詔院出仕が「預参」することを定めていた。岩倉は待詔院出仕の大久保・木戸を「天子の顧問」と位置づけている。三条も、天皇に「伺候」する際の「賛輔」を求め、「麝香の間上席」を命じた（『大久保利通日記』二）。そして大久保みずからも、待詔院出仕として、連日のように「参朝」した。大久保は、表面的には「散官」とされた待詔院出仕に位置し、天皇と三条・岩倉の「諮詢」を受けることで、その実権を把握することを企図したのであった。

木戸と大久保の対立　しかし、職員令とそれにともなう人事は、木戸と大久保の対立を深刻化させた。

その第一は、木戸の任官拒否であった。木戸は、版籍奉還後の知藩事の選任、さらには兵制をめぐる問題で大久保と対立していた。木戸は七月三日、政体変革と人選案を知らされたが、非協力の姿勢を取っている。自分の見解と異なることが多かったとし、意見を述べても多くが不徹底となるゆえに議論もしなかったという。高知藩出身の佐々木高行が、「相互に猜疑あるより、引取抔申立て候模様」(『保古飛呂比』四)と記す状況であった。大久保は苦慮したが、結果として政府から距離を置く木戸が無視できず、みずからも参議の地位につかなかったのである。

それでも木戸は、大久保・板垣とともに待詔院学士に任じられると、不学・文盲と称してそれを辞そうとした。木戸は待詔局創設の計画を聞き、二年四月に「浮浪の議」を作成して、待詔局上局で上書・建言の「収容」、下局を修業の場とするように建議していた(『木戸孝允文書』八)。その待詔局を強化した待詔院で、政府は待詔院学士を同出仕と改めて木戸を任じたが、木戸は政府の呼び出しに応じなかったのである。

また木戸と大久保の対立の第二は、山口藩から前原一誠を参議に登用したことであった。それは、参議任官を辞した木戸の代わりの人事であったが、前原は版籍奉還に批判的で、木戸に反発していた人物である。大久保は前原を知らなかったようだ。腹心の吉井友実が北越戦争へ共に出兵した前原を推挙し、そのまま越後府判事の前原を抜擢している。前原については、木戸がその長所・短所をあわせて返答していたが、それらは生かされていない。佐々木によれば、「木戸も只々ぐずぐず不平にて十分に大議論も発せず」であったようだ(『保古飛呂比』四)。木戸は伊藤に対しては、前原を「偏派な人」とし、「天下の枢路」に置かれても将来がおぼつかないと酷評している。前原は、政府内の実情に理解が不十分であり、木戸の反発が強く、山口藩出身者からの支援が得られる状況になかったのである。

そして、対立の第三は、民部省の復活とその人選の問題であった。民部省は明治二年五月に創設された民部官を改めた省で、もともと大隈重信が実権を握っていた会計官と重なる職掌が多かった。それゆえ、事前の草案では会計官を改めた大蔵省に吸収されていた。それに対して、府県政などの民政を重視する民部官副知事広沢真臣などが反発し、七月八日の職員令で一省として設置された。

この点、木戸は会計官を改めた大蔵省とりわけ大隈の経済政策を評価していた。木戸は、戊辰戦争後の陸奥・出羽二国を陸奥・陸中・陸前・磐城・岩代・羽前・羽後七ヵ国に改め、旧会津藩士族の窮状に支援を行うなど、地方民政の安定に関心が深い。そして、金札や贋悪貨幣が国内経済を混乱させ、外国側から正金の正貨との兌換を求める対外問題に発展すると、統一的な通貨政策の必要を痛感するようになっていた。

この財政問題については、新政府は発足直後、参与由利公正が勧業資金と称して金札《きんさつ》（太政官札）を発行し、政府財政をささえた。しかし不換紙幣の金札は、戊辰戦争にともなって四八〇〇万両の乱発となり、政府を窮地に追い込んでいた。大隈は、この金札や贋悪貨幣が内外を混乱させる危機的状況のなかで、二年三月に由利に代わって会計官副知事に登用された。大隈は金札の時価通用を禁止するとともに、金札の増発を停止している。府藩県に一万石あたり二五〇〇両ずつの金札を強制的に下げ渡し、代わりに正金を上納させ、後年に新貨と兌換することを布告して、金札の信用回復を行った。贋悪貨幣は、外国人が所持した分の回収を進め、当面の危機を打開していた。

木戸は、外国側にも対抗でき、急進的な開化政策を推進するこの大隈の辣腕に期待した。それゆえ木戸は、大隈を参議に抜擢するように主張した。結果として、大隈の参議任官は成功していないが、民部省の主要官員が大蔵省の兼任とされ、大蔵大輔であった大隈が民部大輔兼大蔵大輔となって両省の合併状態が剔出された。大隈のもとには伊藤・井上らが結集した。木戸はこの大隈・伊藤・井上らの急進派を擁護したが、それが大久保らとの対立を深めるようになったのであった。

箱根山中に隠遁　このような職員令をめぐる大久保と木戸の対立、人選や民部・大蔵両省をめぐる危機は、大久保が参議に加わることで、当面の打開がはかられた。岩倉の懇請をうけた大久保は七月二十二日に参議に就任し、八月二十日には職員令が改正された。七月八日の段階で従三位と低くされていた参議の位階を高くし、その職掌を「掌参与大政、献替可否、敷奏宣旨」と改めている。大久保が重視した君主を「輔佐」する「献替」の趣旨が参議に継承されたのである（拙稿「明治初年の宮廷勢力と維新政権」）。

そして、大久保は七月二十三日の参議就任にあたって、政府の毅然とした同心戮力を求め、「政出一本」「機事要密」を必要とした意見書を三条・岩倉に提出した。八月十日には、「大臣納言参議盟約書」「大臣納言参議四ヶ条誓約書」を交わしている（『大久保利通文書』三）。大久保は、待詔院構想が破綻したなかで、三条・岩倉らの三職に対しても「心腹を吐露」を求め、「確乎」とした姿勢と同心戮力を要求し、「朝権」の確立をはかったのである。

一方、木戸は参議就任を断わり、八月一日に東京を発って箱根に向かった。木戸は、この箱根行きを七月十九日の政府会議後に岩倉に語ったようである。岩倉は木戸を別室に招き入れ、説得した。それでも木戸は決意を変えていない。木戸は政府に対する不満を岩倉に語り、前途の急務を痛論している。二日に宿泊した横浜では、伊藤が木戸を訪ねている。大隈も同伴する話があったようだ。伊藤は翌日も木戸と会い、戸塚まで同行している。木戸は八月四日に芦の湯の松坂屋に到着した。

木戸は箱根に滞在中、湯治で心身の療養をはかるとともに、鹿狩などを楽しんでいる。九月十三日には、宮城野の旅宿で観月に思いをめぐらせた。仲秋が芦ノ湖上の小雨と烟霧のために残念であっただけに、十三夜の明月に感動したようだ。また、早雲寺で画像や什器を見物し、曽我兄弟の墓などの史跡を訪ねている。箱根を下って韮山に至り、ペリー来航時に支援してくれた江川家を訪ね、江川英武らと会って往昔を偲んだ。戊辰戦争中の箱根の戦いで斃れた鳥取藩士中井範蔵の墓も詣でている。湯治に来たイタリア公使や外国商人らと歓談を重ね、イギリス人シメットに養子正次郎の英語教師を依頼した。それでも箱根には、三条家の森寺常徳が帰京を求めて来訪し、九月十日には大村永敏（益次郎）が襲撃され重傷を負った旨の急報も伝わった。木戸は九月十七日に芦の湯を発ち、帰京する。箱根山中の隠遁は、山口（長州）藩内からの言われのない非難と「妬情」、版籍奉還や職員令をめぐる大久保らとの確執などに苦しんだ木戸にとって、まさに「脳痛の苦も忘れ申候」であったのかもしれない。

復古賞典の辞退　木戸は東京の家に帰着した明治二年九月二十六日、復古賞典一八〇〇石が下賜されたことを知った。八月に復古賞典が下賜されて功臣と位置づけられたのは、諸侯の山内豊信が終身禄五〇〇〇石、伊達宗城が一五〇〇石である。旧公家は、中山忠能・中御門経之が永世禄一五〇〇石、大原重徳・

正親町三条実愛が永世禄一〇〇〇〇石であった。至高の権威である天皇を擁し、華族を藩屏として、その実権を諸藩出身の下級士族層が掌握するという維新政権の権力編成が進んでいる。木戸は、事前に復古賞典の準備を知り、広沢に宛て、鹿児島（薩摩）・山口（長州）両藩がさきがけとなって返上を建言するように依頼していた。木戸は、軍功賞典の際も、明治元年十一月にその支給に反対を建言しており、復古賞典についても辞退を求める考えは変わらない。永世ではなく、支給年数の限定が必要とも記している。版籍奉還の真意が失われ、「挙て水泡に属し、児戯に陥り可申歟《か》と奉存候」と書き送っていた。

それゆえ、木戸は九月二十六日、「賞典録を辞するの表」を提出していた（『木戸孝允文書』八）。木戸は土地・人民の返上を主張してきた立場として、やはり受け取ることができない。知藩事が所領を世襲するのを批判した理由と同様に、「後世不振の一大弊なり」として辞退していた。「朝威不相立」で、「蒼生も得安し不申候」とし、十月、十二月にも再三にわたる辞表を提出したのであった（「広沢真臣宛書翰」『木戸孝允文書』三）。

そして、木戸は十一月十二日、大村が死去したことを知らされた。大村が京都で襲撃されたことの急報は箱根にも届いていたが、生命に別状がないと聞いた安堵は、一瞬にして失意の落胆に変わる。木戸にとって、表裏のない大村との交情は厚く、「前途の事も共に相憂ひ」で、将来の施策の約束も少なくなかったという。深夜に兵部省の山田顕義《あきよし》・船越衛《ふなこしまもる》らからの急ぎの書状を手にした木戸の悲しみは大きい。「実に痛歎残意悲極て涙不下芒然如失気」となったのである。

三　藩体制解体の苦悶

1　脱隊騒動の危機

驚愕痛歎の騒動　箱根から帰京した木戸孝允は、明治二年（一八六九）十一月二十八日に三条邸に呼ばれた。右大臣三条実美から施政の下問をうけ、政府への出仕を求められた。翌日には参議広沢真臣が来て、木戸の参議就任を重ねて要請。その広沢は、山口（長州）藩諸隊を精選して常備軍とし、政府の親兵とすることの協力を求めた。諸隊の親兵編入については、藩当局が諸隊を統御できず、それらを親兵とするように願い出ていただけに、木戸にとって願ってもない方向である。木戸は大村永敏の国民皆兵論を支持していたが、大村の死でその修正を余儀なくされていた。木戸は帰藩に同意する。そして十二月三日には木戸の山口藩派遣が命じられ、鹿児島（薩摩）藩への下向を予定した大久保利通からも、鹿児島・山口の両藩一致の方針で尽力したい旨の要請があった。

木戸は十二月十九日に横浜を発ち、神戸・大阪を経て二十七日に三田尻に上陸した。しかし、木戸が三田尻で知った山口藩内の実情は、「不堪驚愕痛歎也《きょうがくにたえず》」である。山口藩は戊辰戦争後、奇兵・遊撃などの諸隊兵士の常備軍への精選を進めていた。明治二年十月、諸隊の二〇〇〇人余を常備軍として政府の親兵へ組み入れる方針を決し、十一月には諸隊改編令を発している。だが、幕末の諸戦争や戊辰戦争で中心となって活躍したのは、まさにこの諸隊であった。下級藩士の二・三男や農商出身者で、同藩軍の出兵者の四六三六人、死傷者九〇二人の多くが諸隊である（『防長回天史』）。諸隊兵士の不満は、前年九月の兵部大輔大村永敏襲撃に諸隊出身者が参加していたことにうかがわれる。京都三条木屋町で大村を襲撃したのは、山口藩の太田光三郎・神代直人《こうじろなおと》ら八名の刺客であった。斬奸状には、大村への批判が「西洋風を模擬し、神州の風体を汚し」たとある。大村はフランス式を基本とした兵制統一、士官養成機関である兵学寮の設置などを推進しており、その襲撃は大村の進める国民皆兵の徴兵制度導入に対する反発であった。

木戸は三年正月一日に山口に入り、毛利敬親・元徳父子に謁した。諸隊の「強盛」に、「天下の響き不容易《よういならず》」と危機感を深めている。遊撃隊などの兵士は、賞罰の不公平、隊長の不正を糾弾し、洋式兵制の導入や被髪脱刀に強く反対していた。遊撃隊を除いた常備軍の編成が進められたが、諸隊兵士は改編令に反発し、多数が山口の本営を脱隊して三田尻に近い宮市に屯集している。いわゆる脱隊騒動であった。

鎮圧への奔走　木戸らは、敬親のもとで支藩の豊浦《とようら》（長府）・徳山《とくやま》・清末《きよすえ》藩や岩国《いわくに》藩知事を呼び寄せ、動揺の鎮静化と支藩が協力した「政令一体皇国の御柱石」を決議している。同時期、山口藩内では、大規模な百姓一揆が発生しており、それらと脱兵の合流も危惧された。木戸は明治三年（一八七〇）正月二十六日、山口藩知事の公館が脱兵に包囲され、公館に向かう途中にあって危うく難を逃れている。木戸は山口を脱出して小郡から下関に向かい、反撃の機会を待った。民部大丞《だいじょう》兼大蔵大丞の井上馨も、政府に派遣していた大阪兵学寮の同藩兵員を木戸らの支援に向かわせている。木戸をはじめとする山口藩首脳は、藩の常備軍や支藩兵士を動員することで、鎮圧に全力を傾注したのであった。

一方、脱隊騒動の山口藩には、鹿児島藩大参事西郷隆盛が村田新八・桐野利秋《きりのとしあき》・大山巌《いわお》らとともに到来した。山口に遊学していた島津忠経《ただつね》と横山正太郎が鹿児島に帰って急を告げたことで、西郷らが視察に来着したようである。木戸は、政府に批判的な鹿児島藩の一部が脱兵に同情的であったことから、同藩が山口藩当局と脱兵との間の調停を画策しているのではないかと危惧した。鹿児島藩は大村襲撃事件に対しても暗殺犯人に同情的であった。鹿児島藩内の守旧派は、犯人の処刑に反対していた。同藩出身で弾正台《だんじようだい》大忠の海江田信義らは、刑の執行を延期する事件を引き起こしている（『保古飛呂比』四）。政府は、大村襲撃犯人の処刑を強行したが、政府内にも存在した犯人への助命論は、政府の開国和親政策や急進的な集権策に対する根ぶかい批判であった。

それゆえ木戸は、西郷に面会して説得しようとし、各地を捜してようやく中関の旅宿に滞在しているのを見つけた。その間の苦心は、二月十日の日記に「周旋の策あらんことを恐れ、一軍艦を馳せ、余等の心事を欲訴龍口に至る、一隻の軍艦なし、大に失望」とある。西郷に面会した木戸は、周旋が不要な旨を伝え、西郷の承諾を得ている。木戸は、西郷らの調停で「正邪を不判」となれば、「終《つい》に国家維持の目的毫《ごう》も無之《これなく》」と危惧したのである。西郷らを山口に招き、十三日には山口藩知事毛利元徳父子が隆盛等を引見し、遠来の労を慰撫してことなきを得たのであった。

木戸らの山口藩常備軍の主力は三田尻に上陸し、徳山や下関からも別軍が進撃していた。二月九日・十日に数次の激戦を交え、脱兵を駆逐し、山口を奪回している。木戸は、反政府運動が各地へ拡大することを危惧。脱兵に対する正邪の別を判然とすることを求めた。山口藩出身の参議広沢真臣も、「防長農商の動揺より神州一統に及ぶ」と、脱退騒動が拡大することへの危機を木戸に書き送っていた。山口藩側は、脱退騒動に厳重に対処している。脱隊兵士に対する斬罪・切腹は、九三人を数えるという（田中彰『明治維新』）。

それにしても、藩内で大規模な脱隊騒動を起こしたことによる山口藩当局の責任は重大である。政府に派遣していた兵員を引きもどし、政府からも二月に大納言徳大寺実則が宣撫使《せんぶし》として派遣されていた。討幕運動で全国にさきがけた同藩の面目も失墜である。政府や木戸らを批判してきた藩内の守旧派を軍事的に鎮圧できたとはいえ、木戸の立場も微妙であった。翌年五月、藩知事毛利元徳と木戸は、鹿児島に赴き、鹿児島藩側の西郷らの視察に答礼を行っている。同藩は、その後も脱徒の厳しい弾圧を行い、さらに九州に逃げた脱兵の捜索・追及を続けたのであった（『防長回天史』）。

そして、これらの政府批判は脱退騒動の鎮定後もなお存続した。明治四年正月には、後述のような広沢真臣暗殺事件が発生する。士族の反政府運動は、政府の開化政策へ批判的な有力藩の反発とも結びつき、維新政権に対する大きな圧力となってその後も影響をあたえていく。

2　開化派の領袖木戸孝允

開化政策の推進　脱隊騒動の処理後の木戸孝允は、政府から数次にわたって帰京の要請をうけ、明治三年（一八七〇）六月一日に横浜に着港した。横浜では大隈重信や伊藤博文が出迎え、翌二日に東京に入っている。早速、広沢真臣を通じて、木戸を参議に任ずる話がもたらされ、四日に参朝した後、改めて参議就任が要請された。同時期の政府は、三条右大臣、岩倉大納言のもとで、佐賀藩の副島種臣、鹿児島藩の大久保利通、山口藩の広沢真臣が参議になっていた。三年二月五日に高知藩の佐々木高行、五月十五日にやはり高知藩の斉藤利行《としゆき》が参議に加わっている。

木戸の参議登用については、三条が木戸の復帰を望み、岩倉もやはり長州藩の重鎮である木戸を政府内に取り込むことが必要と考えていた。広沢は、木戸が不平を起こしやすいことが心配であったが、同じ山口藩出身として、その間の周旋は覚悟していたようだ。佐々木によれば、広沢は木戸が「随分不平家」であるから、「能々《よくよく》同人の折合候様の義、兼て御講究不相成ては御困り可相成」と語っていたという。その場合、三条・岩倉の決断が大事なことはいうまでもない。大久保利通は公平を主としていたが、維新前からの行き掛かりもあって、山口藩へ配慮することを常に心配したようだ（『保古飛呂比』四）。木戸は固辞を続けたが、結局は六月十日に参議に就任した。朝鮮問題に関心を持っていた木戸は、それに関して中国へ派遣されることを希望していた。その願いを実現するためにまずは任官が必要とせまられると、木戸も参議就任を断わることがむずかしかったといえる。

同時期、民部・大蔵省の急進的な開化政策に対する反発が府県からあがり、政府内でもその対応が課題となっていた。民部大輔兼大蔵大輔の大隈は、金札や贋悪貨幣問題を打開するとともに、鉄道や灯台建設などに積極的である。鉄道事業の場合、内外の反対を抑えて、三年三月に新橋―横浜間の工事に着手していた。だが、このような欧米の先進技術を移植した開化政策は、外国資本への従属という危機を内在していた。鉄道建設の資金導入に際しては、大隈・伊藤らが、イギリス人ネルソン・レイから一〇〇万ポンドの借入れを契約したが、レイの詐欺的商法が明らかになり、賠償金を払って解除している（中村尚美『大隈財政の研究』）。

そして、開化政策は財政の負担が大きく、府県の租税徴収の強化が不可欠であった。旧幕領や戊辰戦争での没収地などに設置された府県では、さまざまな税制や慣行が存在したが、民部・大蔵省は税制の統一をはかり、旧貫を廃する姿勢を貫徹している。政府が戦争中に掲げた年貢半減令を撤回あるいは旧幕府や旗本などの年貢先納分についてもその免除を先納額の三分の一にとどめ、残額の再納入を命じた。そして金札の乱発と大量の贋悪貨幣横行も、物価騰貴を引き起こし、下層民の生活を破綻させた。戦禍による荒廃や過重な軍事負担に加えて、明治二年の東北・関東地方が大凶作となり、中・下層民を窮乏のどん底に追いこんでいる（拙稿「明治二年の東北地方凶作と新政権」）。

それゆえ、民部・大蔵省が、租税確保を重要課題とし、凶作にともなう地方官の減租要請にも厳しい姿勢を取り続けたことに対し、府県からの批判が政府に集中した。鹿児島藩出身の日田県知事の松方正義は明治三年四月、参議大久保利通に宛て、民部・大蔵省の課す新税が旧幕府時代にもみられない苛政であると訴えた（『松方伯財政論策集』）。また、陸中国胆沢《いさわ》県大参事となった安場保和《やすばやすかず》は、同県で流通する県札を独断で発行し、民部・大蔵省から否定されて対立した。安場の出身藩である熊本（肥後）藩では、安場や嘉悦氏房《かえつうじふさ》・野田豁道《ひろみち》らの地方官経験者が多く、同藩が民部・大蔵省を批判し、政府の地方政策に反発するようになっている（『改訂肥後藩国事史料』九）。

地方官や一部の藩による民部・大蔵省への強い批判は、大久保らの政府首脳にも大きな衝撃をあたえた。大久保は明治三年正月、鹿児島へ出張途中の大阪において、凶作の影響と民衆の窮状を目のあたりにした。人心の離反がみられることを憂い、副島に宛て民部・大蔵省が地方の「信義」を得ていないとし、「痛却の至也」と書き送っている（『大久保利通文書』三）。

さらに民部・大蔵省の施政に対しては、参議の広沢も批判的であった。広沢は民部官創設の中心となり、地方行政を重視している。民政と会計を合併することに反対で、広沢のもとには民部・大蔵省を批判する地方官が集まった。広沢は府県政について、政府はだいたいを把握して良法を誘導する程度にすべきという。地方官に一定の「自主自由天理当然の権」をあたえて「地力」を興すという「牧民論的《ぼくみんろん》」な考えであった（『広沢真臣日記』）。したがって、大久保・広沢らは、府県から民部・大蔵省批判が強まると、民部・大蔵省の専権を掌握する大隈、およびその開化政策を擁護する木戸や後藤と対立を強めるようになったのである。

大隈擁護と政府内対立　一方、木戸は、参議就任以来、贋札横行の危機を聞かされ、鉄道建設の技師長となっているエドモンド・モレルなどとも会い、それらに対する伊藤博文や大久保利通らの積極的な施策を聞いている。それゆえ木戸は大隈の開化政策を支持し、明治三年六月十六日には、大隈を参議に昇格させて太政官三職の一員にすることを三条右大臣に建言した。二十日には、三陸磐城両羽按察判官渡辺清が帰京して東北府県政の緊急事態が議論され、木戸は重ねて大隈の参議登用を迫っている。大隈を参議に抜擢して、民部・大蔵省に関する全権を付与し、「諸省の弊も相改め」るという考えである。大隈に「可与《あずけるべく》の権を与へ、不可譲の権を保」つことで、「目的」が明確になって「実事も可相挙」と論じたのであった（『木戸孝允文書』四）。

しかし、木戸が提案した大隈の抜擢は、政府内の対立を激化させた。木戸は、後藤象二郎から民部・大蔵省に対する反発を聞かされたが、逆に伊藤博文の応援を求めている。世間が開化に遅れていることを「浩歎の至」とし、伊藤が「固陋を御打擢《おうちくじ》き」のために側面から支援するように依頼した。

だが、大隈に対する諸参議の反発は強い。広沢もその動向を木戸に伝えている。結果は、大久保・広沢・副島・佐々木の四参議が六月二十二日に岩倉具視に辞意を表明した。その立役者が山口藩出身の広沢である。四参議は、民部・大蔵省の現状では職責が果たせないとし、大隈を参議にして、自分たちを免職とするように申し出た。四参議の連袂《れんべい》辞意を掲げた大隈糾弾である。

木戸は六月二十六日になってその事態を知った。同日に日記に、参議四名が大隈を批判して「前途目的なし」で、「不併立の勢を陰に相生し、実に度此言を聞不堪《きくにたえず》慨歎也」とある。それでも木戸は、大隈を「激烈の生質と雖《いえど》も又難を凌《しの》き、従来外国人等と論議するに及て其功不為少《すくなからず》」と擁護している。そして「政府は体なり、諸省は枝葉なり」にもかかわらず、両者が対立して改革の得失を論じ、「政府の軽きを外に示す」残念な事態になったと慨歎した（『木戸孝允日記』一）。

木戸にすれば、大隈は「激烈の生質」であるが、気概ある者はそれなりの「生質」を持っているのが当然であろうとの考えであった。だが、大隈や伊藤の才気と辣腕も、見方をかえれば独善・傲慢となる。温和な気性に欠けた物議をかもす存在にほかならない。佐々木は、伊藤・井上・大隈が「西洋主義」を主張し、木戸を押し立て、「大隈は真に木戸の書記の如く意を迎へたる」であったと記した。木戸も大隈を信じ、長州関係者が「三条公を吾が物」としたという。木戸・大隈・伊藤・井上などが党派を作り、それに対して大久保・副島・岩倉が結束した事態になったのであった（『保古飛呂比』四）。

民部・大蔵省の分離　大久保らの四参議が辞意を表明したことで、木戸は政府内の分裂の危機に立たされた。木戸は弱気になり、伊藤にみずからの参議職について、「いづれむし殺に逢《あい》に候」とその愚痴を書いている。結果は、民部・大蔵省の分離に合意することをよぎなくされた。木戸は、前年八月以降は政府を離れて箱根に籠り、その後も山口で脱隊騒動に苦心していたことから、大隈に対する周囲の批判の強さが、十分に理解できていなかった。とりわけ同じ山口藩出身の盟友の広沢までが、強く大隈を批判していたことは、予想外であったといえる。木戸は、今回の四参議の連袂辞表が、大久保と結んでいる副島の密謀ではないかと邪推するにまで至っていた（『木戸孝允文書』四）。木戸は大久保を訪ね、事態の打開をはかったが、大久保の決意を翻すことはできていない。七月に入ってからも大久保と会い、三条のもとに出向いた。その三条からは、大久保が岩倉に宛てた書面を見せられ、逆にどうにもならない事態を知らされている。

大久保・広沢の意図は、民部・大蔵省における大隈・伊藤らの広大な権限の兼任を解き、民部省と大蔵省を分離することにあった。その権限を太政官三職が統轄できるようにし、府県と民部省や大蔵省との確執をなくそうとする。この結果、三年七月十日に四参議が主張した民部・大蔵省の分離が発令された。民部省から大隈らが遠ざけられ、代わって岩倉・大久保・広沢が民部省御用掛に任じられ、省務を管掌している。民部大輔には大木喬任、同少輔には吉井友実が就任した。大隈は大蔵大輔、伊藤は大蔵少輔、井上は大蔵大丞にとどめられている。

この間、木戸は大隈を慰撫することに苦心した。大隈の参議抜擢論が反対され、民部・大蔵省の分離が避けられない以上は、新たな方向を模索し、条理を立て、反復挽回をはかるのが木戸のやり方である。大隈にすれば、人民の反発を抑え、強権を行使して贋金と凶作の危機を打開した。やっとその目途をつけたと思ったら誹謗されるようになり、これでは大蔵省の責任も勤まらないとの不満である。それならば、大久保自身が大隈に代わって大蔵省の担当者となるように訴えたようだ。木戸も、大久保が民部・大蔵省の施策に理解を示すことが、開化政策の浸透に不可欠と考えている。大久保を民部あるいは大蔵卿にすえることにより、「万国対峙」下における財政確立の急務を、政府内の共通の課題として確定しようと企図している。それでも木戸は、板挟みとなりながらも、大隈をなだめることに尽力した。木戸は、大隈が大蔵大輔に留まるように説得。岩倉・大久保・広沢が大蔵省から分離した民部省の御用掛を担当するように尽力している。「民蔵分離《みんぞうぶんり》」問題は、直接的には、農民闘争などにつきあげられた府県、およびそれを憂慮した諸参議の民部・大蔵省批判に起因したが、制度的には民部・大蔵省の強権を大臣・納言・参議が統轄できないという、太政官制の矛盾を顕在化させたのであった。

3　集権政策の推進

地方政策の転換　明治三年（一八七〇）七月十日の民部・大蔵省の分離の結果、民部・大蔵省を中心とした急進的な改革は後退をよぎなくされた。民部省は、御用掛の大久保の意向を受け、民部大輔大木喬任、同少輔吉井友実のもとで、大蔵省と異なる方向が打ち出されている。具体的には、同省官員の削減と地域の合意形成を重視した府県政の推進などである。大蔵省の急進的な改革を支持していた木戸は、失望の中で七月二十四日に三条・岩倉を訪ね、参議辞職を求めるようになった。木戸は伊藤に宛て、大隈の才気を「村正《むらまさ》の如名剣《めいけんのごとし》」と評し、それが逆に周囲から忌避されたと書いている。井上馨に対しても、最初は「爪をまづ毛の中」へ入れておくようにと注意を促した。大蔵省に任用された井上が、大隈のように反発をうけてはいけないとの配慮である（『木戸孝允文書』四）。

木戸は八月十六日、岩倉に宛て「天下の事は十年を期」して、「漸を以大に御誘導」することが必要と書いた。二十日には三条に対しても、同様に一〇年、一五年を計って実事があがるように進める以外ないことを記している。政府が八〇〇万石の直轄地で独立し、府県政から着手すべきという。そして「天下一般人民従来の束縛を解き各自由の権」をとらせるときは、ついには「諸藩も旧習を守る不能」になるだろうと書き送った（「木戸孝允文書」四）。

それゆえ、民部・大蔵省の分離以後、木戸をはじめとする大隈・井上らは、大久保が民部省を担当するように強く要請した。大久保に民部や大蔵の実際を直視させることで、財政確立の急務を政府内の共通の課題とすることが目的である。

大久保・広沢と木戸・大隈らとの対立は、両者がまったく相入れない反目になっていたわけではない。対立が収まってみれば、両者ともどちらか一方だけで政府が維持できる状態ではない。それは、あくまで政府内における相対的な差違、現状認識の違いである。対外的にも国家の自立が急務とされているなかで、民政安定を重視する大久保・広沢らの主張が優先されたとはいえ、その施策に大隈らとの協調が必要であった。政府の主要な財源は、やはり府県からの貢租が中心である。民政安定を第一とする大久保・広沢らの企図も、財源確保を優先するためには、妥協をよぎなくされた。したがって、民部・大蔵省の分離後も、民部省の租税司・通商司・監督司は大蔵省に移され、引き続いて大隈らが掌握した。そして三年九月には、民部・大蔵省分離の対立の原点となっていた大隈が参議に昇格するようになったのである。

このようななかで、民部省と大蔵省は省務に通暁した官員を府県に派遣するようになった。東北では、民部・大蔵省のもとで地方経営にあたっていた按察使や民部省石巻《いしのまき》出張所が廃され、それらの官員が地方官に転じている。民部・大蔵省の施策をめぐる混乱は、同省官員が地方官となって実地の施政にたずさわり、同時にその統一・集権化を浸透させる新たな地方政策になったといえる（千田稔・松尾正人『明治維新研究序説』）。

藩制の制定　地方政策の転換が進むなかで、政府は藩を府県と同質化する三治一致の方向で、版籍奉還直後の諸務変革一一ヵ条をさらに前進させ、「藩制」の制定を推進した。

「藩制」は、待詔院下院出仕の藩制取調掛によって準備され、その原案が明治三年五月に参議大久保利通や副島種臣によって検討された。「藩制」の原案は五月二十八日、府藩県の正・権大参事などを議員とする集議院に提出されている。

集議院では、各藩の諸制度の統一と政府による集権化を強化しようとする政府案に対して、鹿児島・山口・高知などの有力藩から強い反対を生じた。とりわけ、第四条の藩高の一〇分の一を知藩事家禄とし、残額の五分一を海陸軍費に引き分け、さらにその残額をもって公廨諸費・士族卒家禄とすることについては、鹿児島・高知両藩などが反発している。陸海軍費を政府に掌握されることへの反発である。それでも、多くの藩は「藩制」の政府案を支持した。結果は、政府が陸海軍費を徴集する事項などで有力藩の異論を入れ、修正を行うことで「藩制」が合意されている。

明治三年九月十日に公布された「藩制」は、藩債の償却の支消年限に目途を立て、知藩事家禄・士族卒家禄・公廨入費などと分けて償却するように定めている（『太政官日誌』明治三年、第三八号）。藩札の引き換えについて、目途を設けて進めることを明記していた。この藩債や藩札の処分に目途を立てる義務規定は、政府が諸藩の外債返済の督促を請負う姿勢を示す一方で、諸藩の債務を厳しく監督し、その支消を推進していく方向を打ち出したものといえる。政府は「藩制」の制定によって、諸藩に対し、郡県制の基本理念に照応するような改革を指示できるようになったのである。

建国策と政令一途　「藩制」の公布とほぼ同じ時期、大納言岩倉具視のもとで「建国策」の作成が進められた。国体の確定と施政の基本を定めることなどを眼目とし、参議の副島・木戸・大久保らが政府改革に関する構想を提出したようだ。岩倉はそれらをふまえ、一五ヵ条にまとめている。

そこでは、「建国の体を明らかにすべきこと」とし、一方で藩体制を大きく転換するように論じていた。第五条の「郡県の体を大成せんために漸次その方針を示すべきこと」、第六条の「列藩の改革は政府の裁断を仰がしめ一途に帰せしむべきこと」がそれである。郡県の体を大成することを最大の急務に掲げ、その推進を強調している。華族や士卒家禄を改めて家産とする。藩知事召集の制を廃し、輦下に在住せしむべきとした。藩を改めて州・郡とし、具体的には州を一〇万石以上、郡を一万石以上とする。民治の規制は民部省、財源は大蔵省、兵制は兵部省、刑罰・訴訟は刑部省が総轄することとなっている（『岩倉公実記』下巻）。

「建国策」は、版籍奉還断行の際の「岩倉案」をさらに徹底させ、万世一系の天皇が統治する国体を強調し、王土王民論に立って、税制や兵制などの統一・集権的な支配を確立することを急務としている。藩の名称を改めることで、旧来の弊習を一洗し、府県と均一化を進める。有力藩の割拠を打ちやぶり、郡県制による集権体制の確立をめざした方策であった。

このような動向については、参議広沢真臣も山口藩に宛て、同様な企図の意見書を提示した。広沢の意見書は、封建制の因襲を打破することを急務とし、「真成郡県」の確立を大目的に掲げている。その広沢は、三年九月の「藩制」にそって諸藩が「大政帰一」化することを急務とし、府藩県を六〇から七〇の府にまとめる建言書を作成して、山口藩当局に示した（『広沢真臣日記』）。木戸も同時期、「政令一途に関する意見書」を作成していた。天下の目的を郡県制に定めた上は、全権を「朝廷」に返して、「政令一途」

にすることが国家の発展につながるとの意見である。士族についても、有名無実となっている「文武の責」を免じて帰農・帰商を許し、「才能材芸」に応じて抜擢するように求めた。とくに山口藩士族に対しては、士族が廉恥を重んじ、国家のために富饒の基礎を創る志を求め、「人民の標準」となるような心掛けの必要を論じたのであった（『木戸孝允文書』八）。

全国一致の議論　一方、明治三年後半の統一・集権化への模索の過程では、九月に大蔵省を中心に企図された「大隈参議全国一致の論議」が出された。大隈が参議に就任する際に提出した意見書であるという。それは、政府と諸藩が名実ともに一致して自立した国家をつくることの急務を強調していた。諸藩の兵を兵部省の管轄に置くこと、「庶務百事」を民部省の管轄とすること、理財会計を大蔵省が一致して管掌することなどを不可欠と論じている（『大隈文書』第一巻）。

そして三年十二月には、大蔵省の改正掛が、類似の「画一の政体を立定して之を全国に施行す可き」とし、「画一の政体」を求めた建議を作成した。改正掛の建議は、府県の管轄地が八〇〇万石にすぎない問題点を改めて掲げ、国権を確立するための急務として、海陸警備の更張、教育の統制、審理・刑罰の整備、理財・会計の周密の四点をあげている。とくに政府が「振正挙行」の責をはたし、列藩が「承順賛成の義」を示す時期になったと論じた。それは、政府の現状の限界を指摘し、「一致の政体を定め、列藩之を承奉し、相ひ与に国家を維持」することを主張したものといえる（「大蔵省沿革志」）。

また、国体を確定して施政の基本を定めることを目標として、明治三年十一月に国法会議が開催された。国法会議の第一回には、天皇が親臨し、三条右大臣や木戸・大久保両参議なども出席している。議事の進行は、中弁の江藤新平や制度取調御用掛の官員が担当し、江藤の起草した「政体案」「法度案」あるいは神田孝平の訳した「和蘭政典」などの議論が行われた。天皇の独裁とその君権を、政治・外交・軍事などにわたって定めることが確認されている。行政・立法・司法の三権の役割も検討され、地方の名称を州・郡・村とすることなども提示された（拙稿「明治初年の国法会議」）。

中小藩の解体　政府の府藩県一致策の推進、さらには明治三年十月の「藩制」公布にともない、藩そのものの解体が進行するようになった。一部の諸藩では、藩財政の維持が困難になり、みずから廃藩を願い出るようになっている。

小藩では、明治二年十二月に吉井藩と狭山《さやま》藩、三年九月に鞠山《まりやま》藩、同年十月に長岡藩、十一月に福本藩、十二月に高須藩などの廃藩が続いた。概して、商品経済の発展した地域では、藩体制の基盤の弱体化の進展が早い。そして戊辰戦争にともなう兵器の調達、出兵の経費、家臣団の膨張などが、急激な悪化・弱体化につながった。さらには明治二年の凶作などが藩財政を急速に悪化させたのであった。

このような財政悪化にともない、諸藩は思いきった藩政改革をよぎなくされた。城郭の破毀《はき》は民心を一新するための良い方法とみなされ、多くの藩で天守閣などが毀されている。城郭の破壊または朽ちるにまかされた場合も少なくない。「藩制」で藩札や藩債の償却が厳命されたことから、士族や卒に対するおはばな給禄削減をもりこんだ禄制改革も実施された。とくに中小藩では、それまでの家禄を廃止して上士から下士までほとんど均等化した藩も出現した（千田稔『維新政権の秩禄処分』）。

しかし、多くの藩で実施された禄制改革も、なお財政を立て直しには至らず、一部の藩では多数の士族・卒の切り捨て、帰農・帰商をよぎなくされた。そして、この帰農・帰商は、概してそれまでの士族の特権の喪失につながる。旧幕臣や「朝敵」藩士の帰農・帰商に際して、政府は士籍を返還させた。士籍を残したままの帰農であっても、家禄廃止が前提とされ、士籍は名目的となった場合が多い。

そして高知藩をはじめとする一部の藩では、禄券法による士族・卒の切り捨てが計画された。それは士族や卒の家禄に応じた禄券を付与し、その売買を許して、藩財政に応じて漸進的に買い上げる方策である。秩禄を家産として私有財産化するが、その禄券を将来的に買収することで、士族・卒を解体していくものであった。

藩統制の強化　政府は、諸藩の封建的領有制の弱体化を進めたが、藩内の無用な混乱を避け、旧態依然とした藩に対しては厳しい処分を断行した。木戸は、戊辰戦争の処分で、「浪人沢山」となることを危惧し、「且々に食われ候様」の措置が必要と説き、そのことに尽力する（『木戸孝允文書』三）。士族の急激な没落や地方支配の混乱を危惧し、その回避をはかろうとした。木戸は、明治二年春に旧会津藩関係者から窮状を直訴され、同藩関係者の苦心と窮迫が放置できないと考え、大久保利通や大村永敏に救済策を働きかけた。木戸は旧会津藩士の蝦夷地移住を推奨している。それは、旧会津藩領に設置された若松県からの歎願もあり、九月に松平容保や徳川慶喜の罪を「寛宥」とし、十一月に容保の実子容大《かたひろ》に継嗣を命じる施策となる。結果は、旧会津藩を下北半島を中心とした斗南《となみ》藩三万石として再興させ、旧会津藩士の移住となった。しかし斗南での開墾土着は、困難を極め、破綻に直面している。

一方、政府は旧態が残った守旧的な藩に対して、府藩県一致の理念にそった改革を求め、廃藩への圧力を強めた。盛岡（南部）藩の場合、戊辰戦争で「朝敵」藩とされ、戦後の処分でそれまでの二〇万石の所領を、白石を中心とした一三万石に削られた。だが同藩は、戦後も守旧派がなお隠然とした力をもち続けている。

この盛岡藩に対し、東北藩県を監督する立場にあった三陸磐城両羽按察使は、同藩を厳しく糾弾した。渡辺清按察判官らは、旧態依然とした藩政を改めさせることを企図し、盛岡藩権少参事の石亀左司馬《さじま》を二年十二月に按察府が置かれた白石に召還している。弾正台の出張官員とともに糾問を行い、結果として、それまで藩の中枢にあった六人の少参事を罷免した。そして、按察使は翌三年、盛岡藩を廃藩に追い込む画策を進めている。同藩は、戊辰戦争処分で白石転封とされ、盛岡にとどまることの見返りに七〇万両の献金を政府に約していた。しかし、その献金は大半が調達できていない。

政府の厳しい圧力を前にして、盛岡藩大参事の東《ひがし》次郎は廃藩を決意している。東次郎自身も全国の大勢が「真成郡県」に向かうと判断し、廃藩後に同藩の役人が再雇用されるであろう旨の内約を政府から得ていた。それゆえ、盛岡藩知事南部利恭《としゆき》は明治三年五月に免職願を上表した。政府はこの上表に対しても、南部知事が皇国の前途を思って知事職の奉還を願い出たという姿勢を取るように圧力を加えている。そして利恭の免職願は、七月十日に至って受理され、藩が廃されて盛岡県が置かれている。利恭は東京在住を命じられ、正租雑税の一〇分の一を家禄としてあたえられたのであった（拙稿「明治新政府の東北経営」）。

もっとも、このような廃藩も、「建国策」や国法会議で掲げられた郡県制の全国的な実施を考えると課題が少なくない。宮・旧堂上や社寺領あるいは預地の改革、さらには中小藩の廃藩は進展したが、それ以外の全国的な問題については困難が多かった。「郡県の体」を大成するための最大の障害は、なんといっても鹿児島・山口両藩を代表とする有力藩の存在である。中・小藩の廃藩や改革の進行を積み重ねても、郡県制の貫徹は必ずしも十分といえない。むしろ中・小藩の解体のなかで、相対的に有力藩の存在が拡大し、「尾大不掉《びだいふるわず》」の弊害が政府の危機として顕在化したのであった。

4　岩倉勅使の西下

鹿児島・山口両藩の反発　木戸孝允は、政府が「真成郡県」をめざす上での重大な障害を、鹿児島・山口などの有力藩の存在とみなしていた。両藩が「尾大不掉」であって、そのために政府の権威が失われていることを憂慮した。木戸の日記には、「王政一新勲功」の諸藩に「却て今日に不宜者多し」とし、「宇内の大勢を不知」とある。有力藩が維新の勲功を背景に勝手な行動を取ることへの批判である。中・小藩の解体が進んでいるなかで、鹿児島藩などの割拠を打ちやぶることが、「真成郡県」を実現するための重要な課題となったのである。

この鹿児島藩では、藩知事島津忠義の父の久光が強い力を持ち、政府の施策に不満を強めていた。また藩内の下級藩士層は、戊辰戦争から凱旋した勢いで藩政の改革を要求し、藩体制の刷新を求めていた。久光と凱旋兵士らは対立していたが、ともに維新に尽くした勲功を自負し、戦後の処遇や新政のあり方には批判的であった。

鹿児島藩では明治二年（一八六九）二月に西郷隆盛が参政に任用され、藩政改革が実施された。西郷は、久光らの守旧派と凱旋兵士の調和をはかりつつも、膨大な数にのぼる兵士の扶助を優先し、藩政の改革を進めた。改革では、島津の一族または功臣の私領地を廃してすべてに地頭を置き、士分の多寡に応じて常備隊を組織している。地頭は常備隊を統轄し、その組織を通じて行政・司法を行った。郷邑の役場は軍務方と称され、まるで軍政状態であったという。

このような鹿児島藩に対しては、大久保が明治二年末にふたたび勅使をともなって帰藩した。大久保は、久光と西郷の上京を求めたが、両者はそれに応じていない。その政府批判の姿勢は、集議院で「藩制」を審議した際の鹿児島藩側の強い反発に示される。同藩の反政府的な気運は、三年七月二十七日に至って、同藩士横山安武《やすたけ》（正太郎）が一〇ヵ条の時弊を書いて集議院の門扉に掲げ、自害する事態を引き起こした（『保古飛呂比』四）。

そして、鹿児島藩では三年九月、在京していた「徴兵」（常備兵）の二大隊の撤収を強行した。兵部省のもとに差し出していた「徴兵」の交代時期となったことから、それを帰藩させたのである。政府は、四藩の「徴兵」が交代の時期になると、越中島で練兵を行って天皇みずからそれを親閲した。だが、鹿児島藩は「徴兵」をあえて帰藩させている。しかも同藩はその交代の兵を出さない。その上で、「徴兵」を解任されるように願い出たのであった。

一方、山口（長州）藩では、前述のような大規模な三年正月の脱隊騒動を引き起こしていた。脱隊騒動の発生とそれに対する武力鎮圧は、山口藩内の「尾大の弊」を一掃するための恰好の荒療治となっている。

そして、木戸らの山口藩出身の官員は、この騒動を経験するなかで、兵権を政府に集めることの重要さを身をもって体験した。同時に政府が士族や農民を上手に誘導しなければ、反政府士族の反乱や農民一揆に直面することと実感した。人民の安堵に配慮し、集権的な改革を漸進的に進める必要を痛感させられている（関口栄一「集権化過程における政治指導」）。

この点で木戸は、大隈らの急進的な統一・集権化政策に対する政府内の反発を知ると、政府全体の開化の遅れに慨歎しながらも、漸進論に歩みよりを示した。そして木戸は、人民安堵とその誘導を重視し、全力を傾注する。その上で反政府的な武力蜂起を生じた場合には、厳しい鎮圧を主張する。それが木戸の基本的な姿勢といえる。それゆえ木戸は、割拠的な鹿児島藩の動向、反政府分子の追求に厳しさを欠く同藩の姿勢に対しては、厳しい批判の念を持つようになったのである。

政府改革の合意　鹿児島藩をはじめとする有力藩の割拠的な動向は、「真成郡県」を企図する政府の大きな障害であった。この鹿児島の姿勢に苦心する大久保利通は、鹿児島から上京した大山巌《いわお》を迎え、明治三年八月二十三日に同藩有力者を集めた会合を開いた。そこでは、藩地の動向が協議され、西欧留学から帰国したばかりの兵部権大丞西郷従道《つぐみち》を改めて鹿児島へ帰藩させることになった。

大久保は九月三日、この在京有力者会議の方針を大納言岩倉具視へ伝え、「一藩を以、今一層朝廷に尽すの根本」に尽力したいと語った（『大久保利通日記』二）。具体的には、従道を帰藩させ、鹿児島藩の藩力を政府に集める方策である。それは、鹿児島藩側の不満をなだめるだけでなく、同藩の藩力を動員して政府改革を強力に進めようとする積極的な企図をふくんでいた。大久保は政府の自立を当然としながらも、鹿児島の反政府的な姿勢を抑え、その藩力を東京に引き出して、政府の改革に協力させようとしたのである。

それゆえ、大久保は藩力の動員とその後の政府改革について、木戸をはじめとする山口藩の協力をも得ようとした。この大久保の企図に対し、三条右大臣や大久保に近い副島などの参議も懐疑的であった。むしろ藩力の動員がもたらす結果を警戒し、反発している（『大久保利通文書』四）。

木戸は、大久保が帰藩して鹿児島の反政府的な動きをしずめることに賛成したが、藩力を動員する改革にはやはり同意していない。大久保は九月十四日に木戸のもとを訪ね、帰藩の計画を話していた。西郷従道も木戸に鹿児島の動静を話し、みずから帰藩して説得する方針を語っている。それにしても、木戸は鹿児島藩と山口藩が大勢を理解しないで、割拠した状態にあることへの批判が強い。まして両藩が提携することには疑義が少なくない。木戸は、強大な士族軍団を擁した鹿児島藩の野望とその反政府的な動きを警戒した。そして木戸は、鹿児島・山口両藩にたよって政府を強化すれば、その政府は自立性を失い、結局のところ両藩なしに成り立たなくなると考えた（升味準之輔『日本政党史論』一）。版籍奉還を進めてきた木戸の当然の反発といえる。

この木戸の疑義に対し、大久保とその意をうけた岩倉は、木戸の危惧を取り払う努力を重ねた。十月五日には大久保みずからが木戸を訪問し、「国情を相談し、又前途の事を論」じている。それにもかかわらず、十月はじめには鹿児島藩が大兵を上京させて政府を一変させるという風聞が流れた。大久保は、狼狽する岩倉に対して、叱咤激励し、断固とした決心のもとで発憤するようにうながしている（『大久保利通日記』二)。

そして大久保は、岩倉に「一刀両断の御決断」を求めながらも、なんとか木戸の了解を取りつけようとした。そのために、藩力に無原則に依存しない政府とするための改革構想を作成している。大久保は十月に、「御輔導の任参議の内より両人若くは三人御人撰の事」「参議一分課専任御人撰の事」「民蔵の権政府へ御握り相成候事」「君側非常の御改革を以節倹被為立《たてさせられ》候事」などの意見書を三条に提出した(『大久保利通文書』四)。

大久保と木戸は十月十三日、売茶亭で会談した。売茶亭は桜田本郷町(現、港区西新橋)にあった料亭である。この時の大久保は、木戸にすべてを語り、三条に提出した政府機構の改革案を示した。木戸の「驥尾《きび》に附」して進める決意も伝えた。木戸は参議が諸省を分担し、「民蔵の権」を握ることについては、大隈や伊藤・井上との議論も必要と留保している。天皇の輔導や宮中の改革、三職の節倹、冗官の削減などは、特段の異論があるわけではない(『大久保利通文書』四)。大久保は、鹿児島・山口両藩の力を利用する点について、重ねて木戸の疑念を解くことにつとめた。「旧藩の論といえども不条理の筋あれば敢て顧みるに足らず」と強調している。そしてこの日、木戸からおおよその同意を取りつけることに成功した。大久保は、その後も三条や諸参議に対する説得を重ね、十月二十七日の三職会議で政府改革についての承認を獲得したのであった。

吉報の到来　政府改革構想が三職会議で合意された後、大久保利通は鹿児島から送られてきた西郷従道と弾正少弼黒田清綱の手紙をうけとった。木戸と大久保が横浜から下田に向かい、横須賀製鉄所、灯台などを実地見学し、その帰宅した明治三年十一月十四日のことである。従道の書翰では、島津久光と西郷隆盛が、政府の対応いかんで上京する可能性があるという。政府に批判的であった二人が上京するための条件には、三条か岩倉のいずれかが勅使となって下向し、誠意を示して上京をうながせばよいとあった。手紙の後を追うようにして、黒田清綱が鹿児島から上京し、その動向を直に伝えた。

この西郷隆盛が上京の意向を示したのは、弟の従道を通じて政府改革の気運が伝わり、それが現実化すると西郷が判断したことによる。西郷は、政府の進める集権政策や政府内部の腐敗を厳しく批判していた。その改善の姿勢が従道を通じて伝えられ、それが大久保の新たな政府改革構想で具体化されると、西郷も考えたようだ。

また西郷は、膨大な数にのぼる凱旋兵士の扶助をはかり、かれらの期待に答えなければならなかった。軍政状態を保った鹿児島藩では、明治三年のはじめの兵員数一万三千余人にのぼっていた。政府のもとで鹿児島藩の意向にそった改革が断行されるのであれば、同藩の兵士を政府と一体化することも可能である。藩兵の給養と身分を保証して政府の親兵とすることは、西郷も希望する点であり、同時にそれは政府を強化するためにも望ましい方策と考えられた。

右のような新たな動向に対しては、岩倉がみずから鹿児島への勅使の役を買って出た。岩倉は、山口・鹿児島両藩の実力者、そして西郷が政府のもとで「同心合力」し、真の国内一致ができれば、海外にも対抗できると、大久保に書き送っている（『大久保利通文書』四）。

木戸もまた、下田から横浜にもどって築地の伊藤博文や大隈重信を訪ねて帰宅したが、翌十五日に鹿児島の変化を聞かされた。久光と西郷の上京する可能性が伝えられると、日記に吉報の喜びを書いている。十一月十六日には大久保に宛て、「御驥尾」に従って「朝廷の朝廷たる処相立」るために協力する旨を書き送った。十九日の朝には、大久保が木戸を訪ねてきた。大久保が鹿児島の近況を語り、木戸も前年の山口帰藩が、「王事に尽力」するための成果にならなかったことから、新たな尽力を約している。大久保の鹿児島出発とあわせ、木戸みずからも山口に出張することに同意したのである。その日のうちに木戸と大久保は三条実美に面会し、帰藩の希望を言上した。木戸は広沢を訪ね、翌日に三条から手紙が来ると直ちに三条邸へ行き、さらに再び広沢と会って合意を確認している。

木戸は、それまで藩力を動員する政府のあり方には批判的であったが、西郷の上京する可能性が強くなったとき、鹿児島・山口両藩の力を結集した政府改革に協力する態度をとっている。木戸は、「一時の権を専らにし」て、天下の耳目を一新するための「決然大断」が不可欠になっているとしながらも、現段階ではそれが実行できる状態にないと判断した（『木戸孝允文書』四）。その段階で政府改革に対する鹿児島藩の参加が具体化した上は、政府内のバランスを保つためにも山口藩の参画が必要である。攘夷派を中心とした反政府運動への対応も進展する。大久保の主張する政府改革構想に対しても、一定の協力が必要である。木戸は藩力による政府改革を批判しながらも、現実には有力藩の力が無視できず、適度な協力を保ちながら、政府を強化することの重要さを知っていたのである。

岩倉勅使と藩力の動員　明治三年十一月二十九日、大久保と木戸は東京を出発した。十二月一日に神戸に上陸した木戸は、その後、大阪で山県有朋、山田顕義、井上馨らの山口藩関係者と会い、京都に向かっている。京都では、大久保とともに岩倉に面会した。大阪の造幣局の視察を目的として関西に来ていた岩倉に対しては、侍従高辻修長《たかつじおさなが》が勅命を伝へ、岩倉が勅使となって鹿児島、山口に向かうことを決定している。木戸は十一日、岩倉・大久保らと大阪の造幣局を視察。岩倉勅使と大久保は十五日に鹿児島へ出発した。

岩倉勅使と大久保は、兵部少輔山県有朋・兵部大丞川村純義《すみよし》らをともなって、十二月十八日に鹿児島に入った。大久保は久光と忠義のもとに参上し、西郷らと面談を重ねている。岩倉は二十三日、久光の代理となった藩知事島津忠義に対し、政府に同心戮力すべしという勅旨をさずけ、久光が上京するようにうながした。久光は翌日、大参事の西郷隆盛を代わりに上京させ、みずからは明春に上京する旨を奉答したのであった。

また西郷は、兵部少輔の山県らと鹿児島藩兵の上京や政府強化の方策を討議した。岩倉勅使派遣には兵部省首脳の山県・川村が同行しており、鹿児島藩から事前にある程度の藩兵を上京させることが企図されていたといえる。兵部省は、直属軍隊を組織するために、三年十一月に一般に向けた「徴兵規則」を布告し、同時に東京の皇居守衛を目的に鹿児島・山口・高知藩などから提出させた「徴兵」（常備兵）を指揮下に置いていた。後者の「徴兵」としては、三年四月段階に鹿児島・山口・高知・佐賀の四藩兵が東京常備兵となっている。同時期、兵部省の中心の山県は、「国民皆兵」主義を原則としながらも、「徴兵規則」にもとづく兵制の徹底は時期尚早とみなしていた。それにしても鹿児島藩「徴兵」は、三年九月の帰藩事件にみられるような政府内の危機を引き起こしている。

この点、山県は西郷との討議で、鹿児島藩兵を親兵に取り立てるに際して、親兵を「藩臣」としないことを確認したようだ。山県は親兵が「藩臣」でなく、「薩州より出でし兵」であっても、「薩摩守に向ひて、弓を彎《ひ》くの決心あるを要す」と条件をつけ、その承諾を得たという（「徴兵制度及自治制度確立の沿革」）。そして山県は、新たな兵員増加のための費用については、「藩力平均の配当を断行」するとの案を示した。西郷に対して、「血を流すに至るが如きの事あるべし」と語り、そのための同意を取りつけたと語っている（「徴兵制度及自治制度確立の沿革」）。

このような岩倉勅使一行は、十二月二十八日に鹿児島を出発し、正月六日に三田尻に到着した。大阪から山口に直行した木戸は、三田尻で岩倉勅使を迎え、七日に岩倉と大久保・西郷らが山口に入った。大久保と西郷は木戸や山口藩権大参事の杉孫七郎らと会い、政府改革に向けて鹿児島・山口両藩が同心戮力することの同意を取りつけた。木戸は八日、大久保を訪ね、西郷も同座にて版籍返上以来の経緯を語っている。天下の方向を定め、諸外国に並立する基本にそって「寸地を有せず」の方針を語り、「今日稍時到、此の端開けん」との感触を得ていた。

岩倉は正月九日、毛利敬親の上京を求め、毛利家歴代の豊栄神社に参向した。木戸は同日、政庁で敬親・元徳に謁して天下の大勢を論じ、「此度薩藩示趣を陳述」している。この時期、西郷の企図は、「薩長両藩一致提携して廟堂の根軸を鞏固《きようこ》」とすることにあったという。十日には西郷・大久保が政庁で敬親・元徳に改めて上京の決意を語り、木戸にも高知藩への同行を要請している。

木戸と杉、そして大久保・西郷は正月十六日、岩倉勅使と別行動を取り、大久保の発案で高知へ向かった。一行は、翌十七日に高知に着船し、翌日、大参事板垣退助が木戸を訪ねている。木戸は、板垣が大に時勢を察して藩政改革を推進していたことを評価していた。十九日には、板垣と権大参事福岡孝弟らが大久保・西郷と会談し、西郷が高知藩に鹿児島・山口両藩の近状を語り、ともに政府改革に参画するよう求めている。板垣らは、「従来の藩情を談じ、朝家の為に尽力の辺、元より異論毫もなし」で、二十日には藩知事の同意も伝えられた。

高知藩では、戊辰戦争後、参政の谷干城《たてき》らが中心となり、大規模な兵制改革と軍備の刷新を進めていた。そして同藩では、藩知事山内豊範が三年二月に鹿児島を訪問し、鹿児島・山口・高知の三藩が盟約して、朝廷を輔翼することを画策していた。このような高知藩の積極的な姿勢は、政府にとっても無視できない存在であり、鹿児島・山口両藩もまた政府安定のために高知藩に参加を呼びかけたといえる。

5 三藩兵の徴集

親兵の制定 鹿児島・山口両藩と高知藩の提携に尽力した木戸孝允が神戸に帰着した明治四年（一八七一）正月二十二日、木戸は盟友の参議兼東京府御用掛広沢真臣が同月九日に東京で暗殺されたことを知った。木戸は、「驚愕悲憤暫絶言語」である。京都府権大参事の槇村正直《まきむらまさなお》からも、広沢遭難に関する書状が届いた。この広沢の暗殺が、政府首脳を震撼させたことはいうまでもない。広沢が殺された表四番町の屋敷は、裏四番町の木戸邸とは目と鼻の先である。木戸は、たまたま生前の広沢から受取った書状を持参していた。木戸はその広沢の書を周囲に披露し、涙している（『木戸孝允日記』一）。維新の激動の中で、広沢だけが木戸を助け、木戸にとってまさに兄弟を失ったに等しい。木戸は日記に、広沢からの来書の件について、「奮励大に時勢を歎し、今日の事任する甚厚し」で、それを手にして「永訣」を思い、「不堪流涕惨憺也《りゅうていにたえずさんたん》」と書いた。

その後の二月二日、木戸・山県らは大久保利通・西郷隆盛と東京にもどった。西郷は親兵の制度化とその兵員を上京させることに全力をあげた。八日には三条右大臣の屋敷において、西郷らの三藩の首脳が、岩倉もまじえて藩兵を親兵とすることの諸問題を検討している。そして、親兵の設置は、明治四年二月十日の三職会議で正式に決定された。十三日には、鹿児島・山口・高知三藩に対して、兵を徴して親兵とし、兵部省に属させることが命じられたのであった。

千田稔『維新政権の直属軍隊』によれば、この時期の兵部省内では、「国民皆兵」論が強かったこともあって、郡県論や共和政体論を主張するものが多かったという。明治四年三月の兵部省の建議も、華族の歳入の三分の一を政府に提出させ、無用の給付を廃止するように求めていた（『忠義公史料』）。兵制確立のために財政権の統一が急務と論じられ、政府の断固とした処置を求める見解が生れるようになっている。

三藩兵の上京　明治四年二月十三日の親兵を徴する朝命の結果、西郷隆盛は出兵準備のために鹿児島へもどった。西郷は、兵制改革によって新たに組織された鹿児島藩兵を急ぎ上京させている。みずからも藩知事忠義に従って四月二十一日にふたたび上京した。東京に到着した鹿児島藩兵は、常備兵四大隊と砲兵四小隊で、三一七四人を数えた（『忠義公実記』）。また二月八日の会議に板垣退助大参事が加わった高知藩も、歩兵二大隊・騎兵二小隊・砲兵二隊を直ちに上京させている。山口藩では、八日の会議に権大参事杉孫七郎が参加し、木戸とあい前後して帰藩した。だが、木戸はその後、鹿児島藩とりわけ西郷への不信感を再燃させている。原因は日田・久留米で顕著となった攘夷派の反政府活動の対策をめぐる鹿児島藩とのあいだの確執であった。

この日田《ひた》・久留米での反政府活動は、三年十一月に日田県で新政批判を原因とする大規模な一揆が発生し、同時に反政府派の脱籍浮浪者が出没して、両者の提携が危惧されていた（宮地正人「廃藩置県の政治過程」）。反政府士族については、脱隊騒動と同じ時期、東京で米沢藩の雲井龍雄《くもいたつお》らのグループの蜂起計画なども顕在化している。九州では、熊本藩の分地の鶴崎を拠点とした河上彦斎《げんさい》（高田源兵衛）が中心となり、久留米・柳川両藩もその反政府活動に加担していた。とくに脱隊騒動を指導した大楽源太郎《だいらくげんたろう》が九州に逃れるや、久留米藩はこれを庇護している。

それゆえ、山口藩は日田・久留米で顕著となった攘夷派の反政府活動に対し、断固とした鎮圧を主張した。しかし十二月に日田に派遣された四条隆謌《たかうた》巡察使は、同県内の一揆の平定をもって撤収している。共同出兵した鹿児島藩も、反政府運動の徹底鎮圧に必ずしも積極的ではない。木戸は、広沢が暗殺された直後であったことから、反政府士族の鎮撫に不徹底な鹿児島藩側に対して、その疑念を深めている（『木戸孝允文書』四）。木戸は、反政府分子に対する断固たる処分を主張した。取締りの優柔不断な姿勢を批判し、山口藩が単独で出兵し、反政府士族を鎮圧することを政府に願い出たのである。

また、木戸は西郷が政府の現状に対する批判的な言辞をくり返すたびに反発した。西郷は「天下諸藩の人才」を政府に集め、政府内の現状を刷新するように論じていた。それが政府内の現職の参議に対する批判の意を含んでいたことはいうまでもない。そのたびに木戸は、今ごろになって「天下悪物の標準」のように言われることに我慢がならなかった。西郷自身が鹿児島に割拠して非協力的な姿勢を取り続け、そのことで政府は苦しめられ、「朝威を汚」されてきた。木戸は西郷に反発する自身の心境を三条に吐露し、「時機」を知らない西郷に対する批判を岩倉に語った。二月十日には岩倉に向けて、「何卒将来の処、薩の関係は総て山県狂介へ相托し置可申と奉存候」と書いている（『木戸孝允文書』四）。そして反政府士族の鎮圧に対する山口藩の単独出兵願いが許可されるように改めて求めたのであった。

もともと木戸は、藩力動員による改革が上策と考えていたわけではない。本来であれば、「一時の権」を握った「決然大断」が重要であり、それが実行できる状態にないがゆえに藩力の動員に妥協していた。三条・岩倉に宛てた書翰では、「薩長土の一条にても実は下策」であり、藩力を動員すれば、それらの対立で政府が振り回されることの危惧を伝えていた（『木戸孝允文書』四）。したがって、木戸は三条・岩倉に対して、政府が「条理」を明白にして、それを貫徹することの必要を強調した。政府が三藩に振り回されないためにも、「勇断」を求めたのである

この木戸が危惧した九州の反政府士族に対しては、四条隆謌巡察使がふたたび九州に派遣され、熊本藩などの支援を得て弾圧が推進された。久留米藩自身が、かくまっていた大楽を殺害し、同藩関係者が逮捕されている。三月はじめには、秋田藩士などの府下に潜伏していた反政府士族・草莽の三十余名が捕縛された。

そして、木戸の反発に対しては、大久保が急ぎ山口へ向かった。木戸から政府の「条理」の明白と「勇断」を要求されても、三条・岩倉がそれに対応できるものではない。木戸の反発はそれ事態が政府首脳を困惑させるものであった。佐々木は、「天下の参議」である木戸が、すみやかに上京して公然と議論を起こすべきにもかかわらず、また「スネタリ」と厳しく評している（『保古飛呂比』五）。それでも政府にとって、やはり木戸の協力が欠かせない。木戸を復帰させることができるのは大久保しかいない。これには佐々木も同意した。西郷に対する木戸の不信感を解き、木戸が批判する鹿児島藩の姿勢を改めることができるのは大久保である。

大久保が山口まで説得に行った結果、木戸も上京をよぎなくされる。木戸は五月十七日に大久保とともに周防の三田尻を発した。六月末には、山口藩の歩兵三大隊も上京を完了している。東京に結集した三藩の親兵は、総計八〇〇〇人余にのぼったのである。そして政府は、このような親兵の集結にあわせて、四月に東山・西海両道に鎮台を設けた。石巻と小倉に本営、福島・盛岡と博多・日田にそれぞれ分営を置き、維新政権の軍事的強化をはかったのである。

四　廃藩置県断行と木戸孝允

1　廃藩論の形成

毛利敬親の「遺表」　山口に帰藩した木戸孝允は明治四年（一八七一）三月二日、前藩主毛利敬親と知事毛利元徳に上京を求める朝命を伝えた。そして木戸は、山口藩兵の召集に尽力するとともに同藩内の改革に参画している。藩政改革の中心は、陪臣や卒を廃して「士族一統」にすること、士族の常職を解いて農工商に従事できるようにすることである。すでに高知藩などで実行された事例にならった改革であった。藩兵の上京に向けた諸準備、さらには士族や農商民の誘導、藩財政や民政の問題についても協議を重ね、布令懸《ふれがかり》の設置を進めている。

そのような時期、前藩主毛利敬親は病状が悪化した。木戸は三月二十五日に敬親の病状悪化を知って急ぎ駆け付けている。元徳も予定していた東京出発についての猶予願いを政府に送った。病状は一進一退の繰り返しだったようだ。結果として敬親は、二十八日に死去した。木戸は藩内の動揺を恐れたようで、二十九日に側近と「御遺意を綴り認め」ている。その「御遺志の御書面」は、四月三日に元徳から大参事などの同藩重役に渡されたのであった（拙稿「山口藩知事毛利元徳の辞職『上表』」）。

そして、敬親の「遺志」は、三月二十六日付の「遺表」として政府に提出された。敬親の臨終の願いは、封建制度の余弊が「尾大不掉」の弊害となって世論の分裂と政府の弱体化につながっているとし、「朝威」を確立して天下の方向を一定するように求めると記されている。知事元徳も敬親の「遺表」にあわせて、敬親の「微衷」が叶《かな》って「地下にて冥目」できるように願う旨の「副書」を提出した。木戸の行動に寛容であった敬親の姿勢に則って「遺表」を作成し、政府に提出するとともに、山口藩でその継承と徹底をはかったのである。

木戸はその後、支藩の改革に参画し、徳山・清末両支藩を本藩の山口藩に併合することに尽力している。木戸は両藩知事に面会し、徳山藩から廃藩願いが提出されたのであった。

廃藩論と大藩同心意見書　政府の集権化に向けた施策、さらには鹿児島・山口両藩に向けた岩倉勅使の西下は、その他の有力藩が政府に呼応しようとする動きを作り出した。

阿波国徳島藩の藩知事蜂須賀茂韶は、明治四年正月に郡県制の貫徹を求めた上表を行った。具体的には、藩の名を廃して州を置き、広狭に応じて二、三県あるいは四、五県に区分すべきとしている。「知州事」を「廟堂上《びょうどう》」で「事を執るの官」にすべきと論じた（「公文録」諸侯之部）。

また、鳥取藩知事池田慶徳も、郡県制の実行に向けた建言をした。慶徳は三策を示し、第一策には各藩の兵権を兵部省に移し、藩知事の家禄を大蔵省に収納することを求めた。第二策は、大小の藩を一挙に廃し、大国は一国に一庁を置き、小国は数国をあわせて一庁を設けるとする。第三策は藩知事を東京に常住させ、毎年三ヵ月から五ヵ月の帰藩を行って「朝令」を施行させるように建言した（『鳥取藩史』第一巻）。

さらに、熊本藩知事細川護久も明治四年三月、官制を簡易に改めることと人材登用を急務として藩知事辞職を建白した。同藩は三年九月、民心一新の実行と無用の省略を掲げて熊本城の廃毀を願い出ている。六月には藩首脳の大更迭を実施し、護久みずから強力な藩政改革の推進を指示していた。そして護久は四年五月、「朝官其人を得す」と現状を批判し、同時にみずからが「妄に知事の職を汚」しているとして、再度の免官を願い出たのであった（『改訂肥後藩国事史料』巻一〇）。

さらに、名古屋藩知事徳川慶勝も明治四年四月、「治途一轍」とするために一州に一知事とするように上書し、六月にも同じ趣旨を建白した（「知事建言」『公文録』）。

以上のような徳島・鳥取・熊本・名古屋藩などの上表・建言は、藩の「廃止」さらには藩知事の辞職を求めている。概して各藩の財政が悪化し、禄制改革などを一藩で容易に徹底できない藩内事情がうかがわれる。そこでは、「真成郡県」の断行を時勢の方向と把握し、改革派が政府との一体化を企図して、有力藩の優位性を残しながら政治的参加を求めた動きと理解できる。

一方、政府は明治四年正月二十七日、右大臣三条実美・大納言徳大寺実則・嵯峨（正親町三条）実愛らが、徳島・鳥取両藩知事を徳大寺邸に招き、評議を行った。四月二十三日には岩倉が、政府の「根本見込」を作成するように三条に進言した。鹿児島・山口両藩をはじめ上京中の藩知事を集め、徳島・名古屋両藩知事の「献言」を熟覧し、「根本」についての「実事の御相談」を企図している（『岩倉具視関係文書』五）。そして、上京諸藩に対する「御下問案」を、制度局御用掛の江藤新平に作成させた（「江藤家資料」

九一一—二)。岩倉は、政府側の「根本見込」について、みずからの「ケ条書」と「諸藩の献言」を、参議大隈重信に極秘に取りまとめさせている。岩倉の指示をうけた大隈が起草したのが、いわゆる「大藩同心意見書」である(拙稿「廃藩置県の政治的潮流」)。

この「大藩同心意見書」は、一八ヵ条からなる。そこでは、各藩知事に対して、「東京府貫属の事」、「朝集を反して三年一度管轄地へ出張の事」と明記した。各藩知事の家禄を東京府から支給することなど、地方官としての位置づけを明確にしている。また、藩名を廃して「州」とし、州郡県の三種類を置いて「専ら郡県の体裁を明にする事」、東京に藩庁を合併した「州庁」を建てることなど、郡県制の強化を求めている。そして民部、大蔵、兵部、刑部などの各省が、全国を統轄するように主張した。さらに農税を軽くして商税を興し、内外国債の「支消の目途」を立て、兵備を「更張」させるように論じている(『岩倉具視関係文書』八)。

「大藩同心意見書」は、「建国策」の素案とされた「国体昭明政体確立意見書」がその基礎となっている。大隈の「全国一致の論議」、さらには明治四年に入って具体化した鎮台《ちんだい》設置などの箇条を加えた。藩については、大藩を州、中藩を郡、それ以下の小藩を県に改めるものとしている。大藩が州となって地方行政単位に移行し、大藩家臣団の優位性が温存される余地を残しているが、とくに二万石以下の極小藩は廃合することが明記された。理財・兵制・刑法の統一を論じ、国家財政の自立を急ぐことが必要であると主張している。大藩の「藩名」の廃止や小藩の廃合を明示し、「全国一致の政治」を標榜して、「真成郡県」を具体的にめざした意見書と位置づけられる。

『新聞雑誌』の刊行　民部・大蔵省が分離されて集権政策が後退した時期、木戸は「優柔自重」を余儀なくされ、一〇年・一五年先を考えた日本全体の開化を指向した。そのような木戸は、「人民誘導」を目的とした『新聞雑誌』の発刊に着手している。木戸の思いは、渡欧中の品川弥二郎に宛て、三年十二月に新聞発行の企図を伝えていたことにうかがわれる。木戸は「皇国開化の進歩」を進める苦心を記し、妥協を重ねながらも「誘導」をしなければ、「諸事合点」にならないと書き送った。「内国」はもとより「外国」のことも掲載し、それが辺境にまで流布されるようになれば、自然と「人民誘導」につながると論じている（拙稿「明治初年『新聞雑誌』の廃藩論」）。

木戸は、新聞を発行する場合、政府の直営では、「政府の勝手」を押し付けるものと人民が「邪推」するようになり、かえって読者が広がらないであろうと懸念した。人民の多くが「頑固」であるので、政府が直接に関与するのを避けた方が良いとの判断である。そして政府に関係することでは、「不条理」な点を批判した議論であっても掲載すべきとした。それは、新聞発行と「人民誘導」のための「駆引《かけひき》」という。そして木戸は、品川にヨーロッパで始まった普仏戦争の実況記事を送ってほしいと要望した。フランスの鮫島尚信《さめじまひさのぶ》やアメリカ留学中の名和《なわ》緩（道一）、さらにはイギリスの河瀬真孝《かわせまさたか》にも記事を送るように品川に依頼している。

このような木戸は、四年二月十六日に山口藩関係の出版に詳しい山県篤蔵《とくぞう》や杉山孝敏《たかとし》などを集め、「新聞局開局の主意」を語り、『新聞雑誌』の編集・刊行に着手した。豊後日田の出身で、幕末に奇兵隊に参加した長《ちょう》三洲（炗《ひかる》）も加わっている。山県のもとで、杉山が官許を得るための尽力、長が活字の調達や販売先の確保などに奔走した。五月二十日には第一号の発刊に漕ぎ付けている。『新聞雑誌』の第一号は、富岡製糸場の建設の近況を記すとともに、膳所《ぜぜ》藩が士族の帰農を行った改革を掲載した。第二号には「山口藩士卒を合併するの告諭書略」、第三号には「熊本藩知事其職を辞せんことを請ふ上書の略」が掲載されている。第四号は「亀井津和野藩知事辞職を請ふ建言書の略」であった。『新聞雑誌』は、諸藩の改革や「宇内の大勢」「時勢近情」を知らしめることを目的としたが、同時に廃藩に向けた流れを作ることが企図された。木戸自身も、六月十二日に京都府権大参事の槇村正直に対して、『新聞雑誌』が京都でも販売されるように依頼した。木戸は本屋を通じた大量流通を企図し、さらに大阪や倉敷などでの販売を推進している。そして、第五号には「徳川名古屋藩知事建白書の写」を掲載し、名古屋藩知事が廃藩に向けた建白を行い、「護国の大体」に向けた議定を主張したことを報じた。第六号には、長三洲が執筆したと思われる「新封建論」を付録として掲載している。長は広瀬淡窓《ひろせたんそう》の咸宜園《かんぎえん》の俊秀で、漢学者・書家であった。その長が「新封建論」の紙面で、封建制と郡県制の利害得失を論じ、廃藩が当然の流れで不可避なことを論じたのであった。

朝権一定に向けて　有力諸藩の建言や「大藩同心意見書」が作成された明治四年春、諸藩の連携とりわけ高知藩を中心とした有力藩の政治的な動きが活発となった。その中心的な役割を果たしたのは米沢藩の宮島誠一郎である。同藩は、「朝敵」処分をうけた戊辰戦争後の復権をめざし、とくに明治三年十月以降、藩政改革を通じて高知藩との関係を深めていた（拙稿「明治維新と米沢藩政」）。この米沢藩の活発な活動は、四年春に福井・彦根・熊本・徳島などの諸藩と強い関係に結実している。藩知事上杉茂憲《もちのり》や藩重役が四月三日に板垣を東京藩邸へ招き、板垣の改革論を「勉強」していた。そして藩政改革にあたっては、福井藩の改革案をもとに板垣の助言をうけ、「禄券」に関する検討を行っている。そして五月十四日には、「人民平均の理」にもとづき、「闔藩士民」が「自主自由の権」をもって知識を開き、才能を生かせるようにしたいとする四ヵ条の伺書を政府へ提出したのであった。

このような高知藩と米沢藩にみられた連携は、同時期、高知藩を盟主とした政治的画策、政府への改革要求に発展した。同時期の高知藩では、板垣らが藩政の主導権を握って藩内の結束をはかり、政府内での発言力を強めようとしていた。この高知藩を中核としたいわゆる改革派の諸藩は、四年四月十四日に一同に会し、第一回の集議を実施している。出席は高知藩の板垣や米沢藩権大参事森三郎をはじめ、熊本藩大参事米田虎雄《こめたとらお》、徳島藩大参事小室信夫《こむろしのぶ》、彦根藩大参事谷鉄臣《たにてつおみ》（退一）、福井藩大参事小笠原幹、三条家家令森寺常徳らであった（「明治四年日誌」『宮島誠一郎文書』）。会合の準備はおもに宮島が担当している。その後の会議では、熊本藩から人材公選が実施されなければ、真の「郡県の制」に至らないとの見解が示された。同藩の人事を手はじめに地方官の「御新選」を断行したいという意見である。福井藩では、小笠原が鹿児島藩出身の民部大丞吉井友実を訪ね、諸藩有志の会同を伝え、「朝廷の模範」を立てるための議院を開くように論じた。大感動した吉井は、大参事の西郷隆盛に「示談の趣」を連絡したという（「明治四年日誌」『宮島誠一郎文書』）。

改革派は、その後も「機密会」を定期的に実施している。五月七日には前述のような郡県制の上表を行った徳島藩知事蜂須賀茂韶が出席し、議院の件が議論された。改めて福井藩の小笠原を通じて鹿児島藩を説得することが確認されている。そして、「薩の方角決定と議院御開の両条」を掲げ、八日には板垣が西郷に会った。小笠原が吉井とたびたび接触し、さらに森寺を通じて三条実美へも改革派の企図を働きかけたのである。

一方、岩倉もこのような改革派の動きを知り、参議佐々木高行に対して、「此頃は板垣頗る公平論を唱へ、諸藩の大参事も大に進歩し、日増《ひまし》に公論行はれたる」と語った（『保古飛呂比』五）。岩倉は、諸藩の「進歩」を「天下の大幸」とみなしている。公平に「条理」をもって天下に号令する時がきたと、その心情を佐々木に吐露していた。

しかし、参議の木戸は、新たな諸藩の提携と政治参加の画策に警戒を強めた。熊本藩の改革論には、民部・大蔵省批判が含まれている。みだりに「在官の人の進退を論す」ることに対して、「善事にあらず」と評した。木戸は「深く前途の事を痛歎す」と、同藩の運動を批判している（『木戸孝允日記』二）。

すでに木戸は、「真成郡県」をより徹底させるために、前述のように『新聞雑誌』で、諸藩の改革や郡県に向けた動向を紹介していた。津和野藩知事亀井茲監《これみ》の辞職建言書などを掲載している。とくに木戸は、津和野藩の願書を、真の郡県達成に向かう行為と称賛。朝廷の前途を考えた至誠によるさきがけと高く評価して、「百藩御誘導」を重視した（『木戸孝允文書』四）。そして大久保もまた、熊本藩の安場保和から「切迫申立」をうけたが、やはり慎重に対応している。公平で至当な意見とみなしながらも、「今日の情実に於て行ふへからさるものなり」と評した（『大久保利通日記』二）。この木戸や大久保の熊本藩などに対する批判は、天皇を頂点に政府内の中枢を掌握しつつあった当事者側の思惑である。政府が藩力にゆさぶられることへの反発であった。木戸は藩力を背景とした過度な圧力には警戒的であり、熊本藩の政府強化を求めた建言に対しても、「朝廷主裁」が定まらない段階では、それらの建言にふりまわされることを危惧したのである（『木戸孝允日記』二）。

2　明治四年春の政体改革

政体改革案の対立　鹿児島から帰京した大久保利通は、明治四年（一八七一）二月、三藩兵を親兵とすること、諸省の冗官を減らして連絡を密にすること、新たな政体規則を設けることなどの政体改革を提起した。大久保は前年秋に政府改革案を作成し、十月には三職会議の内決を得ていた。それらを基礎とし、参議による諸省の分担、官員精選などをさらに貫徹させようとしている。

この大久保の政体改革の構想については、制度取調専務であった中弁の江藤新平や制度御用掛の後藤象二郎が、政体規則の立案に参画した。大久保の意見書は、江藤の立案を基礎にし、政府に左・右大臣を一人ずつと少数の准大臣を置くことを目的としている。それまでの大納言や参議を廃し、参議の職務を諸省の卿が代わって担当する方策が最大の特色であった。参議佐々木高行は、大久保の政体構想を、「全権大臣あり、准大臣ありて、大政を総べ、諸省の卿は入りて参議となり、出で丶卿となる」と評している。政府内の「意脈貫徹」を重視した構想と位置づけている。従来、大臣・納言・参議の三職がその配下の行政諸省と遊離し、諸省の卿がともすれば三職の権を凌駕する傾向がみられたことに対して、それを是正しようとした方策といえる（『保古飛呂比』五）。

この大久保の政体改革案について、岩倉大納言らは、三藩知事が上京した後に下問することを予定した。ところが、木戸が五月末に山口から帰京することで、大久保の改革案が混沌となる。大久保は前述のように三藩の提携が危惧され、山口まで出張して木戸を上京させた。しかし、五月二十七日に帰京した後の木戸は、大久保の推進する政体改革構想に批判的である。木戸は、この大久保の改革案に対して、「制度論」を主張した。木戸は、大久保が大臣・准大臣と参議の役割を持った諸省長官の卿による強力な政府を作ろうとしたのに対し、そのような方策では、「諸省の権力強く、政府立つまじ」と批判した（『保古飛呂比』五）。その理由は、諸省の卿が参議の職務を兼ねた場合、卿の上に立つはずの大臣は事務にうとくなり、卿が立法・行法・議政の全権を握るようになるという判断である。木戸は、諸省の卿が力をもち、自己中心の排他・割拠主義におちいりやすいと論じたのである。

木戸・西郷の参議就任　この木戸の批判に対して、改革構想の推進を念願とした大久保は、西郷の考えをうけて明治四年六月に木戸一人を参議の上に任じるように主張した。木戸を上京させた大久保は、六月一日には木戸を擁立して三条右大臣を輔翼させ、他のすべての実力者が協力する体制を作る方策を西郷と相談している。そこでは、「政一途に出る」を重視し、そのために「木戸を押立」て、合力・同心すべしという西郷との合意になったようだ（『大久保利通日記』）。それは、政府改革に山口藩側の協力を不可欠としたことから、まず難物の木戸を参議の上にすえ、権力を集中して政府強化をすみやかに実現しようとした方策といえる。

そこで、西郷は高知藩大参事板垣退助の協力を求め、木戸を参議の上に押し立てることについての同意を取りつけた。山口藩出身の井上馨や山県有朋にも相談し、両者に木戸を説得するように依頼している。大久保も岩倉に進言し、了解に至った。

山県は西郷から木戸の説得をたのまれ、六月十三日に木戸を訪ねた。井上もその翌日に木戸と会い、参議の上に立つように求めている。木戸は、西郷の「余をして独諸参議の上に立たしめ以て天下の重きを荷しめん」との意向に対し、「今日の事余諸参議の上に不可立の自ら条理あり」であった。諸参議の上に立つように求められているところを考えると、大久保が言う准大臣を勧誘されていたのかもしれない。しかし木戸は就任をそくざに拒絶した。翌日は、井上からも同様な話があったが、木戸は西郷自身が就任するように反論している。十五日には山県と井上が揃って木戸のもとに訪れ、十七日には西郷および板垣から要請された三条・岩倉が、木戸を別席に呼んで説得した。十九日にも三条が木戸を訪ねて重ねて就任を求めたが、木戸の固辞する姿勢は変わっていない。

木戸は、前述のような参議の廃止または参議を一人に限定する大久保の官制のあり方に強く反対し、みずからの就任を固辞した。木戸は、大納言と参議を一体にして、「帝室の枢機官」とし、「以て立法を司らしめ、行政と両立して政治をなす」ように主張している（『木戸孝允文書』八）。佐々木は、木戸論を「議政官に十人にても十五人にても、当時皇国中の人物を挙げて集むる」ことで、「立法官の権力」を強くする考えと評した（『保古飛呂比』五）。木戸は、大久保案とは逆に大納言・参議の増員と権限の強化を主張している。木戸は、大納言・参議が本来は立法官＝議政官（枢機官）の職掌を持つものとして、その役割を重視し、立法をつかさどる議政官（枢機官）に位置づけて、諸省の排他・割拠主義をおさえようとした。木戸は、諸省の割拠主義をおさえると同時に、将来に予想される民選議院開設に対抗するものにしようと考えたのである。

このような木戸の立法官＝議政官創設論は、「朝廷上書」としてまとめられたが、佐々木はそれを伊藤博文がロシアの政治機構を例にして考えた制度と評している（『木戸孝允文書』八、『保古飛呂比』五）。伊藤は同様の参議官（議政官）創設論を、大隈・井上に七月に書き送っていた（「官制改革意見」）。

また、木戸が参議の上に立つことを固辞した理由の第二は、大久保・西郷などの鹿児島藩出身者に対する疑念にあった。木戸は、参議に擁立されることで、自分だけが現実に不可能な「決然大断」の重責を負わされ、三藩協力の指導者にまつりあげられることを強く警戒している。この推測は佐々木の見解であるが、木戸自身も井上に宛て、「独り桶ぶせに逢ひ候形にて困却此事に御座候」と書き送ったことがそれをうかがわせる。

右のような木戸の拒絶の姿勢に対して、大久保は三条・岩倉に重ねて木戸への説得を行うように要請した。三条と岩倉は木戸を呼び出したが、木戸から大久保との対立を聞かされている。三条は動揺し、ともすれば木戸に逆に説きふせられている。このような事態で大久保は、六月二十三日に西郷の就任を求めた。木戸説得のゆきづまりを打開し、木戸の疑念を解くためにも、木戸とならんで鹿児島藩側の西郷が政府の中心に立つように依頼している。大久保は、政府改革の基本に山口藩側とりわけ木戸を取り込むことを主眼にしていたのである。

この大久保の意図が理解できる西郷は、みずからの参議への就任を承諾した。この際に「参議の上」に立つ地位がただの参議に改められたのか、それを大久保が決断したのかどうかは判然としない。いずれにしろ西郷は、上京して政府に加わったからには、改革を頓挫させるわけにいかない。木戸は、二十四日に大久保から西郷がともに参議に就任する用意があることを聞かされた。それに対し、木戸は「苦心」の心境を強調している。二十五日に三職会議が開かれたが、木戸はそこでも参議就任に同意していない。それでも木戸は、大隈から説得され、西郷とともに参議に就任することになる。

木戸は、前述のように郡県制への移行を主張していた。「尾大の弊」を指摘し続けた木戸は、藩力が政府の障害とならないようにすることを念頭におき、一方で三藩協力のもとで最終的な廃藩の方向に進めるように願っていた。木戸は六月十一日の夜、岩倉を訪ねて左のように力説した。

過日来此度薩長土三藩の兵殆《ほとんど》一万を親兵に召させられ、朝廷を保護し御基礎の確立を助けられんとす、故に三藩も亦屹度《またきつと》此御主意を奉戴し天下速に一途に帰し諸藩の方向弥一定するの尽力あらんことを望む、則《すなわち》版籍返上を以第一段とし、此度聊《いささか》其実を挙げ方向をして一定せしむるを第二段とするの尽力なくんはあるへからす（『木戸孝允日記』二）

三藩の兵力集結を背景にした三治一致の徹底を説き、段階的に廃藩へ向うことの必要を強調している。その意味で、木戸も自身の行動が問われていた。みずからが「制度論」を主張したことで、政府内が難局に直面している。逃れることも出来ず、木戸の内心は複雑であったといえる。

それゆえ、説得役の大隈は、混乱が続くことで政府が「百事弊塞《へいそく》」すると語り、木戸の任官をうながした。大隈は、制度問題の審議を後日に行うこととして、木戸と西郷を参議とし、諸省の卿や輔をふくめて公議にもとづき制度を決めていく妥協案を示したようだ。岩倉・大久保らもそれを了承し、木戸もやむなく「暫時此際を維持する」として、参議への就任を承諾したのであった。

かくして、樺太《からふと》へ出張中の副島を除き、全参議が免じられ、諸省の少輔以上も免官となった。代わって六月二十五日に木戸と西郷の二人が新参議に就任した。右大臣の三条実美と大納言の岩倉具視・嵯峨（正親町三条）実愛・徳大寺実則のもとで、木戸・西郷の実力者を参議にすえ、新たな卿・輔以下の人選と制度改革が推進されることになったのである。

制度取調会議の空転　政府内では、木戸孝允と西郷隆盛の参議就任後、諸省の卿《きょう》・輔《ゆう》の人選が進められた。六月二十七日には、右大臣三条実美が神祇伯宣教長官を兼任している。大久保利通は大蔵卿となった。大隈重信は大蔵大輔である。二十九日までの間に、後藤象二郎が工部大輔、井上馨が民部少輔、山県有朋が兵部少輔に任官した。

しかし、木戸は人事の発表を見合せるように求めた。人選は主に三条右大臣、岩倉・嵯峨両大納言および西郷・木戸の両参議の議事である。それでも木戸は、制度についての審議が不十分なことを指摘し、人選を批判した。二十七日には大臣・納言・参議列座の席で、「御改革の次第」が参議就任の際の約束と違うことを主張している。「政府の基立確定諸省の制限章程」の制定を優先すべしと論じた（『木戸孝允日記』二）。大隈から説得された際の制度問題を審議するという合意が無視されていると、反発したのである。

木戸は、大隈と三条に不服を伝え、西郷を説得した。改革の経緯を知らなかった西郷は、木戸の「満腹の論議」をうけて、木戸に同意するようになっている。そして六月二十九日、木戸は反発する岩倉と激論を交わし、三条に「機を誤らんことを責め」た。木戸は、西郷に重ねて「制度の主意」を論じた書面を渡し、ようやく制度取調べの開始についての合意を取りつけている。

木戸の西郷に対する評価は、「今日の天地は迂遠に御座候」と厳しい。西郷に対しては、周囲がその意向を察して、「気に入候様の事を相計らひ候工合も不少」とみなしている（『木戸孝允文書』八）。それゆえ、誠意をもって西郷へ相対したところ、「終に同人も落着に入候」で、木戸と大久保・佐々木の三名がもっぱら人選を担当したという。

この制度取調専務には、二十九日以降に大久保大蔵卿、大隈同大輔、そして外務大輔寺島宗則、従四位佐々木高行、工部大輔の後藤象二郎、東京府御用掛の大木喬任、兵部少輔山県有朋、民部少輔の井上馨、神祇少副の福羽美静《ふくばよししず》、宮内大丞の吉井友実、中弁江藤新平らが任じられた。制度取調会議は、木戸・西郷が議長となり、七月五日からはじまっている。翌六日には、三条右大臣が臨席し、議員の権限が審議され、宸裁《しんさい》をへて委任状が議員にさずけられた。制度議員が「商定せし事件」で、「連署して制可」を求めた際は、「速に奏聞して允准あるへし」とある。議員からの「覆案」も認められた。制度取調議員を一種の「参議官」に位置づけている点など、木戸の考えの具体化である。

会議では、まず「国体」が問題となり、各国の体裁を参考に審議を進めることになった。「国体」については、「会議定律」「定律中独裁の旨を有するもの」「独裁中定律の旨なるもの」の三案が示され、議論している。それにしても、七月八日の会議は、「政体論」の意見がまとまらない。翌九日には議員の不参者が多く、西郷も欠席で流会となった（『木戸孝允日記』二）。「国体」の問題から君権のあり方までが問われるようになり、議論が洪大なものとなったためと思われる。それは、先に述べた明治三年末の国法会議の議事のくりかえしのような課題を生じていたのである。

このような会議の混乱は、政府強化の急務を主張してきた大久保にとって、さすがに忍耐の限度を越えた重大事であった。すでに大久保は、木戸・西郷の両者を参議にすえ、政府強化をめざしていた。六月二十八日の三職会議では、天皇の内廷をおさえる要として大久保が念願した中務省設置案が、取り止めにされた。それでは、天皇の「輔導の任」を定め、「朝廷の体裁確実」に向けた改革の進展がおぼつかない。政府支出の節倹や諸省の冗官を沙汰するという大久保や西郷の構想までが、形骸化するようになっている。民部省を掌握する要であった大木民部大輔の移動が予定されると、大久保は岩倉にその怒りと憤懣をぶつけた。

大久保は、西郷・木戸という鹿児島・山口両藩の実力者を参議にすえた以上、あとは諸省に適材を配する人選が急務と考えていた。もはや制度をとやかく審議する段階ではない。それゆえ中務省設置が取り止められ、さらに制度取調会議の混乱した事態などに強く反発したのであった（『大久保利通文書』四）。

3　廃藩置県の密議

鳥尾・野村の書生論　明治四年（一八七一）六月に西郷・木戸が参議に就任したが、政府内では人選をめぐる確執が続き、制度取調会議も流会を生じるようになった。徳島・熊本・米沢などの改革派が顕著になり、反政府諸勢力の動向も危惧されている。このような政府改革の混迷に対して、いわゆる中堅官僚層から、七月初旬に「書生論」と称された廃藩置県断行の突きあげが具体化した。

この廃藩置県断行論は、麴町の兵部少輔山県有朋の屋敷における野村靖と鳥尾小弥太《とりおこやた》の会話がきっかけであったという。野村は、山口藩の兵制改革の中心となっていた。鳥尾も、同じ山口藩出身の兵部省出仕で、外遊の希望を述べるために山県のもとを訪れた。二人は天下の「大勢」を論じているうちに、「どうしても是ではいかぬ、封建を廃し、郡県の治を布かなければならぬ」という議論になったようだ。野村は木戸の版籍奉還に批判的な姿勢を取ったこともあり、廃藩に向けた木戸の企図はよく分っていた。鳥尾は和歌山藩の兵制改革を指導するなど、全国的な兵制確立に視野が向いている。その両者が、三藩親兵の創設を経て、抜本的な改革を急務と考えるようになったのである。

山県自身は、大村の後を継いで兵制の統一に苦心していた。木戸に対して、かねてから政府の断固とした姿勢を求めている。山県は木戸に宛て、秦の始皇帝に学んだ「暴断暴行」が必要と書いていた。全国の人心が「一時戦慄仕候様無之ては、大有為の目途には達不申」とある（『松菊木戸公伝』下）。それゆえ、野村・鳥尾から廃藩断行論を聞かされた山県は、その場で両者の意見に同意。山県は、最初に木戸に廃藩断行をせまり、つぎに同じ参議の西郷隆盛にもちかける段取りを野村と鳥尾に話した。木戸に対しては、まず木戸が信頼する井上馨に話し、井上から説得させる方法を勧めている。

かくして野村と鳥尾は、井上を日本橋兜町の屋敷に訪ねた。二人は井上から食事を勧められたが、それを断わっている。食事を終えた井上に対して、話を聞いてくれなければ首を頂戴するか刺し違えるつもりだと切り出した。私事の行状を詰問されるのかと思った井上が聞き返すと、二人は国家の大事に関する話だと答えた。そこで井上は、「藩を廃して県を置くという議論だろう」と、図星にしたという。よく知られている逸話である（拙著『廃藩置県』）。

ともあれ、井上は二人の来訪の目的が廃藩問題であることを見抜いた。大蔵省をぎゅうじっている井上も、財政・経済上の課題から廃藩を考えていた。井上は、藩札処分などの財政政策を行う実際の過程で、ぜひとも「廃藩立県」をやらなければならないと思っていたという（『世外侯事歴維新財政談』中）。それゆえ井上は、廃藩断行に全く同意である。井上は、木戸の説得を約するとともに、野村と鳥尾に西郷や大久保の動向を尋ねた。最初に西郷の同意を得る必要を語っている。

西郷の同意　井上の回答は山県へ伝えられ、山県は明治四年七月六日、蠣殻《かきがら》町にある西郷の屋敷を訪ねた。いうまでもなく、井上の助言に従って西郷を説得するのが目的である。そこでの山県と西郷の会話は、『含雪山県公伝』や大久保利通の次男の牧野《まきの》仲顕《のぶあき》の『回顧録』が詳しい。山県は兵制改革の経緯を述べ、制度改革を断行するためには、「封建を打破して郡県の治を布かなければいかぬだろう」と西郷に語った。そして「廃藩置県に着手されてはどうだろうか」と核心を衝く意見を述べた。西郷の答えは、山県にとっても意外だったようだ。「実にそうじゃ、夫《それ》は宜しかろうが、木戸の意見はどうか」という答えである。そこで山県は、まずはじめに貴下の御意見をうけたまわりたいと迫った。西郷の返事は、「夫れは宜しい」である。一言で宜しいと言われ、山県が呆気にとられたというのである。

このような西郷の廃藩にそくざに同意した姿勢は、西郷自身が封建的領有体制の限界をさとっていた点にあると思われる。鹿児島藩が膨大な士卒の給養を保証し、その力を温存するには限界があった。鹿児島藩兵を親兵として政府の直轄下に置いたとき、その維持のためには、領有制そのものに対する思い切った変革もさけられない。

西郷は廃藩置県後、鹿児島の桂久武（四郎）に宛て、同時期の熊本藩知事の辞職願、さらには丸亀藩知事や兵部省の建言書などを送っている。そして「天下の形勢余程進歩」いたし、「是迄因循の藩々却《かえつ》て奮励」として、「殊に中国辺より以東は大体郡県の体裁に倣《ならい》候模様に成立」と書いた。すでに長州藩知事が知事職辞表の草稿を作成するようになっていたと伝えている。旧藩側を説得するような文面ではあるが、版籍奉還を上表した四藩が実績をあげないようでは、「大に天下の嘲哢を蒙」るだけでなく、「朝廷」を欺くことになると記した。「天子の威権」と「国体」を維持することが欠かせない。数百年来の御恩を考えると廃藩は私情において忍びがたいが、人力では廃藩への流れをくい止めることができない。廃藩置県が「天下一般帰着する所」と書き送ったのであった。

木戸の心境　一方、明治四年七月六日に井上馨の訪問をうけた木戸の日記には、「今日井上世外と前途の事を議す、西郷の在所向」とある。木戸はまだ西郷の動向に半信半疑であったようであるが、急転回の事態に胸のつかえが降りた思いをした。西郷の同意が得られるものであれば、木戸も廃藩断行はまさにのぞむところである。

すでに木戸は、『新聞雑誌』を通じて、郡県制への移行を強調していた。木戸の意向をうけた長三洲が、

「静妙子」の名で「新封建論」を発表している。郡県制の利点を論じ、偏固の心をすてて天下の力と財を一にするように説いていた。「尾大の弊」を指摘し続けた木戸は、藩力が政府の障害とならないことを念頭におき、一方で三藩の協力のもとに最終的に廃藩の方向に進めようとしている。そして木戸は、前述のように六月十一日に岩倉を訪問し、版籍奉還をさらに大きく前進させた第二段の改革を断行するように論じていた。三治一致の徹底を説き、段階的に廃藩へ向かうことを求めたのであった。

その木戸が、それまで廃藩断行を直接に口に出さなかったのは、鹿児島藩の不穏な動向とみずからの慎重な心配性に起因する。全般的廃藩の断行にはやはり危惧があった。政府を実質的に運営していかなければならない参議としての立場もあった。木戸や大久保利通の廃藩置県に対する心境は、「やりたいと云心は皆有るけれども、やって是が遂げらるるや否やといふ事が、非常に苦心であった」(『伊藤博文全集』)という。

それゆえ、木戸は七月七日、もっとも懸念された西郷が、山県の説得で廃藩に同意したことを井上から知らされた折の喜びは大きい。木戸はその心境を、「大に為国家に賀し、且前途の進歩も亦於于此一層するを楽めり」と記した。そして木戸は、これまでの苦心に思いをはせた。封建制度を打破して全国の力を一にしようとしても、理解が得られない。やむえずいったん「朝廷」へ封土を返上した上で、「大に名分を可正」という「用術施策」を駆使した。大久保利通の協力を得ることに成功したが、その首唱者が木戸とわかると、木戸を「可殺の説」が少なくなかった。それも今日に至って、「先年非するものも亦是となる、敵たるもの為援」ようになった。予想外の「時勢の進遷」についての感慨が強い。快然の思いに浸ったのである（『木戸孝允日記』二）。

一方、大久保も七月六日に事態の急変を聞かされた。西郷は山県と対談したその日のうちに、大久保へ廃藩論を伝えている。西郷は翌八日の制度取調会議に出席し、同日に木戸と西郷は、廃藩問題について直に話し合った。西郷はその日も大久保と会合を重ね、みずからの見解や廃藩についての木戸の考えを大久保へ伝えている。大久保の八日の日記に西郷の来訪を記し、「山県より大英断云々示談の趣、木戸においても同意」とあるのがそれを示す。

木戸はその後、山口藩邸で藩知事毛利元徳から、時勢についての議論を聞かされた。元徳は藩知事辞職の上表を企図し、木戸は元徳に自重を促している。元徳は、前知事敬親の「遺表」をうけて、また政府から国事諮詢を命じられたこともあって、藩知事辞職の上表提出を企図するようになっていた。木戸は「知事公の御進歩」に感動するとともに、藩内の混乱を危惧して、元徳に慎重な対応を求めている。西郷との合意が確認でき、最大の障害が除かれた上は、元徳が藩知事辞職の上表を用意した決意だけで、この段階では十分だったのである。

薩長実力者の秘密会　明治四年七月九日は、前夜からの大暴風雨で東京中が大荒れであった。木戸は十時に参朝したが、制度取調会議は欠席が多くて流会となっている。議論がまとまらず、延期が続く。夕刻には四番町の木戸の屋敷で鹿児島・山口両藩実力者の会議が秘密裡に予定されていた。五時からの密議は、なんとか暴風雨もおさまり、開催にこぎつけている。鹿児島藩側からの出席者は、西郷・大久保と西郷従道・大山巌である。山口藩側からは木戸・井上・山県が参加した。もちろん木戸と西郷・大久保が主役である。井上が書記役で大山と従道は別室に控えていたようだ（牧野仲顕『回顧録』）。

この九日の会談は、木戸の日記によれば、「廃藩論の順序を論ず」「諸氏同意談論及十二字」とある。大久保は日記に、「大御変革の御手順の事、且政体基則の事種々論談す、凡《おおよそ》相決す」と書いた。木戸は、廃藩の発表について、諸藩の知事の上京を待つことなく、迅速にいっせいに発令するように論じた。東京を離れてそれぞれの管轄地にいる知事に対しては、廃藩の発令後に上京を命じるように主張している。そうすれば「天下諸藩形情」が判然となる。上京の遅れや不服な姿勢をみせた藩に対して、断固たる処置が可能になると論じた（『木戸孝允日記』二）。

井上の回顧によれば、この密議では、公卿や諸侯が相手なので、故障が発生した時にはどうするかという点が議論となった。結論は、廃藩が断行できないなら、全員が連袂して辞表を提出するということに決した。廃藩断行の際の障害に対しては、軍事力の行使をも覚悟している。兵員は西郷が、資金については井上が担当することになったという（『防長回天史』第六編下）。深夜にまでおよんだ鹿児島・山口両藩の実力者の密議で、廃藩置県断行のおおよその合意ができあがったのである。

この間、密議は鹿児島・山口両藩出身者に限られ、三藩提携を約した高知藩には知らされていない。三藩提携が親兵の結集を主としていたとはいえ、政府強化の一翼を担っていた高知藩が密議から除外されていたことは興味ぶかい。高知藩が、前述のような熊本・米沢藩などの有力藩と提携し、「朝権一定」を画策していたことが、その理由となるのかもしれない。また岩倉は鹿児島・山口両藩が決断することで、政府内のすべての改革が成功につながるとの考えが強かった。それは版籍奉還の際、木戸がまず鹿児島との調整を第一とし、鹿児島から口火を切るように画策していた点にも象徴される。勅使の派遣も鹿児島・山口両藩に限られている。西郷・木戸も、やはり薩長盟約以来の鹿児島・山口両藩の提携を重視する意識があったように思われる。

そして、鹿児島・山口両藩実力者が密会した七月九日以降、廃藩置県を前提とした当面の政府改革が引き続いて極秘裡に検討された。木戸は十日に、制度取調会議の事務推進役の江藤中弁に対して、理由を秘したままにしばらくの欠席を伝え、そちらを棚あげにしている。木戸は同日、大久保のもとで西郷を交えて廃藩置県後の人事を相談した。人選は意見の対立が多く、翌日、大久保から議論の継続を求められ、木戸の不在中に大久保・西郷と山県が木戸のもとに来訪していた。対立した点は、おもに廃藩後の政体のあり方、および高知藩の板垣退助と佐賀藩の大隈重信を参議に登用することに関する点である。とくに人事で大久保は、大隈を参議に任ずることに反対であった。木戸と大久保・西郷との密議は十二日も継続している。互いの異論があっても「如此《かくのごとき》大事件」では十分な合意がむずかしいとして、先に大略を定め、細目は後日に議論を行うこととした。そして現段階の合意を木戸と西郷が三条実美へ上申し、決定を得ることになった。大久保も、今日のままで瓦解するよりは、「寧《むし》ろ大英断に出て瓦解いたしたらん」との心境になっている（『大久保利通日記』二）。

廃藩断行を三条に伝えるに際しては、まず三条の同意を引き出し、上奏宸裁を得てその後に岩倉に知らせるという考えがあった。廃藩に慎重な見解をもっていた岩倉への連絡を遅らせようとする意見である。しかし、木戸は異論を呈した。木戸は岩倉が発足以来の政府の柱石をになっていたことから、事前に知らせないのは忍びないと主張している。そして、十二日に木戸と西郷が三条を訪ね、岩倉に対しては木戸と大久保が密議の結末を告げに向かった（『木戸孝允日記』二）。

木戸は十二日、藩体制の急進的な解体論者であった大阪の伊藤に宛て、「御一新以来の宿志」が達成に至ったことを告げ、「聊成功を相楽申候」と書き送った（『木戸孝允文書』四）。岩倉は十二日、大久保に宛て、何分にも意外な大変革で「恭悦と申迄もなく候得共《そうらえども》狼狽」と書き送っている（『岩倉具視関係文書』五）。それに対して大久保は、王政復古のクーデターにのぞんだ時と同様の決死の心境にあると、不退転の決意を岩倉に書き送った（『大久保利通文書』四）。三条・岩倉らの動揺に対しては、疑心することなく、必ず廃藩置県への「裁断」を下されるように釘をさしたのである。

4　廃藩断行と木戸孝允

廃藩置県の断行　明治四年（一八七一）七月十四日の朝、鹿児島藩知事島津忠義、山口藩知事毛利元徳、佐賀藩知事鍋島直大、そして高知藩知事山内豊範の代理板垣退助は、礼服を着用して参朝した。最初に呼ばれたのは、二年前に版籍奉還を上表した四藩である。

天皇が午前十時に小御所代《こごしょだい》に出御し、右大臣三条実美が勅語を宣した。四藩の版籍奉還の首唱を嘉尚し、新たに藩を廃して県を置くことになったとし、天下の大勢を察して勅意をくみ、翼賛すべしと命じた。ついで、名古屋藩知事徳川慶勝、熊本藩知事細川護久、鳥取藩知事池田慶徳、徳島藩知事蜂須賀茂韶が同様に呼ばれた。勅語は慶勝などが郡県制の樹立を建議していたことに対し、それをとくに「衷誠」の行為であると嘉尚している。

そして、大広間に勅語を下された島津忠義・毛利元徳をはじめ、在京中のすべての藩知事が呼びだされた。午後二時に天皇が出御。集まった五六人の藩知事を前にして、三条が左のような詔書を宣した。

朕惟《おも》ふに更始の時に際し、内以て億兆を保安し、外以て万国と対峙せんと欲せば、宜く名実相副ひ政令一に帰せしむへし、朕曩《さき》に諸藩版籍奉還の議を聴納し新に知藩事を命じ各其職を奉ぜしむ、然るに数百年因襲の久き或は其名ありて其実挙らざる者あり、何を以て億兆を保安し万国と対峙するを得んや、朕深く之を慨す、仍《よつ》て今更に藩を廃し県と為す、是務て冗を去り簡に就き有名無実の弊を除き政令多岐の憂無らしめんとす、汝群臣其れ朕が意を体せよ（『太政官日誌』明治四年、第四五号）

廃藩置県が断行され、二六一藩がいっせいに廃され、県とされたのである。詔書には、廃藩を行う大義名分が、万民を保全し諸外国に対峙するためとされている。王土王民の精神にもとづいて、有名無実や政令多岐の弊害をなくすことが急務になったと明記された。

この日、木戸孝允は参議として三条右大臣のかたわらに座していた。木戸は、五六藩の知事たちのなかに、廃藩置県の詔を平伏拝聴している旧主毛利元徳をかいまみた。木戸はその日記に、「山口知事公（元徳）には五六藩中に在て斉く平伏拝聴、実に我海岳も不及高恩を蒙りし君也、感情塞胸、不知下涕涙」と書いている。毛利元徳は、華・士族の称を廃してすべてを平民とし、家禄を政府におさめて郡県の実をあげるように求めた辞職願いを上表していた。木戸は、藩知事の多くが大勢を理解できずに守旧的な姿勢であったのに対して、元徳が「能く忠正公の御宿志を告げさせられ、補佐朝廷天下を保安するの御志甚厚く」で、あったことに感涙している。そして木戸は日記に、版籍奉還以来の苦心を改めて書いた。藩内から寄せられた「危疑誹謗」、徳川将軍からの判物を「天子の璽章《じしょう》」に改める「一の謀略」、「世襲知事の名目有之」に対する「百方抗論」などである。その苦心と心労も、「先年余を敵視せしもの却て余の力を助け、不知々々宿志の達する期に至る、実に人世の事不可期」であった。「七百年の旧弊」が改められ、はじめて「世界万国と対峙」の基礎が定まるとの喜びに浸ったのである。

この廃藩置県断行では、旧藩の大参事などに、それまでの事務処理を当分のあいだ続けるように命じた達が発せられた。管轄地にいる旧藩知事に対しては、九月中に帰京するように命じている。その文面は、廃藩置県の前日に、木戸と大弁坊城俊政《ぼうじようとしただ》、田中不二麿《ふじまろ》・土方久元両中弁、巌谷《いわや》脩《おさむ》大史らが密かに準備した。その際、田中が「帰京を命ずとした方が好い、東京が基にならなければいけない」と主張し、「帰京を仰付けらる」との発表に改められたという。

廃藩置県断行の翌十五日には、知事が在国中の二百余の旧藩の大参事などが招集された。やはり天皇が詔書を宣している。この結果、二六一藩はそれまで設置されていた県とあわせて三府三〇二県体制となったのである。

また、廃藩置県と同じ十四日、政府は各種の藩札に対し、同日の相場で政府の金札と引き替えることを達した。旧藩知事に対しては、皇室の藩屏としての華族の地位と家禄を保証した。

一方、この十四日には、詔書に先き立って高知藩出身の板垣退助と佐賀藩出身の大隈重信が参議に任ぜられていた。岩倉は先に郡県断行を建白した鳥取・徳島・熊本藩などについても、とくに公平な配慮を求めていたが、それらの藩には「衷誠」の行為を嘉尚した勅語をあたえたにとどまっている。廃藩置県は、鹿児島・山口両藩の実力者のうちで極秘に進められ、高知・佐賀両藩がそれを翼賛するものと位置づけられたといえる。

廃藩置県断行の翌十五日には、大臣・納言・参議や各省の卿・大輔などの会議が皇居の大舞台で開かれた。主な議題は廃藩置県後の処置であったが、議論が百出し、いずれも声高となったという。だが、この議論紛紜も、すでに廃藩を既定の事実とし、それから一歩も後退するものでなかった。遅れて議場に入った西郷は、しばらく周囲の意見を聞いたのち、「此の上、若し各藩にて異議等起り候はば、兵を以て撃潰しますの外ありません」と、大声をはりあげた。西郷の断固とした決意である。廃藩を当然のこととし、周囲の不安を一蹴した。それは、西郷ならではの千両役者振りであり、名舞台であった（拙著『廃藩置県』）。

意外な結末　廃藩置県断行の七月十四日、山口藩知事毛利元徳は小御所代で勅語を拝し、大広間で三条右大臣の宣する詔を聞いた。元徳は、廃藩置県直前に華士族の称を廃し、郡県の実をあげるように求めた辞職願書を提出している。それは、まさに木戸が記したように「朝廷天下を保安するの御志甚厚く」であった。

しかし、多くの華族たちは、廃藩置県の突然の発表がまさに晴天の霹靂であった。このような旧勢力のなかで、もっとも強く反発したのは、よく知られている鹿児島の島津久光であった。久光は、それまで政府の進める急進的な改革に対しても、たびたび不満を表明していた。版籍奉還に対しても、強く反発した。

大名がそれぞれ所領をもち、兵馬の権を握るのが全国の強化につながるとの主張である（『大久保利通文書』四）。久光は四月に西郷が上京する際、廃藩の動きに荷担しないように命じたというが、それはみごとに無視された（『昨夢記事』）。久光は、廃藩置県の断行を知った日、怒りを爆発させ、屋敷内で花火を打ちあげさせたという。

久光の反発は、その後も続いた。鹿児島から伊地知正治が上京し、大久保または西郷に帰県を求めている。政府は九月に久光に対して、戊辰戦争の賞典禄一〇万石のうちの五万石を家禄とし、別に一家を立てることを特旨をもって許した。久光を従二位、前藩知事忠義を従三位に叙している。

また、高知藩では、一部に釈然としない不満を生じた。板垣は、卒然と廃藩の詔書を下さずとも、同時期の諸藩の動向はすでに廃藩を求める方向に到達しただろうと後述している。廃藩置県を集議院の討議にかけて、公論の採決で実施すべきとの主張である。そこには、廃藩置県が鹿児島・山口両藩の出身者によって秘密裡に画策されたことへの反発がある。同藩は、鹿児島・山口両藩と同様に政府へ親兵を差し出していた。そして米沢・福井藩などとも連携して、「朝権一定」と議院開設を目的とした運動を進めていた。板垣自身は参議に抜擢されたが、高知藩の立場からは、寝耳に水の廃藩置県断行に不満が残ったのである。この点、佐々木高行も「孰れ断然たる御処置は当然」としながらも、「少し早過ぎたるべし」と記した。佐々木は、諸藩からの知事職辞退が増加していたとし、政府がもう少し上手に誘導すれば、無理のない一致した廃藩置県に至ったであろうと語っている（『保古飛呂比』五）。

もっとも、廃藩置県は、多くの士族にとって「歎息の外」にどうしようもない事態で、全体に大きな混乱もなく断行された。一部に物議沸騰という憤懣も見られたが、直ちに武力蜂起を起こすまでに至っていない。逆に旧米沢藩の場合は、旧藩知事上杉茂憲の名で、「皇国御大事」の際の非常の「宸断」で、「誠以て御尤至極」という告諭を発した。「朝権一定」に尽力してきた同藩は、廃藩置県断行を当然の帰結と理解し、「朝廷へ忠節」という「是迄の宿志」が実現したとして、「大慶の事」と説いている（拙稿「明治維新の政局と米沢藩政」）。山口藩をはじめとして、福井、鳥取、徳島などの諸藩でも、旧藩知事みずからが廃藩置県を高く評価し、藩内の動揺を戒める告諭を発していたのである。

木戸は、以上のような旧勢力、とりわけ諸藩の反抗が回避できた事態の中で、その安堵の思いを海外にいる留学生に伝えた。イギリス在留の河北俊弼《としすけ》に対しては、廃藩置県の発令に、「格別驚き候ものも無之」とし、「版籍奉還を謀りし時に比すれば人心の動揺意外に御座候」と書き送っている。「人智の進遷」と記し、「皇国の大幸と竊《ひそか》に喜悦仕候」と、その心境を記した。木戸は、廃藩置県が守旧派層の反撃をうけることなく断行され、その意外な結末になによりも胸をなでおろしたのであった。

5　太政官三院制の成立

太政官三院制と木戸孝允　廃藩置県の断行は、明治四年（一八七一）春以降の懸案となっていた政府改革に大きな影響をあたえた。制度改革は人事を先行することとして、六月二十五日に木戸孝允と西郷隆盛が参議に任官したが、その後の制度取調会議は空転を続けた。廃藩置県断行の七月十四日には、廃藩の発令に先き立って大隈重信と板垣退助が参議に登用されている。六月二十七日の大久保利通の大蔵卿任官に続いて、岩倉具視が外務卿、大木喬任が民部卿、井上馨が大蔵大輔、山県有朋が兵部大輔に任用された。そして七月二十九日には、正院・左院・右院を設置するいわゆる太政官三院制が定められたのであった。

この新たな太政官制の中心におかれた正院《せいいん》は、太政大臣・納言・参議などから構成された。正院は、天皇が親臨して万機を総判し、大臣・納言が輔弼し、参議がこれに参与して庶政を「奨督」する。立法・行政・司法に関する最高決定権があたえられた。左院は議員と書記を置いて諸立法を議する機関とされた。右院は諸省の卿（長官）と大輔が当務の法案や行政上の利害を審議する場とされている。

このような太政官三院制の創設は、正院と諸省長官局および議事局を置こうとする方向で、諸省長官局が右院、議事局が左院であった（『保古飛呂比』五）。議事局を設ける方策は、議政官・枢密官（参議官）の意義を主張した木戸の考えに近い。制度取調会議をふまえた決定であり、太政官三院制そのものが木戸説を修正採用したものといえる（原口清「明治初年の国家権力」）。木戸はイギリス公使館のアーネスト・サトウに、三院制の重要な意義が、左院を設けることにあったと語っている。木戸は、自由主義的な「政体書」の制定と、その反動ともいうべき「職員令」の後退を経験した試行錯誤の結果、「諮問機関」である左院の創設に至ったと説明したのである。

また、諸省の改革は、すでに七月九日に刑部省と弾正台が廃されて司法省が創設されていた。廃藩置県後の七月十八日には大学が廃止されて文部省が置かれている。木戸は十九日の日記に、「今日漸政府上の位置相決せり」で、「諸省の章程等相定る所あらむ」と記した。二十三日には「太政官中の職制」の決定に漕ぎ付けている。新たな七省は、外務・大蔵・兵部・司法・文部・工部・宮内省であった。八月には神祇官が神祇省に改められ、太政官が名実ともに最高官府となった。納言が廃止されて左右大臣とされている。左院に副議長が置かれ、議員が大・中・少議官と改定された。

この明治四年七月の太政官三院制にともなう人選では、太政大臣は三条実美で、岩倉などの少数の公家出身者を例外として、それ以外は鹿児島・山口両藩に高知藩と佐賀藩を加えた四藩の下級士族出身者で占められた。

木戸は、この時期の主な人事に関与したようであるが、木戸は人選の渦中で新たな苦難に直面している。すなわち、木戸は徳川慶喜を外務省中に登用しようとしたが、成功していない。その人事で廃藩置県による「天下統一の形」を内外に示すものと考えたようであるが、具体的な進展がないままに終わっている。またイギリス留学から七月十五日に帰国した河瀬真孝を工部少輔に抜擢し、山尾《やまお》庸三《ようぞう》・井上勝を工部大丞に任じたが、これも工部省内の混乱を引き起こした。木戸は八月六日、大隈重信・後藤象二郎らと蒸気機関車の神奈川からの部分開通に試乗している。木戸は、鉄道建設を支援し、「今日成功の一端を見るに足る、不堪喜」であったが、東京にもどった七日にも工部省の「協和一定」できない紛議に苦しんだ。明治三年閏十月に設置された工部省では、山尾が中心となって鉄道建設等に尽力しており、結局、河瀬は侍従長となっている。鳥尾小弥太も木戸と衝突し、木戸は陸軍少将に任じた鳥尾を四年十月二十七日に大阪出張の兵学頭に転じている。

木戸にとって、河瀬や山尾・鳥尾らは、いずれも山口藩出身の若手官僚である。木戸の願いは、彼らの対立・確執に振り回され、頓挫している。少壮有志の将来の世話をしても、逆に手を噛まれるような事態に嘆息が続いた。木戸は、頭がちに開化を唱えて紛議を引き起こす若手官僚の仲介に苦心し、「衰弱気力の消え果申候」と、みずからの勇退を願うようになっている（『木戸孝允文書』四）。

大蔵省の強権　廃藩置県直後の三府三〇二県体制の改革は、政府の急務の課題であった。改革を効果的に進めるためにも関係諸機関の統一が必要で、大蔵卿の井上馨は大蔵省と民部省の合併を推進している（『世外侯事歴維新財政談』中）。だが、大蔵卿に就任していた大久保利通は、明治四年七月十九日に木戸を訪ね、辞意を表明した。「会計の事暗く当職に安せさる」という。同省の人事と機構改革を急進派の官僚層に握られ、名目だけの大蔵卿になっていることへの大久保の不満である。井上は、大蔵卿辞任を願い出ていた大久保に対し、逆に民部・大蔵両省の合併の急務を説いて、留任を説得している。井上は、大蔵省の人事・改革について大久保の希望を全面的に受け入れている（『大久保利通文書』四）。そして、大久保の辞意を撤回させるとともに、代わりに大久保から民部・大蔵省の合併についての同意を引き出した。大蔵卿には改めて大久保が、同大輔には井上が就任している。

七月二十七日の合併後の大蔵省は、二寮七司となった。租税寮と造幣寮の二寮、および勧業・統計・紙幣・戸籍・駅逓《えきてい》・出納・営繕の七司である。そして八月十九日には、造幣・租税を一等寮、戸籍・営繕・紙幣・出納・統計・検査を二等寮、記録・駅逓・勧農を三等寮とし、一一寮と正算司の一司に改めた。諸省に比して卓越した規模である。新たな職制では、大蔵卿は全国の民事・財政の適正化をはかる責任を持った。奏任官身分以上の府県官員の任免に関与する一定の権限も掌握している。

一方、この太政官三院制では、太政大臣が天皇を輔翼して庶政を総判する直接的な責任を負い、天皇に責任をおよぼさないこととされた。各省の卿は、省務において独立した責任を持ちながらも、最高決定機関である正院に加わっていない。それは必然的に、正院と諸省とのあいだの結びつきを弱めていく。太政大臣・納言・参議から構成される正院は、実務にたずさわる諸省からうきあがり、諸省を十分に統御できない事態を生じる。そして大蔵省の強権は、やはり太政官三院制を混乱させる要因となった。大久保は民部省を吸収合併した直後、伊藤博文・渋沢栄一《しぶさわえいいち》らの急進官僚層を中枢から排除したが、多くは短期間に復帰している。廃藩置県後の膨大な財行政の遂行には、省務に通暁した官僚層の力が欠かせず、結果として強大な大蔵省と諸省との対立を引き起こしたのである。

府県の統合・整備　強権を掌握した大蔵省のもとでは、廃藩置県後の府県の統合、府県制の整備が進められた。廃藩直後の明治四年七月二十四日、早くも大蔵省は、この新設の県に対し、官員を出張させて会計などの監査を行うことを予告し、諸帳簿の提出を命じている。そして、大蔵省は九月初旬に三府三〇二県をいっきょに四分の一以下の三府七三県とする府県区画案を作成した（大島美津子「大久保支配体制下の府県統治」）。

この大蔵省の府県区画案は、さらに修正が加えられ、十一月に三府七二県の設置が布告された。新たな三府七二県の区画では、旧山口藩領を三田尻県と豊浦県に分けた大蔵省の原案が修正され、結局は両県案を合併した山口県となった。旧高知藩領の高知・中村両県分割案は合併して高知県となっている。その府県区画案は、旧有力藩中心の区画で、古代からの国制が重視され、旧来の大和・駿河・甲斐・紀伊・阿波など、概して一国の規模がそのままの県域となった。

木戸孝允は、八月八日の日記に「今日元大藩の県を割て或は二県或は三県となすの議を発せり」とし、「過日西郷参議には相論し同人も大に同意、尚同僚へも此議を語れり」と記していた。留学中の品川弥二郎に対しては、「此上は大藩を分ち、薩は三つ、長は二つ、加州は三つと申よふに県庁を立、小藩は相合し、大略小百の県庁位にて相済」と、書き送っている（『木戸孝允文書』四）。しかし、「長は二つ」とされたが、木戸みずからの出身の旧山口藩でも実行できていない。山口・鹿児島などの旧大藩の地域は分断されることがなく、逆に近隣の旧中・小藩を吸収した県となっている。大蔵省の中央集権化を進めようとする企図に対し、地方で力を温存しようとする旧藩勢力の意向が反映した結果である。

府県の名称は、大蔵省原案で大藩名を転用するものとされた一八県名が取り消され、代わって郡名が県の名称に用いられている。十一月の新県設置後は、旧藩名をそのまま用いた仙台県や福井県などの地方長官から、諸事一新を進めるためとして、県名の変更を求める願いがあいついだ。県名の変更は、旧藩の影響力できるだけ排除しようとする政府の企図であり、知事や参事に着任した地方長官の諸事一新の願いを反映したものといえる。

さらに政府は、府県の統廃合と軌を一にして、統一的・集権的な地方統治機構の確立をはかった。十月二十八日には、「府県官制」を定め、府知事を勅任の三等官、県知事および府権知事を奏任の四等官とし、開港場のある知事はとくに勅任官とした。庁中事務は租税・庶務・聴訟の三課に分けている。追って県知事は、十一月二日に県令と改めた。ついで政府は、十一月二十七日に「県治条例」を布達した。そこでは、

「県治職制」「県治事務章程」「県治官員並常備金規則」が具体化している。

また政府は、府県の末端支配に関して、明治四年四月に戸籍法を布告し、地方に数町村をあわせた戸籍区を設け、戸長を置くことを指令した。この戸籍法にもとづく区と戸長制度を活用し、大区に区長、戸籍法の小区に戸長を置く大区・小区制を具体化している。大区・小区制のもとでは、戸長が戸籍に限らない民政全般にかかわるようになる。五年四月に旧来の名主・組頭が廃止されて戸長・副戸長に改められ、小区の戸長との統一がはかられた。そこでは、区長と戸長が人民支配機構の末端に位置づけられたのである。

地方官の人選は、三府七二県への統合が断行された十一月とその直後に、おもな府県官員の任命が行われた。廃藩置県直後の大蔵省では、府県庁の人事については大参事または権大参事を一県に一人ずつ選んで赴任させ、その後に官員を精選することとしていた。四年十二月段階の府県長官は、鹿児島出身者の九人、高知六人、佐賀四人に比較して、山口県出身は二人と少ない。有力藩出身者の突出を抑える立場から、井上大蔵大輔は山口県出身者の登用を当初は抑制したようだ。また熊本・高知・福井・佐賀・岡山・静岡などの大藩を核に形成された県の地方官員の任用については、その県域の旧藩からの登用が多い。大蔵省などの旧弊刷新と中央集権化の企図は、概して戊辰戦争の際に「朝敵」とされた藩や中・小藩の地域で貫徹されている。しかし、討幕派の有力藩や大藩の地域では、なお旧藩の体質を否定する刷新人事に困難がともなったといえる。

宮廷の改革　廃藩置県に前後して、政府内ではかねてからの懸案となっていた宮廷改革を断行した。大久保はすでに明治二年（一八六九）十月、鹿児島の新納立夫に宛て、草創期に政府が任用した公卿や諸侯の弊害を書いていた。とくに維新官僚にとって、旧態依然とした公卿などの「縉紳《しんしん》家の弊習」が、急務の課題であったことはいうまでもない（『大久保利通文書』三）。政府は明治三年末に、宮・旧堂上華族や旧官人などの削禄処分を実施したが、女官の整理をはじめとする宮廷改革は、なお懸案となって残されていた。それゆえ、廃藩置県とその後の政府強化は、天皇をかこむ華族層を取り除き、維新官僚を天皇に直結させる契機になったといえる。

西郷もかねてから宮中の華奢・柔弱な弊風をなくすこと、剛健で清廉な士族によって天皇を輔導することを主張していた。明治四年七月七日には、大久保の腹心であった鹿児島藩出身の吉井友実が宮内大丞に任じられている。大久保は前述の中務省の設置をとなえた際にも、吉井の登用を主張していた。

この吉井は、さっそく宮内省改革案を作成している。そして、政府は廃藩置県直後の七月二十日に徳大寺実則を宮内省出仕とし、八月には士族の村田新八（経満）を宮内大丞、世古延世《せこのぶよ》（格太郎）を宮内権大丞に任じている。七月二十四日には、さらに宮内省官制を改め、侍従長・大監・少監などを新たに置いた。旧熊本藩出身の米田虎雄や旧高知藩出身の高屋長祥《ながよし》らの士族も、侍従に登用している。八月一日にはすべての女官が罷免され、新たな人選が行われたのであった（『大久保利通文書』四）。

木戸は八月十八日、天皇の浜離宮の延遼館での西洋料理に陪席した。当日の天皇は三条・岩倉邸へ行幸し、浜離宮で放鷹・網打などを観覧している。兵部省軍楽隊の演奏が行われ、木戸は「天顔麗敷被為在《うるわしくあらせられ》、其盛なる実に不堪感涙」と、その感激を記した。「今日の盛事」を「国事に斃《たおれ》し亡友等」に見せられない悲哀を「痛歎」している。

天皇親政については、正院のメンバーや諸省の卿が、天皇の前で一ヵ月に三回ずつ「御政事の得失等討論」することが内定した。まさに、廃藩置県後の改革のなかで、政府の中枢や宮中から華族勢力を排除し、天皇を名君となるように輔導して、国家権威の中核とすることが強く推進されている。

そして天皇は、明治五年（一八七二）五月から七月にかけて、近畿・中国・四国・九州の西日本を巡幸した。天皇巡幸の企図に、政府に批判的な島津久光らの華・士族の慰撫があったことはいうまでもない。政府は天皇の神権化を強調するとともに、政治的危機の際には巡幸などを通じて民心の安定をはかり、同時に豪農・豪商を国家支配の末端に組み入れていったのである。

五　木戸孝允の米欧回覧

1　岩倉使節と木戸孝允

岩倉使節と木戸副使　列強諸国の外圧のもとで発足した新政府は、対外面での国家的な自立を課題としていた。明治四年（一八七一）年五月には、外務卿副島種臣を樺太の国境交渉のために箱館に派遣し、伊達宗城を清国へ派遣して日清修好条規を調印している。また、幕末の和親条約で片務的な最恵国条款を許し、通商条約で領事裁判権が規定され、関税自主権を失ったことで、新政府は条約改正を急務の課題としていた。この点、政府は国内法の整備を進め、三年十二月に新律綱領《しんりつこうりょう》を制定している。そして外務省は、米国やオランダとの条約改正が五年五月二十九日（一八七二年七月四日）以降に一年前の通告で可能となることから、その準備に着手した。さらに廃藩置県後は、新たな国家的改革について、政府首脳みずからの欧米視察が不可欠となっている。とりわけ開化政策を推進した参議大隈重信は、フルベッキの進言もあって、みずからの使節派遣を希望していた。

この条約改正を課題とした遣外使節派遣は、廃藩置県後の改革をどのように主導するのかという問題もあって、人選に対立を生じた。結果は十月八日に、外務卿岩倉具視を右大臣に任じて特命全権大使とする大規模な使節団の派遣に発展する。

木戸孝允は、天皇が浜離宮延遼館を行幸した八月十八日、その陪席に先立って大久保利通と「洋行の心事を談」じている。八月二十日に右院での改正評議に出席し、翌二十一日には太政大臣三条実美から条約問題の相談を受けた。木戸は二十二日に岩倉を訪ねて「近情」を語り、当日はイギリス公使館の書記官のアーネスト・サトウが来訪して夕暮までの談話を重ねている。このころから木戸の周辺で、洋行を含めた対外交渉が表面化したようだ。木戸はかねてより朝鮮、清国への派遣を希望して政府内の合意を取りつけ、四年六月にも岩倉に渡欧を働きかけていた。廃藩置県後にも井上馨や伊藤博文に対して、自身の清国などへの派遣を要請している。それゆえ、木戸の使節への参加は、なかば既定の方向であったといえる。そして岩倉もまた、みずからが大使を命じられるや、木戸と大久保を副使とすることを望んだ。大久保は参議をはずれていたこともあって、この機会に洋行し、木戸もあわせて国外へ連れ出したいと企図したようだ。九月十三日には岩倉のもとに木戸が呼び出され、「欧行其外の事を談す」となっている。

しかし、岩倉を中心に参議の木戸と大蔵卿の大久保が使節に加わるとなると、ことは容易でない。政府首脳が一時に海外に赴くことについては、参議の西郷隆盛や板垣退助から反対が生れた。三条も木戸の残留を望み、九月十日に木戸に書を送って中止を求めるようになった。これに対しては、木戸の依頼をうけた兵部大輔山県有朋・大蔵大輔井上馨の二人が木戸の洋行に賛成し、西郷を説得している。大久保も木戸の洋行を支持し、西郷もそれを認めるようになった。それでも政府内では、「過日来洋行一条に付、紛紜《ふんうん》の情あり」という。木戸は十九日に西郷を訪ねてこれまでのいきさつを語り、西郷・板垣が三条を輔佐して内政を処理する契約を行い、木戸の派遣が内決している。九月十九日には、岩倉と木戸、および大久保利通、工部大輔伊藤博文、外務少輔山口尚芳《なおよし》の大使・副使が具体化したのである（『木戸孝允文書』四）。

一方、大規模な使節団の派遣については、その期間の政府の在り方が大きく関係するだけに、なお課題が残った。九月二十五日には、岩倉、木戸、大久保、伊藤で「洋行の順序を論」じ、各国公使の意見を検討したが、二十七日には板垣の「議論甚困迫」となっている。十月に入っても「紛紜の議論有之」で、八日にやっと木戸に「特命全権副使として欧米各国へ被差遣候事《さしつかわされ》」との辞令が発せられた。

それでも、大久保の副使任命については、大蔵大輔の井上馨が強く反対している。井上は、大蔵省の事務多端を掲げ、大久保の海外派遣の中止を求める建言を行った。木戸は大久保不在中の井上の苦心を思い、十月十七日に西郷と大隈に「大蔵省一条」の一書を送っている。十八日にも西郷と井上の間を往復して説得したのであった。

岩倉使節の出発　木戸は副使としての派遣が決まると、連日のように外務省に出かけ、条約改正に向けた調査を重ねた。使節団の使命は、第一に条約締結国元首に国書を捧呈《ほうてい》して聘問《へいもん》の礼を行うことと定められた。第二は条約改正の希望を伝えて商議すること、第三は先進国の制度・法律・理財・教育を視察することになっている。

この使命にもとづく理事官に諸省の有力者が加わり、書記官や随行員が組織された。理事官は、司法大輔佐々木高行、侍従長東久世通禧、陸軍少将山田顕義、戸籍頭田中光顕、文部大丞田中不二麿《ふじまろ》、造船頭肥田浜五郎である。書記官は外務大丞田辺太一をはじめ八名、随行員は外務大記野村靖、権少外史久米邦武《くめくにたけ》らであった。出発時の使節団四八人に加えて、五十余人の留学生も同行し、総勢一〇〇人を越える多数となっている。

十一月四日には神祇省で遣外国使祭が行われた。参内後に天皇が大使・副使に勅語をあたえ、国書を授けている。六日には送別の宴が三条実美太政大臣の主催で開かれた。三条は、「大政維新、海外各国と並立を図る時」とし、「外交内治前途の大業其成其否、実に此挙に在り」と、送別の辞を述べている。外国との交際が国家の安危に関係し、「使節の能否」が「国の栄辱」にかかわるとの思いである。新政権発足後の最初の大型使節団であり、その使命達成に向けた国家的な期待が大きい。

木戸は、出発が目前となった十月二十九日、西郷を訪ねていた。士族の「常職を解き」、「禄券等の仕法」を設ける必要を語っている。十一月七日には外務省で、朝鮮の問題への対応を山県に話し、九日には西郷を訪問し、岩倉邸で三条・西郷らに会い、「朝鮮へ着手の順序」を論じた。十日には三条実美に「内地の政務純一」に実現、士族の家禄について適宜に良法をもって安堵をはかるように要請したのであった（『木戸孝允文書』四）。

2　条約改正交渉の批判

条約改正交渉の頓挫　明治四年（一八七一）十一月十二日に横浜を出発した岩倉遣外使節団は、十二月六日にサンフランシスコに到着した。アメリカ号には、駐日公使デ・ロング夫妻も同行。二二日間の乗船で、予定より一日早い着船である。それでも日本領事館員のチャールズ・ブルックスが奔走してくれた。翌日、各国の領事館員、サンフランシスコ市長、海陸軍士官が出迎え、大歓迎をうけている。ホテルの外に市民があふれ、岩倉大使がホテルのテラスに出て歓迎に答えた。木戸孝允は当日の様子を、「楽隊旅館の前に来り楽を奏す、当地の人民数万戸外に充満し、使節の来着を祝す、此時大使楼上より報辞を述ふ」と記している。副使の伊藤博文はグランドホテルの歓迎会で、廃藩置県を念頭に置いて、日本が「戦争なくして封建制度を打破」した例外的な国であることを強調。平和的に国内が統一され、進歩に向けて前進しているとし、「文明諸国の間」に伍して行く新生日本の心意気をアピールした（『伊藤博文伝』上巻）。それに比較して木戸は、予想を越える歓迎や懇切な応接をうけ、寸暇もなくかえって心労が重なったようだ。言語はもとより「礼節も不相弁《あいわきまえず》」であったことが大きい。

木戸ら一行は、大陸横断を続けて翌年正月十八日にシカゴに入り、二十一日にワシントンに到着した。その間、鉄道が大雪で不通となり、二週間余をソルトレークに滞在している。ワシントンでは森有礼《もりありのり》少弁務使が出迎え、木戸らはアーリントンホテルに入った。二十五日には、大使・副使は衣冠・帯剣の威儀を正し、ホワイトハウスを訪問して、アメリカ大統領グラントに国書を呈した。翌日は国会議事堂に出かけ、下院の議長の演説に答えて、岩倉大使が使節団で訪問した趣旨を述べている。

聘問の礼を終えた使節は、条約問題で国務長官のハミルトン・フィッシュに会い、改正のための商議を希望した。副使の伊藤や少弁務使の森は改正に積極的である。木戸によれば、森は日本の「開化の進歩」

を示すことが必要とし、開港場数の増加、居留地の廃止、雑居の承認、輸出税の廃止など、米国が希望する方向の改正を直ちに行うように主張した。二月三日には国務長官のフィッシュに面会。「従来の景況を陳述し且条約改正の云々」におよんでいる。しかし日本側は、国書とともに全権委任状がなかったことから窮地に陥った。米国側の対応は、みずからが希望する方向での改正談判であっても、やはり改正のための全権委任状の持参が必要として、その提示を求めた。そのために、使節団中の大久保と伊藤が、急遽、日本に帰国するにまで至っている。友好国としての米国の歓迎と、条約相手国としての権益問題は、必ずしも一致しない。

条約改正と木戸孝允　木戸は、改正交渉について慎重であった。森有礼や伊藤博文は、開港場の増加や居留地を廃することが、日本の開化を示す方向として是認している。これに対して木戸は、外国人を喜ばすことはできても、すでに奪われていた権利を取り返せないのであれば、日本の「独立の体裁」を失うような安易な妥協はとても容認できないという判断である。どう考えても、関税自主権の確保や領事裁判の撤廃など、日本側の希望は達成できない。木戸は、後輩の伊藤がニューヨークから功名心にはやって「紙と筆とに託し」て指示してくることにも腹を立てた。国家と国民、天皇に対して責任が果たせないとの怒りである（『木戸孝允日記』二）。

木戸は明治五年二月十九日、岩倉大使とともに国務省で国務長官フィッシュや駐日公使のデ・ロングに会い、居留地の拡充については、「外国人を我土地法則の下に随わしむる」の方向を提示した。また、森の独断については、条約改正の重要性から書記官らの発言を促している。外務大記塩田三郎らを通じて森を抑制しようとした。これに対して、森は「憤然座を蹴って去」り、「許可を得ず旅行の事を告ぐ」といった行動に出ている。

その後も岩倉や木戸は、フィッシュと談判を重ねたが、相変わらず森の挙動に苦しめられた。三月八日に木戸は、「森等の如き、我国の公使にして公然外国人中にて、猥《みだ》りに我国の風俗をいやしめる風説あり」と記している。むしろデ・ロングなどのアメリカ側が、日本の国情を理解し、配慮をしてくれたという。木戸は、日本の若手の「洋学家」がみだりに「自主」とか「共和」を唱えることに、「軽燥浮薄不堪聞《きくにたえず》」と記したのであった（『木戸孝允文書』四）。

しかし、この改正交渉の問題も、駐日ドイツ公使のフォン・ブラントが帰国の途中にワシントンに立ち寄り、五月二十一日に木戸らに面会したことで大きく変わった。ブラントが最恵国条款の趣旨を説明して、「各国別個に談判をなすの不利を勧告」したことで、使節団の考えが明確になっている。日本が米国に譲歩した権利は、ヨーロッパ諸国にも自動的に附与される。木戸らは米国の事情に暗いために、森や伊藤に「盲従して殆ど大事を錯誤せん」としたことを知った。森は改正交渉に入った早い段階で最恵国条款の存在を知ったが、岩倉や木戸に話さなかったようだ（村松剛『醒めた炎』）。木戸は、「才子が一時の功名を求めんとせる其の説を看破しえざる時は、国家の危険を招徠すべき」と反省している。岩倉・木戸らは、ブラントに助言をうけ、森に対しては「其非を知り不都合」とし、岩倉大使が「詰問」を加えた。そして、六月十一日には、イギリス留学中の尾崎三良《さぶろう》・河北俊弼《かわきたとしすけ》がロンドンから到来。尾崎と河北は、「使節米国に長留し且国書を再議ある等の事を聞き杞憂に不堪態々ここに来り」という。やはり米国との交渉を不可とし、イギリスなど西欧列国に対する配慮を求めている。

かくして使節団は、日本からワシントンに立ちもどった大久保と伊藤を待って、条約改正の打ち切りを決定した。大久保らの全権委任状の入手が徒労に終わり、木戸もまた岩倉とともに国務長官フィッシュを訪問し、今後は条約相手国の合同会議で改正交渉に着手したい旨を伝えている。フィッシュの対応は、日本側の急転換に「甚失望の様子なれども従容不失常」であったという。木戸はフィッシュの心中をおもんばかり、辛い胸中を「百万の敵に対する」よりも難しかったと書いている（『木戸孝允日記』二）。

3　文明開化への疑問

米国の見聞　木戸らの使節団一行は、最初に到着したサンフランシスコのホテルで、シャンデリアが輝き、エレベーター・水道などの近代的な施設に目をみはらされた。市内の商店街を見学し、分析局、馬車細工所、織物場、禽獣園などを案内されている。その後もアルカタラット島に渡り、砲台や海軍施設を巡見した。市内の軍事パレードや牧場・学校なども見学している。

使節団は欧米諸国の進んだ「文明」を目の当たりにし、日本と数層の違った「開化」を認識させられた。サンフランシスコの電信機店では、ニューヨークとの往復電信を聞き、ワシントンの大雪、ニューヨークの晴天を耳にしている。木戸は神戸で、東京の広沢真臣が暗殺されたことを横浜からの電信で知らされた経験をしていた。それにしても、瞬時につながる電信の便利さ、米国でのスケールの大きさに感動している。

また、サンフランシスコでは、牧場や富豪邸宅などを案内され、優れた馬、立派な馬車に驚いた。使節団のために催された競馬会も、「争って良馬の産するに工夫し産を起すの一良法也」との感想である。入校者が一〇〇〇人を越える小学校では、その規模の大きさを実感し、男子、女子あるいは男女が入学する制度を知った。「独立不羈《ふき》」たらしむるために「一般の人智」の開発の重要さを痛感させられている。

そして、木戸は観光地はもとより学校・教会・博物館などを丹念に見学した。岩倉使節に対する応接は、議会が一〇万ドルの予算を承認し、米国民の熱心な歓迎、文明の人々が未開の民を誘導する余裕が存在する。建国一〇〇年たらずの間に、荒野を急速に開拓し、大国につくりあげたことへの米国の自負は大きい。久米邦武の『特命全権大使米欧回覧実記』は、米国の発展については、自主自治の精神を持った移民が集まり、各州が競い合って自主・独立の国を創り上げたことに着目している。広大な原野を切り開き、大河ミシシッピーに鉄橋を架したその力は、岩倉使節にとって幕末の「攘夷」の意識を一掃するショックであったようだ。

イギリスの巡見調査　明治五年七月三日にボストンを出港した岩倉使節団は、同月十四日にイギリスのリバプールに入港した。リバプールには林董三郎《とうざぶろう》（董《ただす》）・吉田清成《きよなり》大蔵少輔・大鳥圭介らが出迎え、木戸の養子で大蔵省出仕の正次郎も来ていた。ロンドンに入った木戸は、翌十五日に蜂須賀茂韶夫妻をはじめ多数の来客の訪問をうけた。十六日にはプロシヤから来訪した品川弥二郎、青木周蔵《しゅうぞう》と談じ、接待役のウィリアム・アストンの案内で外務省へ行き、ハリー・パークスを交えてグランビル外務卿に面会をした。十七日にはパークスやアストンの誘いでドーバー海峡に面したブライトンに日帰り旅行。同駅では偶然に亡命中のナポレオン三世やその家族に出会っている。

その後、岩倉使節団一行は、各地を巡見した。ビクトリア女王が休暇中で、到着が遅れた使節団一行は、その間にイギリスの調査・見聞をもっぱらにしている。木戸らは、二十三日にはパークスやアストンの案内でフラントホルトに至り、翌日に歩騎砲三兵の軍事演習を見学した。日本にも来日したという老将ホースホルは、木戸に向かって「卿等は此兵十倍を殺さすんばなすべからざるの大改革をなせり」と、語りかけた。そして、日本滞在中は、木戸らが「日本の謀反人」であったとし、「今日英国にて面会する実に愉快なり」と、笑いながら話したという（『木戸孝允日記』二）。木戸は、さらにサウサンプトンからポーツマスに向かい、同地で海軍学校や造船所を見学している。トラファルガーの海戦を記念するビクトリヤ号では、ネルソンが戦死した甲板に立ち、その最後の言葉を聞いて「実に英国の忠臣也」と書留めている。

七月二十七日にロンドンにもどった木戸は、その後にウインザー城を見学して、「古画珍器武器金銀器」を目にし、「諸室美麗驚眼」と感動した。ロンドン搭でイギリスの歴史に関心を深め、国王の即位などの関係器具、あるいは古くからの甲冑や小銃・弓などを書き写している。大英博物館では、書庫の大きいことに驚き、エジプトやギリシヤの古物に注目し、「エジフトの石棺等始て見るものにして其時代不可知《しるべからず》」とある。

そして八月末からは、四〇日余を費やしてイギリスの中部からスコットランドの各地まで巡見した。リバプールでは巨大なドックや水門、穀物揚場を見学した。「船中より五層の上の器械を以運送せり」という穀物揚場は、米国でも見ることができなかったようだ。近くのチェスターの造船所では大艦六艘やその他小船の建造を見学している。マンチェスターでは、製糸所や鋼鉄製造所を見学した。同地の製糸工場や織物工場を訪問し、職人の集会場や遊戯場を見学して、職人三〇〇〇人という会社の規模に驚いている。

さらに木戸らは、九月十日にエディンバラに到着し、古都の歴史や風光明媚な景色を楽しんだ。北海のベルロック灯台にも渡っている。女学校、新聞社、織物工場も見学。レスターの近郊では、陶器製造を見て日本を模造した製品が作られ、「当世流の邪鄙《じやひ》」なことを残念がっている。

木戸は、各地の見学でイギリスの歴史や文化に関心を持ち、その重厚な政治・社会に感銘した。ロンドン搭やウインザー城の見学で、イギリス王室の伝統と繁栄を目の当たりにしたことによる。そして、イギリスの篤実な国民性に親近感を深めた。とくにスコットランドのエディンバラでは、「土地も閑雅人民も篤実自然惜去の情あり、ホテルの主人も送て車に来り、贈菓実に如我国の風」と記している。また、イギリスの繁栄が、工業の育成とそれを背景にした貿易であることも実感した。船舶を「五大洋に航通」し、「各地の天産物を買入れて自国に輸送し、鉄炭力を借り、之を工産物となして、再び各国に輸出」するイギリスの工業・貿易の力に目を見張ったのであった。

岩倉使節一行は十一月五日、グランビル外務卿、パークス、アストンの同伴でウインザー城を訪問した。ビクトリア女王に謁見し、国書を渡している。女王は答書を返し、「天皇御機嫌の御安否」を尋ねた。さらに側の王子を指し、「先年日本に至り格別の厚遇を受けしを謝す」とある。世界周遊中のエディンバラ公アルフレッドが来日した折、日本側が皇居の入口で「祓清」めをしたことから、駐日公使パークスの激烈な抗議をうけていた。木戸はそのことを振り返り、赤面の思いをしたのかもしれない（岡義武『黎明期の明治日本』)。

ヨーロッパ諸国の見聞　木戸らは明治五年十一月十六日、ドーバーから蒸気船でフランスのカレーに上陸した。儀仗兵の「棒銃《ささげつつ》の礼」をうけたが、「英と事なり、食事中戸外にて楽を奏す」といった風俗である。パリでは、とても絵とは見えないパリ包囲の折のジオラマを見学。エジプトから持ち帰ったコンコルド広場の「一大柱石の碑」を実見した。二十一日に木戸はナポレオン廟に出かけ、歴代の帝王やナポレオンの画像・甲冑武器などを見物し、同廟に設けられている老兵院の説明をうけている。二十六日には大統領アドルフ・ティエールに会って国書を渡し、六年正月元日にもベルサイユでティエールに面会した。使節団は、普仏戦争での敗北とパリコミューンの直後のパリで、大統領ティエールの手腕に注目している。木戸もティエールがプロシャへの賠償を済ませ、「巴黎《パリ》暴徒の鎮定を以てし、国家艱難の際に尽力し」たと記した。使節団はパリコミューンを賊徒とみなし、それを鎮圧したティエールを、「老練熟達の政治家」と高く評価したのであった(田中彰『岩倉使節団』)。

そして、木戸らは二月十七日にパリを発ってベルギーに向かい、ブリュッセルに入った。十八日に王宮でレオポルド二世に面謁し、ナポレオンがイギリス・プロシヤ・ロシアと戦ったワーテルローの古戦場を見物している。二月二十四日にはオランダに入り、ライデンの博物館で日本の文物や鳥獣、ローマ時代の古物などの展示を見学した。木戸は日本で治療をうけた医師ボードインを訪ねている。三月七日にはドイツのエッセンに到着し、同地の「欧州第一」の軍需産業であるクルップに注目した。ベルリンではビスマルクに面会し、十七日の議会開院式で国王やビスマルク首相の演説を聞いている。ドイツでは、フランチカセル兵営で一小隊の調練を見学し、その整った練兵に感動した。ところが三月十九日には、日本から「帰朝云々の御用状」が到達した。帰国を求める三条太政大臣の要請である。大久保はベルリンから帰国することになったが、木戸はロシアの見学を続けることを希望している。

木戸は、四月三日にロシアのサンクトペテルブルグで皇帝アレクサンドル二世に謁し、さらに歴代皇帝の墓地を見学した。九日には育嬰院での孤児養育の詳細を学んでいる。その後、木戸はふたたびプロシャにもどり、それからオーストリアに入ってウイーン万国博覧会の開会式に参加した。ついで、イタリアのベニスに向かい、同市の図書館で、天正年間に日本からローマ法王のもとに派遣された大友・大村・有馬の少年使節などの記録を見学している。ローマではコロセウム、ポンペイでは古代遺跡を見学した。そして、スイスを経由してフランスのパリにもどり、リヨンの世界的な物産の織物産業を見学し、六月八日にマルセーユから定期船で日本に向かった。

この間、木戸は普仏戦争に敗北したフランスの混乱、戦勝国となったプロシヤの勢いを目の当たりにした。また、各国の主要な工場を見学し、それぞれの国土や国力に応じた産業の動向を見聞している。ベルギーやオランダなど、小国なりの自立を政治・外交のみならず経済・文化の面からも認識したようだ。さらに木戸は、史跡に関心を持ち、とりわけポンペイの古代遺跡に関する日記は克明である。文明の質に着目するとともに、その栄華盛衰にも注目したことがよくうかがわれる。

文明開化の不安　米欧回覧の過程で、木戸孝允は文明開化の先行きに強い危機感を抱いた。木戸は先進国の文明に全く無知なわけではない。長州藩が攘夷を標榜した幕末においても、文明の力を利用する柔軟な姿勢を持っていた。木戸は、ペリー来航を江戸で体験し、ロシアのプチャーチンが伊豆の戸田でスクーナー艦を建造した際には、みずから下田や戸田に出張し、同様な洋式造船を長州藩でも試みようとした。万延元年（一八六〇）には舶来の西洋銃と懐中時計を密かに購入している。慶応四年（一八六八）四月には、外国事務局判事後藤象二郎や伊藤博文とともに神戸で西洋製の馬車を雇い、鉄道も一部の敷設が行われた明治四年八月に真っ先に試乗していた。電信もまた、広沢真臣暗殺事件を四年正月に神戸で知るなど、その便利な威力を理解していた（妻木忠太『木戸松菊公逸事』）。

それゆえ木戸は、米国や英国での文明開化の体験は、機械や兵器の発達の規模の大きさ、それを作り出した技術と経験の素晴らしさに感動したように思われる。その技術と経験を日本にどのように導入するか、いかに育成するかに関心が向いていたといってよい。したがって、木戸は無条件に文明開化を讃美するのではなく、日本に合致した着実な文明開化を求め、その導入には極めて慎重であった。そこでは、文明開化の先進国といっても、「開化の国にも醜態」が多く、「悪弊には染さる様いたし度」との課題を見抜いている（『木戸孝允文書』四）。ソルトレイクのモルモン教祖ヨングの一夫多妻に対処できない米国、阿片《アヘン》常用者や悲惨な貧民窟が存在するイギリスなど、文明国の課題を実際に見聞した。フランスの労働者街の困難、ロシア農村の窮状なども観察している。

この点、木戸は文明開化を直進する開化論者に対する批判が手厳しい。木戸は、若い官員がその留学経験を鼻に掛け、理事官を愚弄する態度に批判的であった。留学生が外国の「皮膚」を学び、「我国を軽視するの徒不少」と指摘し、「軽燥浮薄不堪聞」と記している。そのことは、若い伊藤や森に引っ張られて条約改正交渉に着手し、失敗したことへの反省が大きい。従者のようにしていた伊藤までが、日本のキリスト教化を主張するようになり、後日にその安易な西欧追随の姿勢を知って、木戸は伊藤を面罵している。副使の大久保すら、開化に眩惑されていた。木戸は、安易に米国人の風俗を「軽慕」し、みだりに「自主と歟共和と歟の説を唱へ」ることを危惧したのであった。

木戸は、長期的な視野に立った教育が必要と論じた。文明開化の弊害を防ぐために真の学校を起すことを急務とし、女子教育や女子の社会的参加にも関心を深めている。明治六年一月二十六日には、田中不二麿や長与《ながよ》専斎《せんさい》に会い、日本の開化が「総て百端粉飾の開化」で、後世のために慨歎に堪えないとし、「文部省の事務且教育等の事を談」じた。木戸が内閣同僚に対して、開化の施策が「其順序を得不申」ては、「後来の損害を醸し候」との警鐘を書き送ったのがそれを示す（『木戸孝允文書』四）。

4 ビスマルクと木戸孝允

ビスマルクとの会見　木戸は、イギリスの篤実・伝統を持った政治・社会に感銘したが、同時にドイツ帝国を作り上げたプロイセンとその宰相ビスマルクにも注目した。学ぶべきはドイツと称賛するようになっている。木戸は明治六年（一八七三）三月十二日、ベルリンのコーニングス宮殿で、普仏戦争におけるドイツの勝利を記念する品々を見せつけられた。プロイセンがドイツを建国した輝かしい歴史を知らされている。その日の議会の開院式では、ビスマルクをはじめ諸官員がきらぼしのごとく整列し、皇帝の演説に「人民其他揚声相祝す」であった。夜は「大学校書生数十人焼火市街を連行し太子の宮に至る」といった演出も行われている。

木戸は、このベルリンで三月十一日、皇帝ウイルヘルム一世と謁見し、宰相ビスマルクやモルトケと会見した。十五日には、ビスマルクの招請をうけ、四〇人の中から特に誘われて「彼の右側に列し同食」している。食後にビスマルクは、ドイツが他国を侵略することがなく、国境を守るために戦うと語り、「東洋諸国と交るとも公平を主」とすると木戸に話した。イギリスやフランスが東洋に植民地を持って支配するのはドイツの望む方向ではないとし、ビスマルクは日本とも真の親睦を長く交わしたいと述べている。「才能の士」が必要であれば、「周旋して其人を選」らんで支援する旨を語った。

これに対して木戸は、「日本の人民も元より独逸《ドイツ》の人民も毫《ごう》も異なるものなし」と強調した。木戸は、日本が鎖国を行ってきたために「宇内の形勢」に暗く、また海外の学問の研究が進まず、交通の困難が少なくなかったと答えている（『木戸孝允日記』二）。そして、希望するところは、将来は列強に並ぶように「速に地位の進む」にあると、その意気込みを語ったのであった。

「鉄血宰相」といわれたビスマルクは、力の外交政策を推進していた。ビスマルクは「万国公法」を「表面の名義」と断言し、国際社会が国力の強弱によって左右され、その国力は軍事力のいかんにかかわると語っている。その発言は、ビスマルクがデンマーク、オーストリア、フランスを敗っているだけになによりもの重みが存在した。木戸も五年九月、長三洲に宛て、留学先は「孛国（ドイツ）を以第一といたし候て可然」と書いている。六年三月には、京都府参事の槇村正直に対して、「終に今日の文明に趣き富強に至りしは独逸の開化なり」と書き送ったのであった（『木戸孝允文書』五）。

万国公法と軍事力　もっとも、木戸は列強の軍事力を背景にした外交が、どのようなものであったかは、痛いほど体験していた。嘉永六年（一八五三）のペリー来航を江戸で体験し、長州藩は下関での四ヵ国連合艦隊の砲撃を身をもって経験していた。

そして木戸は、列強が掲げる万国公法の持つ意味も理解していた。木戸は新政権の発足直後の明治元年十一月、キリスト教徒の処理問題および箱館に立てこもった榎本軍の征討問題で対外交渉の矢面に立たされている。木戸は、議定兼外国官知事伊達宗城・議定兼外国官副知事東久世通禧とともに横浜に出張し、英国公使パークスと困難な談判を重ねた。木戸は、キリスト教徒への対応が将来に影響する大事とみなし、国内の「人情習慣」を強調したが、「万国公法」を掲げて信仰を保障させようとするパークスに苦しめられた。兵力を持たなければ、「万国公法」も信頼できるものでなく、強国は「万国公法」の名で、自己の利を弱国に押し付ける。その後も木戸は、紙幣通用の問題でパークスと会談を重ね、野村素介《もとすけ》に宛て、「万国公法」が他国を奪う道具に使われ、「毫も油断不相成」と書いた。「弱国は此法を以奪ひ、強国此法にて未奪れ候を不聞」とし、決して安心できない旨を強調している。

それゆえ、木戸もまた、軍事力に無関心ではいられなかった。木戸は五年八月八日には、イギリスでグリンニッチの大砲製造所を見学し、弾丸鋳造所の職人が七〇〇〇人で、大砲・車台・薬桶などの製造職人が毎日八〇〇〇人と聞き、その規模に驚嘆した。グラスゴー近隣の造船所では、「一大新造の七八分成就の部に乗り、船底其他全船を一見」している。職人三五〇〇人で、一二艘の鉄艦を製造し、「製法所八層にして高さ百尺」であることなど、とくに留意点を注記した。

そして、ドイツのエッセンでは、アドルフ・クルップが設立した「世界無双の大作場」の軍需工場に驚嘆している。木戸はクルップ工場で、毎日の職人などが二万人で、「製鉄場中の鉄路英の十マイルに過く」という規模を実見し、その印象を詳記した（『木戸孝允日記』二）。

木戸はベルリンでも、ドイツ軍の屯兵所で一中隊の兵士の練兵を見学し、「其整斉実に可感」と高く評価した。騎兵屯所にも出かけ、調練や厩《うまや》等を見学し、帰途に談話局に至り、「結構甚大」に驚いている。そのプロシヤは、生産力の低い土地を耕し、農業を主としながらも「富国強兵」を達成して、ドイツ帝国を発足させた。大久保も六年三月、日本の西郷隆盛・吉井友実に宛て、ドイツがビスマルクとモルトケを輩出し、「思を属候心持に御座候」と、その感慨を書き送っている。大久保は、ドイツが他の西欧諸国と大いに異なり、「淳朴の風有之」で、先に聞いていた風説と実地の目撃では相違の点も多いという。特にビスマルクが信任されて、「何も此人の方寸に出さるなしと被察候」と書いたのであった（『大久保利通文書』四）。

5　木戸孝允の憲法制定意見

根本律法への思い　木戸孝允は、「開化の弊」を危ぶみ、そのために根本の確立を重視し、法制度とりわけ「根本律法」の制定に着目した。ワシントンに着いた翌日の明治五年（一八七二）正月二十二日、木戸は使節団のなかで兵部と文部を担当したが、同時に「根本律法」の調査を企図している。五箇条誓文で人民の方向を定めたことをふまえ、新たに「確乎の根本」になる律法を制定することを急務とした。「此行先各国の根本とする処の律法且政府の組み建等を詮議せんと」して、何礼之《がのりゆき》書記官にそれを伝えたという。

そして、木戸は二月一日、この「根本律法」に対する思いを、イギリス滞在中の河北俊弼に書き送った。日本に「確然たる法則」がないことを指摘し、「総て法則の確定仕候」を急務として、イギリスの法制度などに関する調査を依頼している（『木戸孝允文書』四）。この「根本律法」についての傾倒は、米国に来て州議会などを見学し、その説明をうける過程で強まった。書記官らの「朝廷」についての歯に衣をきせぬ発言、「共和政治」を称揚する議論などが、木戸の危機感につながった（『木戸孝允文書』四）。この木戸の思いについては、使節団の記録担当の権少外史久米邦武が、憲法に注目した木戸に対して、五箇条誓文の存在を話し、それが木戸の憲法作成の意見書につながったとの記述が良く知られている。久米が、木戸の求めに応じて五箇条誓文の写しを示したところ、木戸が「実によく出来て居る、此御主意は決して変易してはならぬ」と語ったという。そして、畠山義成《はたけやまよしなり》（杉浦弘蔵）から「米国の憲法対訳」の研究を勧められ、畠山の旅宿で米国憲法の翻訳を行い、それに木戸が参加したと語っている（『久米博士九十年回顧録』）。

木戸の「根本律法」へ関心は、米国に到着した早い段階から始まっているので、すべてが久米邦武の回顧録のようであったかは判然としない。木戸が憲法の重要性に気付き、その過程で久米の助言があったように思われる。木戸は三月に入ると、畠山を通じて米国の政体書などの調査を開始している。四月も連日のように畠山の宿舎を訪ねていた。そして木戸は、ドイツに滞在している青木周蔵に向けて、ドイツの憲法や政体に関する事前調査を依頼している。

その後、イギリスに到着した木戸は、青木や品川弥二郎とロンドンで会った。イギリスでは、八月十九日にアストンの案内で、左院少議生の安川繁成《やすかわしげなり》の説明をうけている。八月末から長期の視察に出た旅行中も、「英国政体の書」の研究を試みた（『木戸孝允文書』四）。十月には安川のもとで、連日のように、英国政体書の調査・研究を重ねている。イギリスの政治の原点に、国民が一体となり、財産権と立法権を守っていく姿勢があることを学んだと思われる。

この左院の視察団は、明治五年正月二十七日に日本を出発し、フランス・イギリスを中心に議会の将来的なありかたを調査していた。安川がイギリス、中議官西岡逾明や少議官高崎正風《まさかぜ》・同小室信夫《しのぶ》・中議生鈴木貫一がフランスを視察し、蜂須賀茂韶らの留学生も加わっている。海外では岩倉大使の指示をうけて活動し、木戸の憲法調査も共通する課題であったといえる（拙稿「明治初年における左院の西欧視察団」）。木戸はフランスへ渡った後は、やはり西岡中議官のもとで仏国政事書の研究を進めた（富田仁『岩倉使節団のパリ』）。西岡の紹介でモーリス・ブロックにも会っている。それにしても、木戸の憲法・法制度の調査・研究に向けた努力は大変なものである。副使としての本務、制度・文物の調査とあわせ、まさに精励に値するものであったといえる。ドイツでは、青木の案内で、帝国憲法作成に影響をあたえたルドルフ・グナイスト博士を訪ね、「其談中益を得る不少」となっていたのである。

木戸孝允の憲法制定建言書　木戸は、米欧諸国の回覧中に調査研究した憲法について、その制定を求める建言書を政府に提出し、さらに『新聞雑誌』に掲載した。

木戸の意見書は、米欧回覧中に各国の制度文物の沿革を把握し、風土人情を考えたことを基礎にしている。その上で、国家の「廃興存亡」が、「政規典則の隆替得失如何」によると論じた。土地が広大で人民が繁殖していても、政規典則でそれを保護しなければ、「富強文明の外貌」がいずれは衰退につながると主張。その事例として、ポーランドの滅亡を掲げた。

木戸は、日本の人心が一方に偏執して、いたずらに開化を模倣し、みだりに文明を追う弊害が存在すると論じる。外形が繁栄して風景が変化しても、実際の文明に結びつくとはいえない。法令が安易に出され、実行に至らないうちに新たな追加が出されると、人民が耐えられないと指摘する。政務が多端で区域に際限ない場合は、開化に沿った進歩が生れず、「政府今日の事務」も初歩的な段階にとどまると述べた。「政規」が五箇条誓文を「照準」とするだけでは、要路の者も「応変の処置」に迷い、民意に答えることができないとし、左のように論じている。

今日の急務は先大令を布き、其五条に基て条例を増し、典則を建て以て後患を防ぎ、且つ務めて生民を教育し、徐《ゆ》るやかに其品位賤劣の地を免れしめて、以て全国の大成を期するに如くは莫《な》きなり、人民品位既に高くして、政事家方に其際に投じ、意を国家に尽さば、将来の幸福も亦多かるべし、万一徐るやかに大成を期すること能《あた》はずして、一二の賢明独り其身の利達を要し、民意の向背を問はすして只管《ひたすら》功名を企望し、要路の一局に拠りて威権を偏持し、万緒国務の多き毎事之を文明の各国に疑似せんと欲し、軽躁之を施行せん乎、国歩の運厄以て累卵の危きを招くべくして孝允等も亦恐くは他日

の責を免る、こと能はざるに至らん、是今日の急務先づ政規典則を建るに止まる所以なり（『松菊木戸公伝』下巻）

木戸は、現段階の急務をまず「大令を布」き、五箇条誓文に条例を増加し、「典則」を設けて弊害がないように補うこととした。人民を教育し、ゆるやかに品位が上がるようにして、全国の大成を期すべきと論じている。もし、漸進的な大成を期すことができず、「賢明」な者が独裁し、自己の「功名を企望」するようであれば、文明の各国を模倣して軽躁に施行することになると警鐘した。それゆえ現段階では、まず「確然たる法則」の政規・典則を作成することを急務とする。政規・典則の作成を不可欠とし、みずからの米欧・アジアの視察にもとづく見解を示して、政府の対応を求めていた。

この点、木戸は「君民同治の憲法」を目標に掲げながらも、「人民の会議」を設けてそれを作成するには人民の進歩が不十分であるとみなしている。「政府の有司」が万機を議論して、「天皇陛下夙《つと》に独裁」として制定するのが妥当と論じた。人民に大きく関係することを自覚しながらも、天皇の英断をもって、「民意を迎へ、国務を条例し、其裁判を課し以て有司の随意を抑制し、一国の公事に供す」るように求めている。そのようであれば、「独裁の憲法」であっても、「他日人民の協議」を起こすことで、「同治憲法の根種」になると論じた。人民幸福のためにも、速やかに漸進的な憲法を制定するように主張したのであった（『松菊木戸公伝』下巻）。

このような木戸の憲法制定建言書は、木戸の依嘱をうけた青木周蔵によって明治六年春に「大日本政規草案」が作成されていたことを背景にしている。翌七年五・六月には、青木は「大日本政規草案」を修正した「大日本国政典草案」を作成していた。いずれもプロイセン憲法やグナイストの意見を参考にした草案である（『青木周蔵自伝』）。この「大日本政規草案」は、後述のような木戸の六年十一月の政体改革案、あるいは華族を集めた議院構想につながる。大阪会議後の元老院や地方官会議設置の構想にあたえた影響が少なくない。明治十五年の伊藤博文のドイツ・オーストリアでの帝国憲法調査が、プロイセン憲法を模範とし、グナイストやモッセから教授をうけたことがその影響を明示している。

6　征韓論と政変

征韓論の発生　明治六年（一八七三）七月二十三日に横浜に帰着した木戸孝允は、工部大輔山尾庸三《やまおようぞう》や神奈川県令中島信行《のぶゆき》らの出迎えをうけた。二十七日には天皇に拝謁し、大臣・参議一同に面会した。いわゆる留守政府は、三条実美太政大臣と西郷隆盛・大隈重信・板垣退助の三参議であったが、その後に増員がはかられ、四月に後藤象二郎、大木喬任、江藤新平の参議登用が行われている。五月二日には太政官の職制・事務章程を潤飾《じゅんしょく》という名目で改めた。内閣を規定してその参議に権力を集中している。

木戸は、七月二十八日に井上馨を訪ね、不在中の「事情」を聞き、その紛紜を知って長歎した。正院と大蔵省が対立し、太政官制の潤飾が行われた結果、井上大蔵大輔と渋沢栄一三等出仕が反発し、すでに五月十四日に免官となっていた。また政府内では、陸軍省に出入りしていた御用商人の山城屋和助《やましろやわすけ》事件が発生し、山城屋の不正との関係を疑われた山県有朋が窮地に陥っている。京都府参事槇村正直も、小野組の転籍を妨害したことから、司法省の江藤新平から追及を受けていた。山口県出身者の多くが、政府中枢から排除され、失墜していたのである。

このような事態のなかで、木戸は疑惑を拡大するような井上の東北出張の中止を求め、槇村の裁判に関する情報収集を行った。八月六日には大久保利通と会い、帰国後の諸問題を語っている。大久保は三条の要請をうけて五月二十日に帰国していたが、その直前に参議大隈重信が大蔵省事務総裁に就任し、大久保も政務に直接復帰できない状況にあった。木戸も参議でありながら八月十四日の「御用召」に対して、病いを理由に辞している。

木戸は不在中の政府の諸政策に批判的で、「陳述書」の草稿を作成するようになった。大隈や西郷従道を順次に訪問している。高輪の毛利旧知事邸で九条道孝や伊達宗城などの華族の集会が開かれ、木戸は西欧の現状や華族の責務を論じ、「将来の目的」を談じたのである（『木戸孝允日記』二）。

このような木戸が、征韓論の具体化を知ったのは、九月三日に三条実美邸を訪ねた折であった。西郷隆盛参議から「台湾出張」と「朝鮮派遣」の建言が出されていること、政府決定がせまられていることなどの話である。この「朝鮮派遣」については、留守政府のもとで明治六年に急速に顕在化していた。それは、政府が明治元年十二月に王政復古を対馬藩主の宗義達《そうよしあきら》を介して通告した際、朝鮮側が国書を受理しなかったことを背景としている。それまでの日本・朝鮮間を対等な形としていた慣例に反して、日本が上位の立場を取ったことに対する朝鮮側の反発であった。政府は二年末に宗氏から朝鮮交隣事務を外務省に移管し、外務権大丞佐田素一郎《さだもといちろう》（白茅）らを釜山に派遣。結果として、佐田は武力行使を建議するようになる。日本側はその後、朝鮮問題を有利に進めるためにも日清修好条規の締結を優先した。日本側の強硬な姿勢に朝鮮側は反発。明治六年五月、釜山の草梁公館に対して食料の供給を拒絶し、日本の開化政策を批判する書面を掲示した。朝鮮側の排日的な行動が報じられ、政府内には朝鮮出兵論が噴出している。留守政府の参議西郷隆盛は、六月十二日の政府会議で、「公然の使者」を送って理非曲直をただすべきと論じた。みずから全権大使となり、朝鮮側が排日的で西郷が殺されるようであれば、「可討の名も慥《たしか》に相立候」という。西郷は朝鮮問題を、「皇威の隆替、国権の消長」に関する事態と重視している。同時に、国内の「内乱を冀ふ心を外に移して、国を興すの遠略」と論じたのである（『西郷隆盛文書』）。朝鮮問題に関する西郷の積極策は、板垣退助がそれを強く支持した。後藤象二郎・江藤新平らも賛成している。

このような朝鮮問題と西郷の「遠略」に対して、三条から「朝鮮討伐」を聞いた木戸は、人民の困苦と一揆が報じられる現状を掲げて、「方略は無急」と答えた。欧米列強を見聞し、弱体な日本を直視した時、内治優先が妥当な方策となる。この点、戊辰戦争直後の木戸は、有力諸藩の「尾大の弊」に苦心して朝鮮出兵を主張していた。すでに万延元年七月に長州藩の竹島開拓を求めた建言書案を作成している（『木戸孝允文書』八）。岩倉使節の出発直前にも、西郷に対して「朝鮮問題」の課題を語っており、帰国後の一転した消極論は木戸の変節ともいえる。木戸は直情径行型ではあるが、猪突猛進ではない。周囲の情況を判断し、条理を立てて転向する政治性を持っている。木戸は、内治優先が妥当と考え、その上、西郷・板垣らの留守政府の混乱、山口県出身者の失墜を直視した時、西郷・板垣らの朝鮮出兵論にすなおに同意できなくなっていた。それゆえ、木戸は三条に対して、「世論益困人民彌損国力決て余の所不服也」と答えている。新政に対する農民蜂起が続いている状況で、対外問題でことを構える必要はなく、国力を保持するためにも内政の安定を第一とすべきとの主張であった。

「征韓論」政変と木戸孝允　「征韓論」をめぐる問題は、明治六年九月十三日に岩倉大使、伊藤博文・山口尚芳両副使が帰京したことで、新たな段階に入った。木戸は翌十四日に三条に宛て、帰京した大蔵卿の大久保利通が実務に復帰できるように求め、同時に自分が参議を免じられるように要請している。朝鮮問題については、「天下の景況偏く御一視」にて、国民のために「御軽動」がないように慎重論を書き送った。

しかし、その木戸は、八月三十一日に馬車から落ち、頭と肩を痛打していた。九月十六日に「脳中不平生頭痛甚烈」という事態で、安眠不能になっている。十七日に馬車を降りる際に左足に不自由を感じ、十九日にホフマンの来診をうけた。十九日・二十日も頭痛で不眠が続いている。

木戸は九月二十四日、大久保と伊藤の来訪をうけ、伊藤から近況を詳しく聞かされた。二十五日には、伊藤への返信で、「余の心事を縷述せり」であったが、頭痛が続いたようだ。十月一日には三条・岩倉両大臣が来訪し、木戸は「胸中の議論を吐露す、其の徹と不徹と不能察《さつしあたわず》如何」とある。二日には勅使片岡利和侍従が木戸の見舞に来訪し、十日には大久保が訪れたが、木戸は外出できないままでいる。

岩倉の帰国した後の朝鮮遣使問題の閣議は、十月十四日に開催された。その席では、岩倉と十月十二日に参議に就任した大久保が国力の培養、内治の整備を主張して、朝鮮遣使派遣に反対した（『大久保利通文書』五）。だが、西郷は朝鮮遣使を既定のこととし、その派遣の急務を主張。板垣・後藤・副島・江藤もそれに同意して譲らない。翌十五日の会議も決裂となった。そして、三条・岩倉が「西郷進退に関係候ては御大事」として、西郷の朝鮮派遣を決定すると、大久保は十七日に参議の辞表を提出している。十六日には伊藤と三条があいついで木戸のもとに来訪し、政府会議の問題を談話した。十七日には佐久間一介が来訪し、木戸は同人に託して、「征韓」に反対する辞表を提出している。

大久保・木戸が辞表を提出し、説得に訪れた三条に対して岩倉も辞意を示すと、三条は分裂に直面して十八日の早朝に人事不省の病いに倒れた。木戸は十八日、佐久間および尾崎三良の来訪で、三条の危急を知らされた。「征韓論」問題に追い詰められ、政府の頂点に位置した「篤行至誠」な三条が倒れたことを慨歎している。伊藤の来訪で概要を把握すると、大久保と岩倉に書状を送った。大久保に対しては、岩倉が「確乎前途を御思慮被為成候」であったことに安堵するとともに、大久保が岩倉を「御輔佐」し、「患害」を防ぐための尽力を依頼している。岩倉に対しても、「機会大切に御尽誠」を願い、自分に代わって伊藤博文を参議に登用するように懇請した（『木戸孝允文書』五）。大久保や岩倉にとって、肝心な時に「変病に罹《かか》り起坐も独り自由ならす」という木戸に対する思いは別として、木戸が少なくとも「征韓」を反対する側にいることの意義は大きい。

木戸は二十日、伊藤から内閣紛紜の事情の詳細を聞き、岩倉・大久保の決意に安堵し、続いて大久保の来訪をうけて熟談した。木戸は、「今日の危急を維持あらんことを請ひ」で、みずからも死力の限りを尽くしたい旨を語ったようだ。それでも「然して此病にかかり起臥独り自由ならず、実に残慨なり」であった。

そして、三条の政務不能な病状により、天皇は二十日に三条と岩倉のもとに臨幸し、岩倉に太政大臣代理を命じた。それは大久保が黒田清隆を通じて宮内少輔吉井友実に働きかけた「秘策」である。木戸は二十一日、副島が岩倉に閣議を求めたことを知った。「再議論の艱難《かんなん》」を危惧して慨歎し、その夜は脳痛が激化して眠れないままに過ごしている。二十二日には、西郷・板垣・江藤らが岩倉に面会を求めた。板垣らは、「朝鮮論已に決只方略を論するのみ」とし、岩倉に発令の順序を議して「宸裁」を要請している。岩倉はみずからの朝鮮遣使についての意見をも含めて「奏聞」することを述べ、江藤が岩倉の「異見」の不可を迫ったが、岩倉は承諾していない。岩倉は二十三日に参内し、閣議の決定経緯と自身の「征韓」反対論を奏上している。翌日、天皇は「征韓」の不可を裁可。朝鮮派遣を却下された西郷は二十三日に辞表を提出し、二十四日には副島邸に集まった江藤・板垣・後藤も辞表を出した。

十月二十四日、木戸は陸軍少将の三浦梧楼《ごろう》と東京鎮台司令長官の山田顕義に「兵事に付竊《ひそか》に注意の件」を談じ、森寺常徳を呼んで、今回の「顚末」を三条が自筆で岩倉に書き送るように指示した。木戸は岩倉に対しても、三条の政務不能と大木喬任らの要請で岩倉が代理を引き受けた経緯を「分明」にしておくように求めている。三条の文案についても岩倉が添削するように依頼した。下野した士官・下士官士族の反発、西郷らの軍事行動の抑える方策を講じ、「後々の口実に齟齬《そご》」を生じないような配慮を行っている。三条と岩倉の後日の離間を防ぎ、三条の復帰を企図したものといえる。

このような場面での木戸の政治的配慮はさすがである。今回の政変は、もとはといえば一〇ヵ月の予定だった使節団の米欧回覧が一年一〇ヵ月に長期化したことに起因している。岩倉や大久保・木戸といった政府中枢の帰国が遅れ、太政官制の潤飾と人事の刷新が行われた。廃藩置県後の改革の遅れが許されない状況で、大蔵省政策をめぐる対立が抜き差しならなくなり、結果は朝鮮問題を通じて、使節団の岩倉・大久保・木戸らと西郷・板垣・江藤らとの溝を深めている。木戸は、出発前に朝鮮問題を西郷に依頼していながら、内地優先論に変わっていた。欧米回覧を経験したうえでの変化ではあるが、前述のような留守政府の姿勢に対する反発が強い。木戸は、なによりも当面は「根本の処確乎仕候辺尤御大事」とみなし、内政の安定を第一として、「開化の弊」を批判した。急激な改革を掲げて内外政をリードし、朝鮮問題を進めようとする西郷らに対する批判だったのである。

政体改革の展望　西郷隆盛の辞職・帰郷後、木戸の危惧した事態が起こった。六年十月二十八日には参議に就任した伊藤博文から、「朝鮮論を主張し東奔西走」していた鹿児島出身士官が動揺していると知らされた。辞表を出して帰郷を主張するグループと、朝命に従うグループに二分しているという。木戸は、来会した陸軍卿の山県有朋と相談。陸軍大佐の福原実は鹿児島藩出身の陸軍少将野津鎮雄《のづしずお》から近衛兵の三分の二が「鎮定の論」に傾き、なお鎮静を勧めていることを聞き出している。二十九日には田中光顕から、高知出身兵士にも動揺が波及し、「種々暴論主張」で板垣の鎮静を聞き入れない者が多いと伝えられた。三十一日には「免官の徒扇動するものあり」で、一変して「不可止《やむべからざる》の形勢」に至っている。木戸は、「兵隊廟議を論し気随《きまま》に辞表を出し、廟議を兵隊に漏洩《ろうえい》せしむ」と、慨歎した。木戸は、かって西郷参議の元帥兼任を聞き、「必後来の患害あらん」と危惧し、その批判を井上・山県に書いていた。それが現実になっている。西郷の辞職にともなって、近衛士官などが勝手に辞表を出し、「天子の親兵」が政府と人民を保護する本職を忘れた行動に激怒したのであった。

また、三条の辞表提出問題は、やはり三条と岩倉の離間につながる動きを生じた。木戸のもとには、三条の側近の森寺常徳が頻繁に来訪し、その対策が謀られている。十一月六日には三条が再提出した辞表についての内談を重ねた。三条との連携が強かった木戸は、伊藤に宛て、三条の復帰に向けて天皇が親臨を行うように求めている。そして、十二月十九日には天皇が三条邸に行幸し、「方今国家多事の際股肱《ここう》の任欠く可らす」として、「輔翼」が命じられた。二十五日にも天皇から勅書が下され、三月十九日に至って三条が太政大臣に復帰したのであった。

このような危機的状況が続く時期、政府は岩倉・大久保を中心に結束を固め、大隈重信・大木喬任らの参議が諸省の卿を兼ねることで太政官の強化をはかった。新たに伊藤博文を参議兼工部卿、勝安芳《やすよし》（義邦）を参議兼海軍卿、寺島宗則を参議兼外務卿に昇進させている。大久保もまた明治六年十一月に内務省を創設し、みずから参議兼内務卿に就任した。

この時期、木戸のもとには伊藤が来訪し、三条や島津久光・副島種臣の処遇、朝鮮やロシア問題などの対応についての相談を行っている。立法・行政論の事、内務省・兵部省・文部省などの諸問題の意見も求めていた。そして伊藤は、木戸が憲法意見書や政府の施政に関する意見書などを提出していたことで、木戸の政体などに関する腹案の提出を依頼している。山県陸軍卿や鳥尾少将らも木戸を訪ね、西郷や陸軍少将の桐野利秋・篠原国幹《しのはらくにもと》らの動向、鹿児島出身の士官の処遇、陸軍省の改革などを談じた。西郷の陸軍大将の身分を残し、帰郷した士官を非職扱いにすることなど、木戸が指摘し、その内外の区別が議論になっている。

木戸は、伊藤の依頼に対して、十一月二十日にみずからの制度改革案を送った。そこには、「会計検査裁判、クールコントの如き也」「司法省と裁判所と被分事」「教部省を被廃、社と寺との寮を内務省中被差置候も可然歟と相考候事」「官員（諸省地方）選挙偏頗《へんぱ》の弊を防の方法（正院の約束に可有之事）」「諸省頭らの多きは不宜、是は御高案も可有之、且又諸省是非々々割拠の弊は此際に御破り有之度候事」とある。議院に関しては、「国議院、国の字或は準とも有之候コンセーターの如き也、左院を改正するもよし」「太政大臣左右大臣内閣議官、当時は立法行政の権束有すると雖も、他日是非元老院下院の二院は不被差立《さしたてられず》ては不相成に付、他日可被差立の訳を以、政府体裁中へ二院の名は被定置度事」と記した。

さらに、翌二十一日には追加として、待詔院を「有功の士」や「積年在上官し人」のために設け、後日の元老院開設にそなえるように書き送っている（『木戸孝允文書』五）。日記には、「建国の大法」は、デスポチック（独裁的な）の専制でなければ成り立たないとし、教育と兵制も「容易にデスポチックは被止不申《とめられもうさざる》事」と書いた。

木戸は、政府が体裁を改めてその形を「美麗」にしても、「人智と懸隔」があっては、無意味と考えていた。「軽挙率行」の弊害を防ぎ、「有司の責」を厚くし、着実な方向を主眼にしている。具体的な制度変更の条項は、会計裁判や国議院を設けること、司法省と裁判所とを分離すること、教部省を廃して社寺寮を内務省中に置くことなどを明記した。大臣・参議に立法行政の権を集中するが、他日に元老院・下院の二院を設立することが必要としている。大久保の参議と省卿の兼任策に対して、あらかじめ政府内に二院の名称を準備しておくなど、立憲制の導入に配慮した。待詔院を置いて元老院の前身とすることなど、米欧回覧の経験をふまえた意見である。建国の大法さらには普通教育と兵制も専制のデスポチックでなければ確立しがたいと主張した。他日に「建国の大法」を確定しなければ、「大政府也地方也全備の良法」がおぼつかないとし、いわゆる憲法の制定を重視していたのである。

7　台湾出兵の批判

木戸文部卿の奔走　参議大久保利通は、明治六年（一八七三）年十一月二十九日にみずから創設した内務省の内務卿に就任した。内務省には、勧業寮と警保寮の一等寮、戸籍・駅逓・土木・地理の二等寮を置き、同省が「国内安寧、人民保護」の中心になった。十二月には、廃藩置県に反発していた島津久光を内閣顧問に任じている。木戸孝允は、政変後の政府人事で近衛都督や大蔵卿、陸軍卿、司法卿などの任官を要請され、明治七年一月二十五日に至って参議に加えて文部卿に任官していた。二十五日の任官は井上馨の説得であったが、諸官を固辞した木戸も、教育については明治国家の将来をささえる最大の課題と重視していた。

木戸は十二月末に就任を内諾した当初から、田中不二麿・長与専斎などの問い合せに対応し、各般の尽力をしていた。一月二十七日に文部省へ出省すると、田中少輔以下の諸官員に面会し、省務数件を指示している。木戸は、国家の発展が一、二人の賢才や豪傑によって達成できないと考えていた。開化を盲信したり功名に猛《たけ》た人物を否定し、人民とりわけ女子も含めた幅広い教育の必要を重視している。それは米欧見聞で実際に理解し、確信にまで至った。海外留学生の一斉帰国を命じた政府の決定も、それまでの放逸な措置を一時的に弥縫する愚策にすぎない。木戸は、従来の目的不明確な官費生を廃し、小学の普及に応じて俊秀を選び、予科からさらに官金で海外の本科に学ぶ新たな制度創設を建言した（『木戸孝允文書』八）。一月三十日には、一斉帰国を命じられた留学生に対し、政府の主意書を公布する準備を行っている。木戸は、鹿児島・山口・高知県出身者が跋扈する政府に批判的であったが、こと教育については病身をおしての尽力を覚悟したのであった。

そのような文部省改革の折、佐賀の士族の不穏な状況を伝える電報が到着した。士族の騒乱はすでに一月十四日、右大臣岩倉具視が赤坂食違《くいちがい》で征韓派士族に襲撃される事件が発生していた。岩倉は負傷し濠に落ちて逃れたが、襲撃者は高知県出身の武市熊吉ら九人の征韓派士族であった。二月三日の佐賀県士族の蜂起は、佐賀県の憂国党と征韓党が手を結び、帰郷した前参議江藤新平を擁している。二月八日には大久保が木戸のもとに来訪し、大久保自身の九州出張を申し出ている。木戸もみずから九州に赴くことを希望したが、内務卿の大久保の出張が決まり、木戸は大久保不在中の内務卿代理を勤めることになった。木戸は、士族反乱を「人民の安堵を妨け」る凶徒とみなし、厳しく対処している。国内の安定を重視し、開港場をはじめとする府県の取締りの強化を命じた。高知県士族などの有力者の探索を行い、若松・酒田両県および不穏な動きが報じられた岡山や宇都宮に内務省官員を派遣している。佐賀の乱は、三月二日に政府軍が佐賀城を占領し、江藤も同月二十九日に高知県内で捕縛されたが、それはまさに明治九年（一八七六）

に続発する士族反乱の先駆けだったのである。

木戸孝允の征台批判　士族の動向が危惧された明治七年（一八七四）二月六日、岩倉邸で開催された会議で、大久保・大隈らが提出した「台湾蕃地《ばんち》処分要略」が合意された。この台湾問題の背景については、四年十一月に琉球船が台湾に漂着し、乗組員中の五四名が現地住民に殺害された事件が存在した。政府は日清修好条規の批准書交換に際して、外務卿副島種臣を清国へ派遣し、六年六月にこの問題を追及している。清国の対応は、台湾の現地住民を「化外《けがい》の民」とする責任回避であった。そこで副島は台湾出兵を計画し、副島の下野後の七年二月には、大久保・大隈らが「台湾蕃地処分要略」を作成したのであった（『大日本外交文書』第七巻）。

この台湾処分問題は、佐賀の乱が鎮圧された後の三月三十日、政府会議で改めて議題となった。木戸は慎重に着手して「蹉跌《さてつ》」のないように論じている。木戸は「台湾一条」の回覧原案には同意していたが、「外征」を不可とする立場をとり、前述の二月六日の会議も欠席していた。木戸は、台湾問題の処理が既定の方針となり、「費用頻年増加」が危惧され、慙愧にたえない思いであったようだ。その木戸は、四月二日の閣議で上奏のための連印を求められ、そこでは出兵反対を表明している。木戸は、前年の征韓論争の折、国内の疲弊した段階で朝鮮問題に着手することを拒否したのであり、それが変わらない状況での外征には賛成できないとの立場であった。四月八日には、伊藤博文に宛て、台湾問題の議論が「最前の様子」とも変わって「大奮発」の事態となり、同意できなくなったと弁じている。木戸の担当する文部・内務両省内も「大不同意」であり、「職掌上へも十分相響き実に心中たまり不申」と訴えた。十日には、伊藤に会い、台湾問題についての批判を述べ、正院へ出仕しない旨を伝えている。

そして木戸は、四月十二日に三条に面会し、「台湾一条」が人民と国家のためにならないとする自説を改めて論じた。みずからの「身上の処分あらんことを乞ふ」と願い出ている。予想されたこととはいえ、困惑して慰留することしかできない三条太政大臣の苦渋がうかがわれる。それでも木戸は、十八日に辞表を三条に提出した。二十日には文部省でも辞表を出した趣旨を語り、二十五日には佐賀から帰京した大久保と会い、同日の書状で改めて辞意を伝えている。陸軍省では山県有朋が征台に批判的で、山口県出身の三浦梧楼・鳥尾小弥太・山田顕義ら三少将が反対であった。木戸は、三条と伊藤に宛てた二十二日の書状で、辞表が閣内で取り上げられて受理されるように催促。岩倉から依頼された青木周蔵が説得をこころみた時は、木戸は長火鉢を放りあげて、そのいきどおりをぶつけたという（『青木周蔵自伝』）。木戸は五月十三日に至って参議兼文部卿を免じられ、宮内省出仕に任じられたのであった。

木戸の新たな宮内省出仕の辞令には、「一等官給を賜り、席順の儀は如旧たるへき事」とあった。自説を枉《ま》げない馭《ぎよ》しがたい木戸であっても、政府は山口県出身者を代表する木戸を在野に置くわけにはいかない。その木戸をつなぎとめる処遇として考えられたのが、参議と同様な席順とし、特段の職務が定められていない宮内省出仕であった。

宮内省出仕となった木戸は、五月十五日に天皇に謁し、三条太政大臣から天皇の「輔佐」と「日々出勤」を命じられた。その木戸は、十九日に侍読の福羽美静・加藤弘之・元田《もとだ》永孚《ながざね》らと天皇修学の改革をはかり、翌二十日に太政大臣、宮内卿などと議して、天皇に奏上していた。

その後、木戸は五月二十七日に東京を発ち、京都に向かった。幾松を伴った旅で、箱根湯本では、馴染みの福住《ふくずみ》に泊り、床間に掛けられた山内容堂の書に感慨を新たにした。版籍奉還の苦心の折、木戸は容堂の今戸の別邸に招かれ、鯨海酔侯《げいかいすいこう》と称せられた容堂のもとで酔い潰れ、幾松とともに「終に酔倒して一泊」したことがあった。木戸は、「微風細雨宿渓辺、屈指昔遊已六年、壁上時看亡友句、一吟未了涙潜然」と書き、容堂を追想している（『木戸孝允日記』三）。六月五日には伊勢神宮に参拝した。八日に京都に着いた木戸は、翌朝、霊山《りようぜん》の招魂社を詣で、討幕で斃れた亡き友を偲んだ。そして木戸は、槇村を通じて購入した土手町の家屋を見ている。木戸は、辞官の後、この京都に移ることを企図したのである。

一方、台湾出兵計画は、英国公使パークスが反対して局外中立を主張したことから、日本政府は窮地に追い込まれた。兵員輸送などが困難で、政府はいったん出兵を中止している。それでも陸軍中将で台湾蕃地事務都督の西郷従道の強硬論を抑えることができない。出兵が強行され、西郷らは五月二十二日に台湾に上陸。疾病や現地住民（「生蕃」）の牡丹社《ぼたんしや》の抵抗に苦しみながらも、平定に成功した。

そして、政府は清国駐劄《ちゆうさつ》全権公使として柳原前光を清国へ派遣し、八月には大久保を全権弁理大臣に任じて北京に送っている。談判は困難を極め、木戸は、伊藤から開戦の場合に「大兵を以天津・北京を一衝撃」する方略が知らされた。木戸はもちろんそれに反対である。たとえ進撃ができても占領が困難で、大変な国力と人命を失って「尚決局に至るべからず」と批判した。外征費に五〇万円を用意したという大隈の発言と、西郷従道が外征費を「死を以誓ふ」と約したことに対しても、その無責任さを厳しく非難している（『木戸孝允文書』五）。いったんは談判の決裂が伝えられ、木戸にも帰京を命じる勅語が出されたが、木戸は「宿痾《しゆくあ》」を理由に猶予を願い出たのであった。

六　立憲制導入に向けて

1　民撰議院と木戸孝允

民撰議院設立建白書の提出　征韓論にともなう政変後、参議を下野した板垣退助・後藤象二郎・副島種臣らが民撰議院《みんせんぎいん》設立建白書を左院に提出した。

この板垣退助らの動向については、参議木戸孝允は明治七年（一八七四）一月七日、参議兼工部卿の伊藤博文に宛て、古沢滋《ふるさわうろう》・小室信夫《しのぶ》・岡本健三郎らが「何歟《なにか》一種の論を起し奔走候」と書いている。土佐出身の田中光顕あたりから情報がもたらされたようだ。その後、木戸のもとには板垣から面会したい様子が伝えられる（『木戸孝允文書』五）。当初は旧知の小室信夫邸での会合が予定された。しかし、「小室なるものも一つのパーチー（政党）を起し居候様子」となり、木戸は小室邸に難色を示した。板垣も会合を公にしたくなかったようで、結果は一月十七日に浜町の毛利邸で会談している。木戸は板垣の「心事を承知しまた余の意見を陳述」したが、その一月十七日が、板垣らが建白書を左院に提出した当日であった。

翌十八日には小室が木戸のもとに訪れた。前日に板垣から聞いていた副島らの民撰議院の件で、木戸は

「上書の談話を了承せり、云々の情実あり」と記している。木戸は伊藤に宛て、板垣が「別に異論と申事も無之」であったが、「不平は十分に吐露」で、「其主意不相解《あいわからざる》事も無之」と書いた（『木戸孝允文書』五）。板垣や小室は、木戸を議院開設の理解者とみなし、その協力を期待したのであった。

この民撰議院設立建白書に名前をつらねたのは、板垣・後藤と副島・江藤新平らの征韓論政変で下野した元参議であった。イギリスに留学した古沢と小室、そして岡本や由利公正らが加わっている。古沢が草案を起草したという。

建白書は政府の有司《ゆうし》専制を批判し、「天下の公議を張る」ために民撰議院を設立するように求めている。有司専制批判はすなわち征韓論政変後の大久保を中心とした政府のあり方への批判であった。建白書では、政府に租税を納めたものは、「政府の事を与知可否するの権利」があると述べる。租税を負担する人民の参政権を主張し、民撰議院を設立して政府と人民が一体化することにより、強力な国家、政府が期待できると論じたのであった。

木戸孝允の不快感　木戸は、民撰議院設立建白書の内容を知ると、「政令百端朝出暮改」という記述に不快感を示した。木戸は、明治七年一月に松本鼎《かなえ》に宛て、板垣退助や小室信夫らが連名で民撰議院開設を求める建白書を提出したとし、「天下の輿論《よろん》」を取ることを「公論」と評価している。しかし、板垣らの元参議が「仕事を不致《いたさず》是迄の令《れい》して不被行《おこなわれざる》事も如山《やまのごとし》」であったと批判した。現在の木戸らが、その失政を是正し、「朝出暮改」を減らして政令も「百端」を出さないようにしている。それゆえ、板垣らの主張が「尻口不合」の随分おかしいことで、建白書に「歎息大笑」していると書いた。「如此事を世上海外の人に被知《しられ》は可恥《はずべき》の至と中居候」と伝えたのであった。

木戸は、小室が「律義人」であって、帰国後の国内の様子を知らないままに「退職の不平連と相合」し、「随分世上紛紜」を引き起こしたと書いている。松本に対して、板垣が参議の時期に「政令百出朝出暮改等も随分有之」は、「地方にては克々《よくよく》御分りにも可相成候」とし、松本から小室にその旨を伝えるように記した。

木戸は、建白書の趣旨が木戸自身の議院構想の範囲であったが、政府首脳を有司専制と批判することに対する不快感が強い。そして、板垣らが建白書の全文を、イギリス人ジョン・ブラックの経営する新聞『日新真事誌《につしんしんじし》』に掲載したことに反発した。政府の元参議でありながら、下野した後に大久保・木戸らを批判し、新聞に公表したことに憤慨したのである。

この民撰議院設立建白書に対しては、宮内省出仕であった加藤弘之が、「民撰議院を設立するの疑問」を『日新真事誌』に投書した。加藤は、民撰議院開設を時期尚早とする考えである。森有礼・西周《にしあまね》らも加藤に同調している。これに対して、大井憲太郎は建白書支持を『日新真事誌』に掲載した。津田真道も民撰議院をすみやかに設立するように力説している。後の自由民権運動に連らなるいわゆる民撰議院論争の始まりであった。

議会設立への思い　民撰議院設立建白書の提出があった後、木戸は明治七年一月二十一日に井上馨から出勤を促され、ついで板垣退助と小室信夫が来訪した。「民選議院を建白せし一条」についての意見を求められたようだ。二十九日には木戸が板垣を訪ね、政府が「県官集議各県民会等」を検討している旨を語っている。木戸は、建白書の政府批判に不快感を示し、新聞掲載に反発したが、その議院を重視する方向についていては理解していたのである。

それゆえ、木戸は二月四日、伊藤に宛て、大久保へは「公議を採る云々」を一言も話さなかったが、三条太政大臣には「只々《ただただ》極の内按《ないあん》」を語ったと書き送った。そこには、木戸が「政規の未相立国《いまだあいたたざるくに》にて疎漏の弊不少」という日本の現状の改革を求め、またみずから華族を主体にした議院設立に向けた準備に尽力していたことが存在する（『木戸孝允文書』五）。

木戸は明治六年八月二十七日、高輪の毛利旧知事邸で、九条道孝・伊達宗城や池田章政・浅野長勲・松平春嶽などの華族の集会に臨み、「欧州の形情」や華族の責任などを詳細に論じ、「将来の目的」も語っている。木戸は、毛利元徳に対して、華族が責務を認識して国家のために尽力する志の必要を語っており、集会の参加もその運動の一環であった。

その木戸のもとでは、西村茂樹が奔走し、六年十月三十日に「華士院を建るの草按」を持参した。佐倉藩の元大参事であった西村は、廃藩置県後に東京で蘭学塾を開き、岩倉使節帰国後の木戸の立憲制論を知って、木戸のもとに参加している。木戸は前述のように憲法制定の建言書を公表し、青木周蔵の「大日本政規草案」を入手して、議院創設を企図していた。岩倉大使の理事官であった山田顕義も、木戸の意向を受けて「元老院一条」に参画している。山田は、十一月四日の華族を集めた会合で、西村が元老院設立に向けて「各国議院の体裁、議員の義務等を説明」したことを木戸に報告した（富田仁『岩倉使節団のパリ』）。

また尾崎三良も、木戸のもとで「華族会議」に向けて尽力している。七年一月八日は、尾崎から「華族会議の一条」について毛利元徳の出席が伝えられ、翌九日に尾崎からその内容を聞かされている。

木戸は、これらの華族の会議を「他日上院の基」にしようと企図していた。木戸は、麝香間祗候の華族を議員に考えたが、「皆老衰にして志気」がなく、一般の華族の取り込みを企図し、尾崎がその中心になっている。一月十一日には、尾崎から「華族集会議院設立の主意等」の規則案が送られてきて、みずから元徳のもとに持参し、元徳の出席を促している。十三日には、「華族中の老功」の伊達宗城が「頃日大に奮発」で、協力が得られるようになった。松平春嶽らも、華族一般の集会のための規則作成に尽力し、木戸はその進展に「隠然不堪欣喜」と期待している。

また、下院については、明治五年に左院で地方官会議創設が議論され、翌年の政体取調でその開設が具体化していた。七年一月に「地方官集会之章程」が作成され、五月には「議院憲法とその規則」が、頒布されている。この地方官会議も木戸が期待した方向であったが、木戸は台湾出兵問題で辞表を提出し、政府も同会議の開会を延期したのであった。

2　大阪会議の開催

大阪会議の画策　台湾出兵問題で下野した木戸孝允は、参議伊藤博文から下関で面会したい旨の電文を受け取った。木戸は旧藩士族の問題で、明治七年（一八七四）七月から山口に帰県しており、伊藤とは下関で十一月一日に会っている。伊藤は、「勅言の書付」を持参していた。そこには「国家の安危に関し不容易事態に付御用の筋有之候条急に帰京可致事」とある。木戸は伊藤から、是非とも帰京するようにとの三条実美太政大臣の要請を伝言された。

木戸は、大蔵大輔辞職後に先収会社を経営していた井上馨とも相談し、しばらくの帰京猶予を願い出るとともに、京都・大阪に出かけることの許可を得た。「療養の儀」が理由である。井上は、小室信夫や古沢滋から、板垣退助の大阪行きを聞かされ、木戸との会談を持ちかけられている。そこで井上は、木戸に大阪で板垣と会談するように求める書状を送った。井上は小室・古沢から促され、「板垣なども浪華え可呼出」として、十二月六日には、改めて木戸に大阪行きを要請した。井上は、木戸の立憲制論を知り、木戸の政府復帰とともに、議院開設の方向で板垣らとの連携をはかろうとしたのである。そこには、山口・高知両県出身者が提携し、大久保らに対抗する企図も存在した（『木戸孝允関係文書』一）。

その後、十二月二十四日には、下関の木戸のもとに伊藤の急使山田仙三が到来した。山田が持参した伊藤の書状には、大久保が「懇々御面晤申上度」で、三田尻まで向かう用意があると記されている（『木戸孝允関係文書』一）。そして、木戸が大阪に行く予定があれば、大阪で面会したいとの大久保の意向も示されていた。伊藤の書状には、大久保の見込が木戸の「平生の御宿論と異なる処無之」といった様子も記されている。将来に向けて、「沈着不動百年の目的相立」という方向である。清国から帰国したばかりの大久保が三田尻まで来航するといわれて、木戸は断わりきれないことを感じたようだ。三十日には長崎から上京する山尾庸三が、蒸気船で下関に立ち寄った。山尾は、上京を催促する三条の書状を、木戸に手渡している。木戸は山尾に後れて明治八年一月四日に下関を出発したのであった。

板垣・大久保との合意　木戸が明治八年一月五日に神戸に入港すると、参議兼内務卿の大久保利通が同地まで出迎えていた。大久保は腹心の吉井友実、税所篤《さいしよあつし》、黒田清隆を同行している。大久保からは、神戸の長門屋で「日清談判の状」を知らされた。大久保の尽力に謙虚に感謝したようだ。

木戸は翌六日に大阪に到着し、井上馨から「小室古沢等の談話」を聞かされた。木戸は七日に大久保を訪ね、翌八日には大久保が来て政府に復帰するように求められた。大久保の帰京をすすめる強い要請は、「たとへ如何様の事ありとも此微意を了諾し呉云々」とある。木戸は、みずからの退職を「素願」として応じていない。十二日には「御用有之候条来る一月帰京可致事」という東京太政官からの達書が届いた。翌日、木戸は改めて太政官史官へ辞表を出している。それでも、十六日には「春風和気」と大書しており、まんざらでない心境だったようだ。

木戸は、一月二十一日に井上に会い、翌日は井上と一緒に板垣退助を訪ねた。小室・古沢も同席し、木戸は民撰議院についての意見を聞き、自身の「考案」を述べた。東京から伊藤博文が到着し、二十三日には時勢を談じて、帰京を促されている。二十六日には三橋楼で囲碁の会を催し、大久保や五代友厚らも参加した。翌日、木戸は伊藤を訪ね、「政府上の後来着手の順序等談論」している。二十九日には大久保・伊藤と「政府の事情を談せり」で、この日に木戸は上京に同意したようだ。

木戸は一月三十日に板垣や小室・古沢と会い、将来の「立法会議等の事」についての自説を語り、「多少考按中異同ありと雖も大様余の意見と相合す」となっている。その後も、木戸は神戸で伊藤に会い、この間の経緯と木戸自身の見解を話した。二月四日には伊藤が大久保に対し、木戸と板垣の合意の趣旨を説明し、大久保から異論がない旨の回答を得た。五日に木戸は井上と面会し、「前途朝廷上の措置を密議」している。同日には東久世侍従長が来阪し、木戸は「今や国家の要務親《したし》く汝に諮詢せんと欲する者多し、朕切に汝の力疾して帰京せんことを望む」という勅語を授けられた。

伊藤から大久保の意向を聞いた木戸は、みずからも二月九日に伊藤とともに大久保を訪ねている。木戸自身の「定律の主意、民会等を起し徐々国会の基を開かんとする意見」を述べ、大久保の同意を確認した。板垣らと合意に至った方向を大久保にも同意させることで、全体の一致をはかったといえる。木戸は日記に、「皆余の説に同意せり、今日大久保同意するにおいては、前途為国家人民開其端一大幸なり、余窃《ひそか》に欣躍す」と記した。

そして、二月十日には、井上のもとに木戸および板垣・古沢・岡本健三郎らが会合し、木戸は将来の目的などの自説を語った。木戸は杉孫七郎に宛て、諸氏が「愚見に随ひ違存無之」と書いている（『木戸孝允文書』六）。板垣が国会開設を主張し、木戸は漸次立憲の方針を示したが、大枠の合意が成立したものといえる。伊藤は、すでに上院に擬した元老院、下院に代わる地方官会議、そして大審院の構想を作成して大久保と木戸のそれぞれに示していた。木戸はその政体改革案を板垣に見せ、それが合意の大枠になったようだ。木戸は、目的を達成するために「緩急を不言、人選亦《また》大に公平」を旨とし、「堪忍」を重ねて成就を期す必要があると語り、「其の大主意」を約して、「異論」が無かったと記している。翌十一日、木戸は料亭加賀伊に大久保・板垣両者を招いた。井上・伊藤の在席のもとで、政変以来はじめて大久保と板垣が面会している。これらの一連の大阪会議において、木戸は板垣の参加を求め、大久保・木戸および板垣をまじえた政体改革の合意を前提として、木戸と板垣の両者が参議に復職することになったのである。

この合意の後、木戸は自身の上京やそれにともなう井上の処遇に関する諸事務の対応に苦心した。山口県政に大きく関係する先収会社については、二月十日に吉富簡一・益田孝・藤田伝三郎らと会し、その閉鎖を決定している。山口県権令中野梧一《なかのごいち》には、すでに「数事件談し置けり」であったが、同県の士族の不穏な状況を考慮し、慎重な配慮を重ねていた。二十日には京都府参事槇村正直に対して、本意でないとしながらも、「自然不得止」として、自身の上京を伝えたのであった。

漸次立憲政体樹立の苦心　木戸孝允は明治八年（一八七五）二月二十二日に神戸を発し、二十四日に帰京した。二十五日に参内し、退出後に太政大臣三条実美と右大臣岩倉具視を訪ね、また高輪毛利邸を訪問している。三月一日には大久保利通を訪ねて、「政府上の秘事を談論」した。その後も三条に「意見数件を陳述」し、井上馨や大久保と制度の変革や密事に関する意見を交換している。

木戸は精力的な会談を重ねたが、三日に参議伊藤博文に宛てた書翰では、大久保との合意が時間がたつほどに「其運も六つケ敷」なり、「中間に立随分困却の次第」と記した。木戸は三条に対して、大久保・板垣らと「プライへとの会合」を提案し、伊藤にも同席を求めている。伊藤に対して、木戸自身がしだいに「土俵の側」へ引き出され、「諸方の苦情を引受け候溜りと相成候」との危機感を吐露している（『木戸孝允文書』六）。木戸は、それを遺憾にたえないとし、「前途の処都合克様御注文被下度」と、伊藤に助力を求めた。伊藤が大阪会議のまとめ役であり、その折に元老院、地方官会議などの綱領を提示し、それが大久保・板垣と木戸の合意になっていたことによる。

そして、木戸は三月四日、伊藤に会って政治の改革を論じ、井上とともに蜂須賀邸で板垣・小室と会談を行った。六日には、小室を訪ねて再論し、夕方から三条邸で大久保・板垣および伊藤と改革を論じている。しかし、この木戸が提案した「プライへとの会合」も、板垣が小室や古沢からききかじりのイギリスの政体を主張したようで、木戸も失望し、十分な合意に至らなかったようだ。木戸は八日に参議に再任され、宮内省御用兼務に任じられた。一方、板垣は参議就任を辞し、特に天皇の垂問をうけて、板垣が「国家定律の基礎」を立てる必要を述べ、十二日に至って任官している。

木戸は参議就任後、三月十三日に大久保・伊藤・板垣と政体改革の着手の順序を論じた。そして十七日には、木戸と大久保・伊藤・板垣の四参議が政体取調御用に就任した。翌日に政体取調局が正院内に設けられ、木戸は精力的に出勤している。井上とは政体改革に関して「立法の得失人選等」を論じているが、困難な課題が少なくない。四月六日に木戸は、三条と「政体改革」の内談を行い、翌日に三条邸で「大久保板垣と政体変革一条の着手、順序、元老院人選等の事を議し」とある。しかし元老院の権限強化をめざす板垣は、左院の廃止を強く要求。九日には元老院人選で板垣が反発した。板垣は人選を二度に分けて行うように主張する。板垣は、民撰議院設立建白書を提出した際に愛国公党を設立し、大阪会議終了後に愛国社を結成していた。板垣は、後藤・副島・由利らの愛国公党加盟者を推挙している。木戸は「板垣内情云々を承知し至当ならざるを覚ふ」で、大久保も木戸と同論であった。佐々木高行は、木戸が大阪会議で「板垣を折つけたりと思」って大久保に話し、大久保も信じたが、そのことで木戸が後日に苦しむようになったと評している。木戸はなんとか板垣の意向を取り入れた。議官の人選については岩倉・島津の反発も強く、木戸はまさに千辛万苦である。

かくして、四月十四日には漸次立憲政体樹立の詔が発せられ、元老院・大審院を置き、地方官会議を開くことが詔せられた。詔書には、「元老院を設け以て立法の源を広め」るとともに、「地方官を召集し以て民情を通」し、「漸次に国家立憲の政体を立て」るとある（『太政官日誌』明治八年、第四四号）。

この政体改革については、大阪会議の際に伊藤が作成し、木戸・板垣・大久保の合意の大枠となっていた綱領が基礎となった。伊藤の綱領は、第一が元老院を設立して立法の任に当たらせ、後日の議会開設の準備をさせることであった。第二が裁判の基礎を強固にするために大審院《だいしんいん》を設けること、第三が上下の意志を疏通するために地方官会議を開くこととある。第四は、内閣と各省を分離し、元勲が内閣で専ら輔弼《ほひつ》の任に当たり、万機親裁を期すという方向であった。

詔書は大阪会議の綱領を大枠として、元老院・大審院・地方官会議の設置を明記したが、第四の内閣と各省の分離が実施に至っていない。大阪会議では、内閣参議と各省卿の分離に向けて、各省卿の行政事務を商議する行政院を設けることが検討されていた。この行政院の具体化は、行政事務の権限がまだ確定していない段階での施行は混乱を生じるとして見送られている。そして詔書では、人民が旧慣に安穏することを戒めるとともに、「進むに軽く為すに急なること莫《な》く」と急進論を否定し、その意を体して翼賛するように命じたのであった。

3　地方官会議の木戸議長

地方官会議の開催　漸次立憲政体樹立の詔にもとづく地方官会議の開催は、木戸孝允の多年の願いが成就した成果といってよい。明治八年（一八七五）五月五日には、同会議の会期を六月二十日から二〇日間と定め、地方官の召集を開始している。諮詢にもとづく議題は、道路・堤防・橋梁および民費のこと、地方警察のこと、地方民会のこと、貧民救助のこと、小学校設立・保護方法のことの五項である（『太政官日誌』明治八年、第五六号）。これまで新政府のもとで公議所や集議院などが設置されていたが、いずれも諮問機関的な性格が強い。民情を反映する議事機関ではなかった。それゆえ、民撰議院設立建白書が提出された後に開設された地方官会議については、内外の期待が大きかったといえる。

この地方官会議では、木戸が政府内の中心となった。五月十四日には議長候補に木戸の名前が上がったようで、六月二日の任官の際、木戸は「漸次民撰議院を構成する余平生の持論、故に此命を蒙《こうむ》り不得辞《じするをえず》」と記している。木戸が立憲制論の立役者であったこと、そしてなによりも地方問題に関心を持っていたことが適任とされた。辣腕な府知事・県令・参事からなる議員を抑えることができるのは、政府側には木戸しかいなかったといってよい。

それゆえ木戸は、任官の当日から地方官御用掛の別局へ出勤し、「議院憲法等取調」を行った。六月八日には、開院に向けた「補設の模様」を確認している。十二日には、天皇に「地方官一条の御用」と地方巡幸の件を言上した。十六日にも浅草東本願寺に出向き、議事堂の補強工事を見分し、地方官会議の準備に苦心している。

そして、六月二十日の開院式は、浅草東本願寺別院に設けられた議院に天皇が臨幸し、皇族および太政大臣・参議などが出席した。開院式は勅任官以上が大礼服を着用し、フランスの式典を参酌している。傍聴を許可された官吏・華族・各府県民二人ずつなどの参観が許された。勅語が読み上げられ、議長の木戸に授けられた。

茲《ここ》に地方官会議の始、朕親《みずか》ら臨《のぞ》んて汝各官に詔《つ》く、朕経国治民の易からさるを思ひ、深く公論衆議に望むことあり、今汝各官地方の重任に居り、親く民情を知る、誠に能く同心協力し、事緒多端なるも、務めて其急を先にし議論異同あるも、要するに其帰を一にし専ら衆庶の為に公益を図らは、則ち斯会将に国家無疆の幸福を開くの始たらんとす、汝各官其れ斯旨《このむね》を体せよ（『地方官会議日誌』）

勅語は、地方官が親く民情を知ることができるとし、「衆庶の為」に公益を考え、公論衆議をはかるように命じたのであった。

機略縦横の議事運営　開院当日の議事では、民撰議院論者の兵庫県令神田孝平《たかひら》から、議院憲法などの不十分な課題が指摘された。木戸は、議長職権で議事の進行をはかったが、「其他紛紜の論百出」であったようだ。

六月二十一日は、議員一同が参内し、木戸が勅書に対する奉答書を提出した。天皇が大広間に出御し、議員に対して、「相偕《あいとも》に協同経始して以て創業の源を深し、此会議の功効を収め、他日人民幸福の流を長せよ」との勅語を授けている。前日に選出された神田が幹事長、神奈川県令中島信行ら七人が幹事であった（『地方官会議日誌』）。

本格的な議事は、二十二日からはじまり、木戸が議会開催への期待を述べ、その後に地方警察の議案を頒布した。午後には二次会を開き、議案の第一条を審議している。翌二十三日は、警察議案の第三条を論じ、午後に「屯所分設官員々数等凡《およそ》大綱を元案に定め置」き、地方の適宜をもって制定する原案に決定した。二十四日は「道路橋梁議案民会議案」について、その下附と各般の議論を行っている。二十五日は、神田が議長となった章句などを検討する小会議に「警察一条」を提出したが、「算計等に疎漏あり」で決定に至らず、当日は中止となった。二十六日には石井省一郎土木権頭が出席し、「道路橋梁の議案」に関する議事を進めている。二十七日には天皇の臨幸があり、議案の道路・橋梁に関する質問を終え、午後の第二次会で討議を行った。二十九日の道路・橋梁議案の第四条の討議では、議論が「百出」となって休憩をとっている。木戸が決議に向けた断固とした決意を示し、ようやく大会議の同意を得た。三十日には小会議で警察議案を決議している。同日には三条太政大臣と伊藤参議が出席し、答議の本書を太政大臣に提出して、奏聞したのであった。

地方官会議の成果　盛夏中の連日の議事は、木戸にとっても大変な疲労であった。六月三十日には、杉孫七郎や山田顕義・野村素介らの山口県出身者が集まり、向島に舟行し、木戸を慰労している。翌七月一日には、浜離宮に天皇が行幸し、延遼館で木戸をはじめ議員一同を召見して、府県の実情を問い、勅語と三条太政大臣の訓諭があった。木戸も議長の立場から、地方官の所見を議場に披露するように各議員に要請している。

その後の地方官会議の議事は、七月四日に「河川法案」を議した。八日には、地方民会開設の議案を附し、府県会・大区会の議員選出を公選とするか区戸長とするかの趣旨の説明後、議事を行っている。板垣が民権派を誘導する動きも報じられていた。投票は、公選民会を可とする者が二一人、区戸長の議員をもって議会開催を可とする者が三九人、可否を明らかにしない者一名である。何とか漸進論に則った区戸長会に決定した。町村の小区会については、紛議が予想され、伊藤博文らと事前の調整を重ねたが、特段の混乱には至っていない（『木戸孝允関係文書』一）。九日には、区戸長議会の開催に関する議案を衆議に附し、「府県会区会共に開会の目的」を定め、着手の次第については地方の適宜に任せる方策を賛成多数にて決定した。木戸は、両党相分かれた激論が行われても、付和雷同が多く、「忠正実着の説」が乏しいことを指摘している。区戸長会も、現状は七〇県中で未開催が二府一七県、区戸長を議員に任じて開催しているのが一府二二県、公選に類する議員を集めた開催が七県であった。木戸は、自分の県内で区戸長会を開催していないのに「頻《しきり》に公選民会等」を論じる議員がいることに立腹している。「叡旨」に背き、府県民にとっても不幸であると批判した。

それでも七月十三日には、府県会・区会の法案を小会議に附し、府県会・区会などの民会議員を区戸長から選出する者が三分の二として、府県会・区会を府県や府県内の各区に開くことを決定している。もっとも、「民会主論の一派」からは別に公選論の議案が出された。木戸は「已に多数を以決せしものを又如此条理を乱るときは終に議事の体不立」として、却下している。府県会・区会などの民会については、木戸の議事運営で漸進論に立った方向で取りまとめることに成功したのである。

地方官会議は、当初の会期を三日延長した七月十七日に閉院した。閉院式には天皇が臨幸し、政府は各地方の任意で府県会・区会などの漸次開設が決まったことから、各議員に対して、議長を通じてさらに「町村会準則」を制定するように達している。すでに一部の府県で民会の類が開催されていたが、全国の通法となるには至っていなかった。一般からの公選民会ではなく、区戸長をもって府県会・区会議員を構成することを定めている。府県会・区会を同時に開くこととし、その開設は地方の適宜に任せることに決したのであった。

4　元老院問題の苦悩

元老院の開催　元老院は、それまでの左院と右院を廃して設置された。明治八年（一八八五）四月二十五日には、元老院の章程が、新法の設立、旧法の改正を議定し、諸建白を受納する所などとされた。議長・議官は任命制で、副議長は議官の互選である。二十五日の議官任命は、勝安芳、山口尚芳、河野《こうの》敏鎌《とがま》、加藤弘之、後藤象二郎、由利公正、福岡孝弟、吉井友実、陸奥宗光、松岡時敏《ときとし》、鳥尾小弥太、三浦梧楼、津田出《いずる》であった。板垣が推薦した後藤・福岡・由利が入り、木戸は三浦・鳥尾・陸奥を加えている。副議長には後藤が選出された。

このような元老院については、元老院側が五月三十日に至って職制章程の増補更正を求め、紛議を生じた。それは、元老院の議決を経ざるものは法律としないという補正案である。同院の強化をめざす陸奥の画策であった。補正案に対しては、政体取調掛の大久保利通・伊藤博文が削除を求めている。元老院の議決を経ずして法律が施行されることがないのは当然であるが、天皇の「大権を制限する」ことになると批判した。板垣退助は四月の詔書に「立法の源を広む」と明記されていることを強調し、削除に反対する。三条太政大臣は決断を下すことができない。

この点、木戸は元老院について、欧米各国の立法官のように「全備は不仕候」とし、天皇のもとで開催し、漸次に「立法官の真境」に誘導することを考えていた。「立法の源を広む」を直ちに立法官設立と解釈してはいない。元老院に天皇と同等の権限を付与するのは間違いとその漸進論の立場から論じている。木戸は、元老院側が一度も会議を開かない前に「自分どもの権を強求候」を実に不都合とみなした。陸奥が首謀者となって、「板垣などへも張合置候」と書いている（『木戸孝允文書』八）。木戸は、青木周蔵や山田顕義らが「政規」の具体化を求めた際にも、「叡慮」を「奉戴」して実現することの必要を記していた。それゆえ、板垣に対しては、井上馨を通じて説得を試みている。大久保に「破裂」の危機を伝え、木戸みずからも六月十日に陸奥や小室に妥協を求めた。

それに対して、井上馨は十二日に板垣と会い、説得を行った。翌日に木戸は、「過日来紛紜の元老院章程論漸一決」と記したが、十七日には木戸・井上および後藤・陸奥・小室が板垣の屋敷に集まり、再度の議論を重ねている。二十二日には天皇が元老院副議長の後藤を召した。三条太政大臣が同席し、天皇が「立法の源を広む」を示諭して、後藤がそれに確認の奉答をしている。「立法の源を広む」を改めて確認することで、元老院の立法権の強化を保障し、なんとか妥協が成り立ったのであった。

かくして七月五日、天皇が臨幸し、馬場先門内の元左院跡の元老院で開院式が開催された。式典に先立つ二日には、議官の増員がはかられた。有栖川宮熾仁親王、柳原前光、佐野常民《つねたみ》、黒田清綱、長谷信篤《ながたにのぶあつ》、大給恆《おぎゅうゆづる》、壬生基修《みぶもとおさ》、秋月種樹《あきづきたねたつ》、佐々木高行、斉藤利行が加わっている。当日は左の勅語が宣せられ、副議長後藤象二郎に授けられた。

本日朕爰《ここ》に親臨して始て本院を開き、爾衆議官に詔く、朕前日衆庶に告くるに元老院を設けて立法の源を広むるの旨を以てし、乃《すな》はち爾衆議官を以て立法の官たらしむ、尚《よろし》くは爾等各乃《なんじ》の心力を一にし、乃の職任を尽し、允《まこと》に上下の康福を図らは、実に国家無疆の休なり、欽《つつしん》て斯意《このい》を体して其能《よ》く賛襄《さんじょう》せよ（『太政官日誌』明治八年、第八七号）

元老院の開院を宣し、同院の「立法の源を広む」る趣旨を掲げ、立法官たる議官が職責を尽くすように命じたのである。

内閣・諸省卿分離問題　政体改革については、元老院の人事・機能の議論を通じて、木戸孝允、大久保利通、板垣退助の思惑の相違が表面化した。板垣は、参議が諸省卿を兼任するのを廃して、議政と行政を分離するように三条に求めている。三条は、行政事務の権限が定まっていない現状では、内閣参議をして諸省の卿を兼任させる現行制度を妥当とし、木戸に協力を求め、板垣への対応をうながした。

木戸は大阪会議において、「漸進の目的」に同意したはずの板垣が、急進の方向に転じたことに憤懣を強めた。酒田県では過納年貢償還を求める運動が起き、同県の森藤右衛門らが六月に建白書を提出し、それを受理した元老院が県当局の追及に乗り出している。

木戸は七月二十九日、小室信夫と井上馨に会い、「浪華已来紛紜の内情不快もの如山」とし、現状の打開をはかった。八月八日には、三条邸で大久保と同席し、内閣と省卿分離の評議を行っている。

その板垣は、九月に入ると改めて内閣・諸省卿分離問題を主張した。三条は木戸に宛て、「遷延相成候ては、板垣進退切迫の場に至」ると危惧し、その前の対応が必要として助言を求めている。板垣の主張は元老院の立法権を確立し、さらに行政官長官の「異議の者」を入れ替える権限などについても要求する方向であった。政府側は、逆に法制局が八月に、行政・司法に対する推問権の削除、副議長の勅選、検視制度による法律議定権の制限などの元老院章程改正案を提出している。だが、その元老院権限の縮小を企図した伊藤の「取調候章程」も具体化に至っていない。木戸は、地方分権の視点から民会を開き、漸次に立憲制の樹立を企図している。板垣が常に急進の挙動に出で、大阪会議の合意が水泡に帰していくことへの怒りが大きい。佐々木は、大阪会議での板垣の企図を、「一度要路に登る時は、遂に見込の処へ運ばせるとか申す心事」であって、その仲間が密かに誓約一連署を交わしていたと評している。板垣は「朋党を一局に集」め、権力奪取を企図していたという（『保古飛呂比』六）。木戸は、九月五日に参院して板垣を説得するとともに、みずから辞意を示すようになった。木戸は諸般の難題が双肩にかかって、大阪の合意に反して大久保らの協力が十分でないことに不満であった。同時に四月十四日の詔書にまで至りながら、その後の政府内の混乱に自責の念が強かったといえる。

一方、九月二十日には、朝鮮の江華島近海に進出した雲揚号が同島砲台と交戦し、砲台を破壊したいわゆる江華島事件が勃発した。政府は十月八日、同事件の外交危機を理由にして内閣参議と諸省卿分離問題の延期をはかったが、板垣は同意していない。板垣は、参議と諸省卿を区分する議政と行政の分離が実現しないことで辞意を示すようになった。十月十二日には、木戸も難局に直面して、辞表提出中にもかかわらず政府会議に参加した。三条は大臣・参議の同意を取り付けている。そして、三条太政大臣と島津久光左大臣・岩倉具視右大臣が参内し、分離延期を是とする大臣・参議の意見を具奏した。板垣もまた特に願い出て封事を上書し、議政・行政分離の延期を批判している。この十二日には、三条が重ねて参内して上書した。三条大臣の延期説に対して、諸参議は同意で、板垣と当日になって説を転じた久光が不同意となっている。木戸は、江華島事件で政府内の勉励が求められており、みずからも三条らの「衆論に同意」する旨を板垣に答えたのであった。

島津久光の辞職　島津久光は明治五年（一八七二）六月に服制・兵制などの建議を行い、七年四月の左大臣任官後もその実現を求めていた。久光は八年三月、太政大臣三条実美、右大臣岩倉具視に改めて自身の建言の執奏を要求する。天皇は服制・暦制の不採用を勅したが、久光はそれを不満とし、その他の建言事項の具体化を要求した。その久光に対して、政府は元老院の議長兼任を打診し、内命を下した。海江田信義が久光の議長兼任を画策し、久光もこれを承諾したのであった。だが、久光の議長兼任には、元老院の議官の反対も少なくない。三条は窮地に陥り、木戸と大久保にその打開を求めた。三条は木戸へ宛て、「即御取消に相成候」ては政府の面目が立たないとし、いったんは「何分にも御内命の通」と書き送っている。しかし、板垣や陸奥も久光の議長兼任に否定的であった。木戸は七月二十日、三条に宛て「島津奉命相成候とも則日より元老院中紛紜相生じ候ては是又不容易」と、久光登用を拒否するように求めている(「木戸孝允文書」六)。結果は、久光の議長兼任が撤回となった。

だが、この議長兼任の撤回は、島津久光が反政府勢力の象徴的存在であっただけに、その後の政府を苦しめた。政府内では、岩倉が明治三年十二月に勅使となって久光の上京を求めたことがあり、改めて確執の解消を企図して八年九月二十八日に久光を訪ねている。しかし、久光は服制・兵制・暦制についての自説を反復弁論した。岩倉は久光の側近内田政風《まさかぜ》・海江田信義の強い要請で十月五日にも再度の会談を重ねた。それでも久光の姿勢は変わっていない。同時期、木戸も伊藤から、島津久光のもとに「種々の不平徒」が出入りし、島津を太政大臣に挙げようとして、「各其志を欲遂、色々術策を尽せし」という動向が伝えられている。

そして島津久光は、政府内で内閣参議の各省卿兼任を廃する議政・行政分離問題が政争の課題となると、板垣とともに分離を強く主張するようになった。この議政・行政分離問題については、天皇は十月十九日、大臣・参議を召し、内閣・諸省卿分離の延期の勅語を下す。それに対して、久光は三条太政大臣を弾劾する上書を捧呈している。上書には、三条を「百官統轄の術に乏く、事務を行ふ怱卒《こつそつ》遅延」で、「黜陟《ちゆつちよく》の典情愛憎に出て不信を海内に示し」と記した。人心が疑惑して怨みを抱き、政府が瓦解すると批判する。板垣の建言に対して、三条が決定を下さないで遅らせているとし、三条を罷免するように上奏したのであった。

木戸は十月十九日に久光の「密奏」という事態を聞き、二十日には「密奏」が三条を弾劾する上書であったことを知った。木戸は同日の日記にその内容を書き上げている。諸参議も驚愕し、木戸の憤怒・慨歎は大きい。

この久光の上書に際しては、華族の五条為栄《ためしげ》・平松時厚《ひらまつときあつ》・太田資美《すけよし》が連名で久光を留任させるように上奏した。それ以前の久光の元老院議長兼任が撤回された際にも、中山忠能・嵯峨実愛・伊達宗城・池田慶徳らの華族が、撤回の弊害を上書して久光を支援している。有栖川宮熾仁親王もまた十月二十一日に参内し、宮内卿徳大寺実則邸を訪ね、徳大寺の諫言を抑えて久光を擁護する上書を伝奏した。

久光の三条実美弾劾が上書された際、天皇は熾仁親王を呼んで久光の意見を問いただそうと考えた。しかし徳大寺が岩倉を召する方策を奉答し、天皇もそれに同意している。天皇の諮詢をうけた岩倉は、板垣らの「征韓」論議に苦しめられ、自由民権論の台頭に批判的であった。元老院の発足直前にはみずからの辞表を提出していたが、板垣と連携した久光の三条弾劾に対しては、やはり内閣・諸省卿分離の延期を上申している。結果として、天皇は久光の三条弾劾を否定し、岩倉の上申を採用したのであった。島津久光の三条弾劾については、それにあわせて旧大名や公家の華族を中心にした政府批判勢力が結集していた。木戸は、久光自身が「太政大臣に昇り候決意」とみなし、その背景に華族らの「段々尻押し有之」と判断している。三条・岩倉や大久保・木戸らにとって、きわめて微妙で、危機的な事態であったことは間違いない。三条・岩倉と木戸・大久保らの維新政権の「不容易次第」であったといえる（『木戸孝允文書』六）。

天皇は、十月二十二日に左大臣島津久光を召し、久光に「書面差戻」しの勅語を下した。久光は自身の辞表を奏聞したが、天皇からは「当時国事多端殊に朝鮮事件も出来勉励可致云々御沙汰」が出されている。

それでも久光は、「憤然退出せり」であったという（『明治天皇紀』第三）。同日、久光は岩倉を通じて辞表を提出し、理非曲直の宸断を求めたが、二十五日の閣議で島津・板垣の免職が内決している。島津久光は板垣とともに二十七日に免官となったのである。

木戸の辞意表明　元老院の開設にともなう紛議は、大阪会議の合意の破綻であり、その当事者の木戸孝允の責任は大きく、また木戸自身の失望も少なくない。念願としてきた立憲制の導入も、いざ具体化すると元老院の権限をめぐって紛議を繰り返す。元老院の立法権を強化して政府の在り方をも改めようとする板垣らの急進的な動きは、木戸の予想を越える事態であった。三条・岩倉とそれをささえる大久保・木戸らの鹿児島・山口出身者が主導する政府に対し、疎外された政治勢力の不満が噴出した。漸次の立憲政体樹立をおおやけにした詔書も、そのような権力闘争の渦中では、有効に機能しない。木戸は、板垣に対して「漸次に立法官の真境」に導くと説得した。それでも立法権の拡充を求めてやまない板垣の前に、「嘆息」に終始している。

木戸は、地方へ分権、町村会の開設から立憲制の基盤形成を進めたが、大阪での合意が板垣の「急進の挙動」で瓦解させられたとの思いを強めた。元老院の権限問題に関係した内閣参議と諸省卿分離の紛議を経験し、木戸は伊藤に宛て、「実に浪華の一条一生の大失策」と書いている。同時に木戸は、急進派との深刻な対立の渦中に立たされ、そして「潮水油混合いたし候道理無御座」と考えるようになった。「混合論は下策中の下策」で、前途のために不適切と論じている（『木戸孝允文書』六）。そして、政府の変革にともなって、「不平の徒」が集会し、「頻に扇動を以政府を転覆せんと企つるもの不少」と危惧した。この点、現状の平安を保持することが人民の安堵につながるとし、「天下人民一瓦解」を防ぐことを優先すべきと記すようになる。ともすれば、政府が以前の「地位に御復相成候方可然」と、立憲制を否定する方向にまで後退するようになったのである。

そして木戸は、自分一人に難題が負わされ、政府内の援助がなく、大阪の合意に反して大久保利通・伊藤博文らが傍観しているのを遺憾とした。木戸は、自説が「政府中情実」で進展せず、国家・人民に責任が果たせないとの不満も少なくなかった。木戸は九月五日、板垣への説得が行き詰ったなかで、前述のようなみずからの辞職を口にした。自説の貫徹が困難な事態で、これ以上の紛議を引き起こすことを避け、勇退を望んでいる。木戸はその日の内に大久保にも辞職の決意を伝えたのであった。

しかし、この木戸の辞意は、結局、翌年三月まで達成されていない。辞表を提出した木戸に対しては、大久保の意をうけた伊藤や井上が説得を重ねた。また朝鮮の江華島問題が発生し、左大臣島津久光が三条太政大臣を弾劾する危機を生じ、木戸も政府に出仕するようになっている。そして、朝鮮問題については、木戸が戊辰戦争直後に朝鮮問題を提起し、その後も内決した中国派遣が実現しないままにあったことから、木戸自身がその打開に当たりたい旨を願い出ている（『木戸孝允文書』八）。

それでも、元老院問題での板垣と島津の免官が決まり、朝鮮に特命全権弁理大臣黒田清隆と井上馨が派遣されると、木戸は再び辞意を表明する。木戸は十一月八日、井上に宛て、板垣が下野した後に自身が残ることを痛心とし、板垣と大久保に陳述した通り、「是非辞職と決意」を書き送っていた（『木戸孝允文書』六）。そして翌九年三月二十八日に至って、参議を免じられた。同時に内閣顧問を命じられ、「年俸三千円下賜席順の儀は可為旧事《きゅうとなすべくこと》」とされている。木戸のたびたびの辞意は、伊藤や井上を困惑させる事態であった。政府内の軋轢を危惧した井上は、一時は木戸を渡欧に誘い、木戸も気持ちを傾けたようだ。その木戸は、参議辞職後も五月八日には奥羽巡幸の供奉を命じられた。参議としての政務の重鎮は外れても、「皇室中の御規模御一新」と天皇輔導は維新以来の明治国家をささえてきた木戸の志願であった。佐々木は、明治国家に「天皇の御賢明と大臣の勇決」が必要とし、現状は天皇が若年で、「条岩公にも力なし」と評していた（『保古飛呂比』六）。木戸は立憲制導入の困難を直視し、天皇の役割をそれまで以上に重視して、輔導体制の確立を急務と考えるようになっていたのである。

七　明治国家の士族と農民

1　山口県政と木戸孝允

廃藩置県と山口県士族　明治四年（一八七一）七月十四日の廃藩置県後、廃藩に賛同した旧山口藩知事毛利元徳は、旧藩士族に告諭を発した。告諭には元徳の「素志」が貫徹され、廃藩置県が断行されて、「感激の至」と記された。そして、旧藩士族が「旧情に拘泥《こうでい》し疑惑を生する」ようであれば、元徳の責任が問われるとして、「朝廷に対し深く恐懍《きょうりつ》身を措くに地なし」と記している。旧慣にとらわれず、時勢の変遷と制度の改革を推考すべきと諭した。「公義」のもとに私情をすて、各自が「其職を勉め」て前途の目的を定め、これまでと同様に朝廷のために尽力するように求めたのであった。

すでに元徳は、廃藩置県の二日前の七月十二日、藩知事の免職を求めた辞職上表を政府に提出していた。鳥取・熊本両藩などから知事辞職論が出され、元徳も「朝廷」を「裨補」する国事諮詢に任じられたこともあって、藩知事辞職の上表を呈したのである。山口藩内では、木戸孝允が士族・卒の統一を進め、支藩合併の動きを支援していた。前藩主毛利敬親の「遺表」も、「朝威」の確立と「天下の方向一定」を強調している。元徳の上表は、そのような敬親や木戸の尽力に呼応するものであったといえる（拙稿「山口藩知事毛利元徳の辞職『上表』」）。

それゆえ毛利元徳は、辞職上表の提出後、士族と卒・陪臣の統一にとどまらず、華・士族の廃止と士民平均論に強い関心を示した。元徳は、廃藩直後の七月十六日に木戸を訪ね、「華士族を廃し人民へ平均」を論じていた。元徳の意向は、それまでの旧山口藩の「勤王の首魁」を意識し、廃藩置県後の改革にも積極的な姿勢を示そうとした点にあったようだ。その元徳は三条実美太政大臣に宛て、廃藩後の山口県政に賢才を選んで知事に任ずるように建言している。旧来の弊習の払拭が必要とし、みずからも位階を奉還して、「平民同一の地」に降りることを願い出たのであった（「毛利元徳上書」）。

しかし、木戸はこのような元徳の急進的な「御議論」に対して、慎重な対応を求めている。木戸は、八月三日のイギリス代理公使フランシス・アダムスとの会談の折、廃藩置県に対して、反対する旧大名はいないと語っていた。旧大名は二年前の版籍奉還を申し出た時に廃藩置県を原則的、自発的に承認したとその自信のほどを示している。版籍奉還の約束を拒む者は世論から見離されると説明した。旧藩士族に対しては、政府公債の発行計画があり、かれらの権利も十分に考慮され、旧藩士族からの反対があるとは思えないと語っている（拙著『廃藩置県の研究』）。それにしても、木戸は、廃藩置県後に全く危惧がなかったわけではない。アダムスとの会談での発言は、日本の急激な改革に対する外国側の危機感を鎮静させようとする意図があったように思われる。それゆえ木戸は、元徳から「平民帰一の御建言」の相談をうけた際には、慎重な対応を求めていた。その「御主意」に同意しながらも、「今日の有様」ではかえって「御深意」が理解されないと、自重を促したのである。

この点、元徳は明治四年八月に旧山口藩士族に宛てた「諭書」を発したが、そこでは「平均の御議論」に言及していない。「諭書」は、「皇運」の回復に尽力した山口藩の「偉勲」を強調するとともに、元徳みずから藩知事辞職を願い出た経緯を述べた。辞職の理由として、藩政の「釐正《りせい》」の限界を知り、藩内の「君臣の余習」の一洗と「政令一に帰」すことを目的としたと強調している（拙稿「山口藩知事毛利元徳の辞職『上表』」）。

それでもこの「諭書」が、「尾大の弊」となっていた山口藩で、廃藩直後の士族の動揺を抑制する効果が大きかったことはいうまでもない。木戸は留学中の南貞助や品川弥二郎らに宛て、廃藩置県と旧藩知事の免官に「怪もの少く」と書き送っている。二、三年前に比して「今日の人かく見之異なるもの歟と存候」と、その実感を記したのであった。

山口県の地租改正　このような山口県では、明治四年十一月十五日に旧幕臣の中野梧一《ごいち》が参事に着任した。欠員の知事に代わる中野の参事登用は、大蔵省の実権を握っていた山口藩出身の大蔵大輔井上馨の影響が大きい。大蔵省は、廃藩置県の後、旧山口藩領を周防国を中心とした三田尻県と長門国を主とした豊浦県に二分割することを計画していたが、結果は旧山口藩領がそのまま山口県となっていた。さらに支藩の旧豊浦、旧清末、旧岩国藩領も加わった八九万石余におよぶ大県となっている。

大蔵省七等出仕から山口県参事に抜擢された中野は、井上の意を受けて県政の改革に着手した。山口県内の農民の負担は、井上が旧藩時代に意見書を提出してその重税を指摘していた。山口県は、旧租法の不備と農民に対する重い負担を訴え、中野の山口県参事赴任と軌を一にして大蔵省からの減租の許可を得ている。土貢米の否定や各種雑税の廃止などは、井上の指導を背景とした特段の措置であった。また大蔵省は、すでに具体化していた壬申地券《じんしんちけん》の交付にあたって、山口県で規定の売買地価を適用することなく、「至当の地価」にもとづく「地租改正の内諭」をあたえた。中野は、このような大蔵省の内諭をうけ、明治五年八月に山口県内各村の戸長・副戸長や老農を県庁に召集して、「地券発興並《はっこうならびに》地租改正《ちそかいせい》の旨趣」を伝えている。

この地租改正については、山口県では明治五年九月に地券発行・地租改正実施の告諭書を発布していた。とくに「有税地調査例」を布達して、具体的な地価算定法を示している。「有税地調査例」は、「持地」の一筆ごとの反別調査と「土地の品位」の確定を行い、「一歳収穫の物品を反別建札へ書調」べ、官員の調査をうけてその利益の一〇倍を地価としている。その際には、「歩引法」を活用することで必要経費を控除した地価を算定できるようにし、地主層の有益に配慮していた。「土地の品位」の前提となる収穫高の算定も、それまでの小作料を基準に定めている。他県に先駆けて壬申地券の作成を開始するとともに、疲弊した農民層さらには地主豪農層に配慮した地価査定を行い、改租事業の実現を優先したといえる。

この山口県のいわゆる壬申地券による地租改正に対して、政府は明治六年（一八七三）七月二十八日に地租改正の詔を発し、地租改正条例および施行規則、地方官心得などを公布した。この地租改正では、それまでの壬申地券方式の地価を改め、地押調査にもとづく地券発行に切り換え、土地の総収益から生産費、公課費などを控除した収益価格を地価としている。旧来の石高制にもとづく貢租を廃止し、地券所持者の地券に記入した地価に応じた課税である。地租は地価の一〇〇分の三とし、旧来の米納と異なる金納で徴税した。

新たな地租改正が具体化されると、大蔵省は山口県が地租と民費の合計額を地租としてそれ以外に村費を徴収すること、全体の減租額が大きいことに批判的であった。この大蔵省側の批判的な姿勢に対しても、中野は木戸らに協力を求め、同県が先行した壬申地券方式を基礎とする独自の地租改正についての正院の承認を得ている。木戸は明治七年二月十八日の岩倉右大臣のもとでの会議で、山口県の地租改正を論じてその決定にこぎつけた。木戸が「地租改正是を以て第一着とす」と記したのが、他県にさきがけて実施した山口県の地租改正に向けた木戸や井上の熱意をうかがわせる。同県では田地が旧反別の二％強の一三〇〇町《ちょう》歩《ぶ》余の増加となったが、全体としては減租となっている。結果として、税額では二五％弱の二〇万円余の減少となり、畑・宅地の増額を入れても一七万円余の減収になったのであった。

2　秩禄処分と士族授産

木戸孝允の家禄整理論　秩禄処分は、廃藩置県後の政府の不可避な課題であった。明治四年（一八七一）八月三日、参議木戸孝允はイギリス公使館に廃藩置県断行の説明に出向いた折、代理公使フランシス・アダムズに家禄整理の計画を語っている。木戸は家禄整理の問題を、同年春に帰藩した折から考えていたが、まだ政府内で合意されたものでなく、私案の段階だったようだ。それでも木戸は、政府が家禄の三分の二にあたる証書を交付し、それを自由に売買できるようにするとアダムズに語っている。一種の公債か政府発行の仮証券のようなものと説明した。そして残りの三分の一については府県に積み立てさせ、一〇年後に政府が買上げるか、あるいは政府に売却を望まない者には無制限に利息を払い続けるかのどちらかにするつもりだと話している。この方法で士族の家禄を約一〇年で整理できるだろうと、その見通しを語った（拙著『廃藩置県の研究』）。

木戸は、士族が保有している「石高の総額」が米に換算して約八〇〇万石であると、アダムズに打ち明けた。そして、これまで常備軍とされていた士族の大部分が、本来の任務にふさわしくない存在となり、それにかわる「徴募」の兵制の形成が必要になったと語った。士族階級を解消し、かれらを商人や農民に生れかわらせる時機が到来したと述べている。政府は、四年八月九日に散髪・脱刀の許可を発令し、木戸はそれに先き立ってみずから八月三日に断髪を行っていた。木戸が守旧派と目していた盛岡県権知事渡辺昇が来訪し、新時代への転換として、両者が翌日に断髪を実行したのであった。

この家禄整理は、木戸らが岩倉使節として米欧諸国に派遣された後、政府の大蔵省を中心に具体化された。正院は明治五年二月、三〇〇〇万円の外債募集に依拠した家禄償却案および工部省関係の事務振興案、鉱山・鉄道事業案などの推進を内決した。大蔵大輔井上馨と少輔吉田清成がアメリカの大久保利通・伊藤博文両副使に宛てた書翰には、家禄償却案が華族・士族の家禄全体の三分の一を削除すると書かれている。士族には家禄の六ヵ年分にあたる禄券を支給して売買を許可し、政府が禄券発行後に毎年その六分の一ずつを買上げる方策であった。

しかし、この正院で内決された大蔵省の案は、華族・士族に対するきわめて厳しい家禄処分の方法である。木戸がアダムズ代理公使に語った見込みに比較して、華族・士族にとって苛酷であった。木戸はアダムズに説明した自身の家禄整理案を、岩倉使節の出発直前に三条太政大臣に伝えていたが、「旧士族の安堵」への配慮についてはほとんど無視されている。木戸は、士族の特権を解消して士族にかわる徴募制の軍隊を創設し、常職を失った士族の家禄整理が必要と考えていた。それでも留守政府の正院が内決した方策はあまりにも厳しい。木戸は、家禄は世襲されてきたことで天下の公認となっていたと論じた。にわかに家禄を処分する方策は「実に可憐なり」とし、士族が「罪人にあらず」、「皇国の皆民なり」と考えた(『木戸孝允文書』八)。

木戸は、前述のアダムズらとの会談を通じて、性急な改革に対する外国側の危惧を聞かされ、そのことは木戸も理解していた。木戸は、士族が常備軍を形成しなくなっていたとはいえ、国家にとって必要な存在と考えている。士族の多くは、国家をささえる知識と忠誠心を持っており、それを明治国家の「干城」とすることが可能である。それゆえ、木戸もまた士族を困窮させ、自暴自棄に陥らせ、まして反乱を起こすような事態は明治国家の破滅に至ると危惧したのであった。

秩禄処分の断行　正院の内決した家禄整理案が岩倉使節の岩倉や木戸から反対され、渡米した吉田清成大蔵少輔の外債募集が難航したことで、政府も当初の方針の変更をよぎなくされた。正院は明治五年八月、大蔵省の修正案をうけて、外債募集額を家禄整理に必要な一〇〇〇万円に縮小した。家禄整理案についても、六ヵ年の支給に限定する当初の案を廃し、「年々減却の仕法」と「一時禄券の方法」を採用している。

「年々減却の仕法」は、明治六年度分の家禄から支給額をしだいに減らし、一五ヵ年で支給を終える方策であった。「一時禄券の方法」は、希望者に八ヵ年分の金券を一時にあたえ、金券額の年一割の利子を毎年支給する方法であり、華族・士族の生計に配慮した案となっている。

右の家禄整理案は、その後も華士族の反発をうけてさらに後退をせまられるが、それにしても秩禄処分は、政府の避けることができない課題であった。廃藩後の華士族に対する家禄支給の総額は、政府の財政支出の三〇％以上を占めている。それが、近代化とりわけ富国強兵・殖産興業政策を進めるための大きな足枷であったことはいうまでもない。政府は廃藩置県以前、すでに帰農・帰商を希望する卒に禄高の五ヵ年分を一時賜金として支給し、それを士族にも適用していた。政府はいったん中止していたその賜金下付を、六年十二月に再開。家禄・賞典禄の一〇〇石未満の者に対しては、それを奉還する場合、現金と公債証書で産業資金を下付することとし、同時に家禄税を課すようにした。

木戸は、家禄税の賦課に対しては、急な布告を抑え、政府財政の「基礎一定」と「歳入歳出の大算一定」をおおやけにするように建言している。禄税が家禄を士族の所有物と認定することにつながるとして安易に禄税を課すことを否定し、「減禄制議」を建言した（『木戸孝允日記』二）。しかし政府は、禄税賦課が欠かせない財政の現状を弁明し、家禄税を実施している。

政府は翌七年十一月、一〇〇石以上の士族に対しても家禄・賞典禄の奉還を認めた。奉還にともなう賜金の下付は、永世禄と終身禄とを分け、前者は六ヵ年分、後者は四ヵ年分を現金と公債証書で下付している。公債証書については、二年間を据え置きとし、三ヵ年目から七ヵ年以内に抽選を以って償還することにした（落合弘樹『明治国家と士族』）。この家禄奉還規則の制定後、奉還を出願する者が士族戸数の約三分の一に達し、一三万五千余人にのぼった。しかし、奉還で一時賜金を得た者も、就産の失敗が少なくない。いわゆる「士族の商法」の破綻であり、政府も明治八年七月には、改めて家禄奉還規則の停止をよぎなくされた。

そして、政府は明治八年九月、家禄・賞典禄の支給を現石から金禄に改めた。翌九年八月には金禄公債証書発行条例を公布している。木戸は、同条例が検討された折、家禄支銷の年限を延長し、士族各自に生活の道を開かせる寛大の措置を求めて建言書を提出した（『木戸孝允文書』八）。金禄公債証書発行条例は、華士族に対する家禄・賞典禄の支給を改め、金禄公債証書の交付にかえる方法である。金禄元高の一〇〇〇円以上に対しては、元高の五ヵ年から七ヵ年半分に相当する額の五分利附公債証書を支給した。金禄元高一〇〇〇円未満から一〇〇円以上に対しては、元高の七ヵ年分七分五厘から一一年分の六分利附公債証書。金禄元高一〇〇円未満に対しては、一一ヵ年半から一四ヵ年分に相当する七分利附公債証書を支給している。金禄公債証書は、証書交付の六年目から毎年の抽選を以て償還することとした。三〇年間で全部の償還が予定されている。公債証書の利息は高禄者に低率で、薄禄者に高率の支給であったが、それでも多くの士族が利息だけでは生計を維持できない。士族の没落は現実となった。木戸は、大蔵省の苛酷な査定を批判し、士族の困迫することを大臣・参議に痛論している。家禄の支消に関する意見書草按を岩倉具視に呈したが、それも貫徹されていない。金禄公債証書発行条例は士族の解体を急速に進め、一方で旧藩の上層階層の多額な公債を抵当とした国立銀行の設立をうながす結果となったのである。

旧藩士族と防長協同会社　木戸孝允は、士族の家禄整理に各般の配慮を論じたが、山口県士族に対しては、同県での勧業局、さらには防長協同会社の設立に参加した。それらは、井上馨や中野梧一らと協同した事業で、木戸は山口県士族の安堵を急務とし、その運営に苦心を重ねている。

明治六年（一八七三）十一月に設立された勧業局は、地租の金納分を米納させ、禄金と米穀の振替を行った。金納になると「小民」が悪徳商人の市場操作で苦しむとし、「小民」の保護を理由に旧来の米納を継続している。そして、地租引当米の米納は、禄米支給の維持に用いられ、士族の保護に活用された。農民からの米納は、地価算定基準とされた石代相場が用いられ、一石あたり金三円の割合である。明治六年度の場合は、地租引当米の約六〇％が士族の禄米支給に使用され、しかも一石を四円二〇銭とする士族に有利な相場が適用されている。残りの米穀は、勧業局を通じて売却され、政府に金納されたのであった。

この勧業局は明治七年六月、各区の区長、代議人および士族代表で構成された会議で防長協同会社に改組が決まり、十一月に同社が発足した。防長協同会社は、「各大区中土地を所有する者」を株主として組み入れ、農民から現米を地租引当米として徴収することを目的にしている。区戸長の行政組織に依存して地租引当米となる現米を一手に集め、独占的に県外などに販売し、その代金をもって地租の納入にあてた。現米の徴収は米一石に金三円という低額であり、農民からの実質的な収奪となっている。山口県内の改租が地租の減少となりながらも、農民から低額「米価」で現米徴収した結果、現実には地租改正以前と変わらない重税になったといえる。

農民の地租引当米とされた現米は、政府の定めた貢納石代相場で士族に売り渡された。それ以外の年間三万から五万石の米穀は、井上らが設立した先収会社に引き渡され、大阪の堂島で売却されている。先収会社は大蔵大輔を辞した井上が渋沢栄一らと設立した商社で、六年末から営業を開始し、岡田平蔵・吉富簡一らの山口県出身者が中心となった。

もっとも、このような防長協同会社を通じた地租引当米の徴収が、農民の反発をともなったことはいうまでもない。特に農民経済の発展した地域からは、「生産物」の自由な処分、定額地価にもとづく金納を求める反発が強い。また米価差額分の割戻金の還付が農民の要求となっている。明治九年に強制的な引当米徴収を廃すると、引当米が減少して士族への「売却」分が不足し、士族家禄分の正米支給が困難になった。翌十年の秩禄処分で金禄公債制度に改められた結果、正米支給が廃され、引当米徴収も全面的に廃止されている。木戸・井上や中野権令の尽力で具体化した山口県士族の安堵策は、明治九年以降は困難となり、士族の経済基盤の確保と就産がより窮地に陥るようになったのである。

士族授産と木戸孝允　明治四年七月の廃藩置県断行後、士族の生計安堵がはかられたとはいえ、山口県の施策に限界が存在したことはいうまでもない。旧山口藩の支藩であった旧清末藩内では、四年十月に新政反対、旧藩知事引留めの一揆が発生した。一揆は「知事様御帰の事」「散髪御廃止の事」などの五項目を要求している。清末から山口さらには東京まで押出すことを掲げ、竹鎗や小銃を携えて戸長などの家宅を打ち壊した。同じ旧豊浦藩内では九月に「人民不穏」の動きがあり、十二月に「種々弊風」が問題になっている。旧山口藩内でも、廃藩置県直後から「御改正に付旧情不安」が存在し、明治五年七月に元奇兵隊の秋元左司馬、翌年一月には八幡十郎らの反乱未遂事件などが発覚した。

そして明治七年二月に前参議江藤新平や島義勇らの不平士族による佐賀の乱が発生すると、山口県内にもそれに呼応しようとする動きがあり、一触即発の事態になった。山口県権令中野梧一は、佐賀の乱の発生を知ると、みずから萩の前参議前原一誠のもとに出かけ、県内の鎮静・保護への助力を求めている。広島鎮台に兵器の借用と出兵を要請。山口県内各地に官員を送って動揺を抑え、さらに士族兵を募集して下関に派遣した。

中野権令は佐賀の乱の鎮圧後、明治七年四月に上京し、木戸孝允や杉孫七郎宮内大丞らの山口県出身者を訪ね、県政の安定への協力を要請している。木戸に対しては、帰県を求め、前原との会談を依頼した。木戸は四月九日に中野と会い、山口県士族が木戸を批判する事態に慨歎している。そして木戸は、台湾出兵を批判して参議を辞職した後、みずから帰県を決意した。木戸は六月四日、伊藤に対して、壮年の山口県士族が「皆大刀を横たへ」て、練兵の実施を県庁に申し出るなど、放置できない状況への危惧を書き送っている。佐賀の乱以後に山口県士族の蜂起の気運がより強まったとみなし、その矛先きを抑える必要を強調したのであった。

そして木戸は、みずからの帰県に先き立って、明治三年の脱隊騒動で戊辰戦功賞典を没収された士族の復給を企図し、伊藤にその尽力を求めた。また、毛利家の賞典禄一〇万石（表高）を士族に分与するように画策している。脱隊騒動の没収を復給することは現実化しないが、毛利家からは賞典禄内の現米二五〇〇石を分割してその一任をうけた。それは、「士民の饑餓《きが》を傍観」するようでは元徳の「御徳」にかかわると論じ、賞典禄を「士民為に費」すように求めた成果であった（『木戸孝允日記』三）。

この木戸は、明治七年七月四日に帰県すると、中野権令などと検討を重ね、士族に「適宜の産業」を授ける方向で尽力した。井上馨らが、毛利元徳をはじめ奏任官以上の山口県出身者から教育授産の醵金を募り、協力している。士族授産については、山口県内の一万五千余人の就産を対象として、授産局の創設が進められた。それまでの勧業局を七年十一月に防長協同会社と授産局に分け、吉田右一が授産局を担当した。資金は勧業局が資本としていた五〇万円と米五万石の内から、二五万円を士族授産局の資本とし、残りの米金を防長協同会社の資本金としている。

木戸はこの士族授産について、みずから萩に出張して集議所で教育授産の協議を重ね、十一月二十二日に戸長を萩に召集して授産教育を演説した。それらの戸長を授産係に命じ、授産局章程を作成して前原一誠の意見も徴している。前原に対しては伊藤博文とも相談を重ね、名東《みょうどう》県や小田県での任官なども画策した（『木戸孝允関係文書』二）。中野権令は、木戸の「位望並高く、県下人士の信憑」して「旧知事殿委託の厚き」に依拠し、県内での士族授産の成功に期待している。

この授産局章程には、「困窮無活計」の士族が土着して桑茶園を開墾し、「物産増殖の大基本」を立てるとある。授産局には、計算掛・山林掛・検査巡回方・出張方からなる開墾課と、禄米掛・救助金計算方などの集成課が設置された。二五万円の資金は三分して、銀行への預金、確実な商人への貸付け、確かな商人を通じた運用としている。政府から官有山林の払い下げをうけ、資本としていくことも計画した。資本金の貸付・運用を行い、開墾課が土着した士族による桑茶園の開墾、山林の材木などの売却を担当している。集成課を通じて、協同会社と提携した禄米の運用、就学・生計関連物品の取扱いなどを実施したのであった。

しかし、このような授産局の事業も、明治七年十二月に木戸が山口を離れて上京すると、その活動が停滞している。吉田右一《ういち》が木戸の代理となった授産局は、九年八月に就産局と改称したが、十一年には困窮士族が就産所の利益金の分配を求め、「就産所利益金処分問題」の紛議を生じたのであった。

3　木戸孝允の東北巡幸

東北巡幸への供奉　明治九年（一八七六）六月二日、木戸孝允は天皇の東北巡幸に供奉して東京を出発した。木戸は大阪会議後に上京し、以後は漸次立憲政体樹立に尽力。地方官会議の議長を勤めていたが、九年三月に参議を辞して内閣顧問になっていた。その木戸が、右大臣岩倉具視および宮内卿徳大寺実則・宮内少輔杉孫七郎らの宮内省関係者らとともに、東北巡幸に供奉したのである。

出発の当日は、三条実美太政大臣はじめ参議・麝香間祗候などが奉送し、皇后が千住まで天皇を見送った。千住には埼玉県令白根多助が出迎え、第一日目の宿泊は草加であった。翌日は幸手《さって》から権現堂新堤に出て、洪水禍の多い利根川の激流を臨み、栗橋から渡船で茨城県中田に上陸した。利根川では、漁夫の立網と水中での潜水漁猟を見学し、同日は栃木県の小山《おやま》に宿泊している。

巡幸の間、天皇は日光で東照宮《とうしようぐう》や二荒山《ふたらさん》神社などを廻り、雨中にもかかわらず神殿・陽明門《ようめいもん》を見学した。第二皇女の薫子《しげこ》内親王死去の電報が到達し、同日の宿泊先の宇都宮で内親王の薨去《こうきょ》を弔ったが、その後は当初の予定に従って各地を巡幸している。福島県内では、大槻原《おおつきはら》開墾場の開成社を巡見して授産事業の説明をうけ、二本松製糸会社では民間の機械製糸業の嚆矢となる工場などを見学している。仙台では、宮城県庁や裁判所・師範学校・鎮台・歩兵第四連隊兵営などを廻り、公園下で開催中の博覧会に参加した。五戸《ごのへ》では旧七戸藩士の新渡戸伝《にとべつとう》がはじめた三本木開墾地、さらには旧斗南藩士広沢安任《やすとう》が興した牧場などを見学している。函館では、開港場の諸外国領事やアイヌなどを召見し、七重《ななえ》勧業課試験場や五稜郭《ごりようかく》を巡見した。

木戸は、その巡検・見学の折々に下見を試み、天皇にかわって現況などを問い、褒賞金の下賜などを行った。県治の課題や人民からの訴願などは木戸が対応している。宮城県では、権令が退出した後、天皇が木戸に「汝の部下」かと尋ねた。宮城時亮《みやぎときすけ》権令が一言ごとに木戸の顔色を窺う様子から、天皇がその権令の出自を山口県と見抜く一幕もあったようだ。各県令は天皇の巡幸先に奉迎して県内の現況を奏上し、その緊張は少なくなかったのである。山形・置賜《おきたま》・鶴岡・秋田諸県は大久保利通参議兼内務卿が巡回した。天皇は青森からは明治丸で函館に渡り、函館からは海路で七月二十日に横浜に帰着したのであった。

この東北巡幸の期間、木戸は君徳涵養の良い機会と考え、福島に入った六月十九日の夜に岩倉と商議した。翌日は施政の問題で激論を交わしたようだ。木戸は五戸でも岩倉の旅宿を訪ね、供奉中の所見として、「爾後益々輔導の上に意を致さざるべからず」と語った。天皇の輔翼と宮中規範の革新である。木戸は東京へ還幸が迫ると、岩倉に「深く痛按」していることを腹蔵なく話した。「前途の事も益注意」し、見通しを持った天皇の補佐が必要と論じている。これに対して岩倉からは、新政権発足以来の諸人事が固定し、

「施政の弛張度を失」ったことの指摘があった。次世代の俊傑を参議・諸省長官として太政大臣の補佐とし、岩倉・木戸・大久保の三人が「専ら君徳輔導の任」に当るべきとの考えが示されている。「漸進の説」が語られ、木戸も了解したという（『岩倉公実記』下巻）。

その後、木戸は東京帰着後、七月二十二日に三条太政大臣を訪ね、「皇室の御目的其外数件」を陳述した。木戸は巡幸中に井上に宛て、各国に比して皇室財政の弱体なことを書き送っている。参議兼工部卿の伊藤博文にも、皇室の前途の見込みを語った。二十三日には岩倉のもとで、皇室や天皇の学問に関する心配を詳細に論じている。翌日には岩倉に宛て、「皇室相当の富有」の確保、皇族が学校・病院を廻って「格別の特旨」を下し、貧民の救助ができるような配慮の必要を書き送っている。

結果は、木戸が念願としていた内閣顧問の辞職が許可されず、八月三日にはさらに宮内省出仕を命じられることになった。翌四日には「皇族家政の更革に力を致し、又皇族用度金の予算を作製して提出すべき」（『明治天皇紀』第三）と命じられている。そして十月六日には、三条のもとで岩倉や大隈参議兼大蔵卿と皇室財政を議論し、皇室入費と宮内省入費を区別して、皇室入費の増加を図っている。立憲制の導入に失望の多かった木戸は、天皇輔導の重要さをそれまで以上に痛感していた。同年に元老院で国憲起草がはじまると、木戸は神田孝平や中島信行らの民権論者が国憲取調委員に参加していることに対し、その危惧を岩倉に書き送っている。木戸は、英明君主の育成を重視し、その点でみずからも政府から逃げることができなかったといえる。

教育への期待　木戸は天皇輔導に向けて尽力したが、同時にその周辺や国民全体の教育を重視した。それは、木戸の実家の和田家が藩医で、もともと学問・教育を重く見る環境に育ったことによる。木戸自身が吉田松陰に学び、江戸藩邸の有備館用掛となり、江戸在藩士の教育責任者を経験した影響も少なくない。それゆえ木戸は、新政権の発足直後から朝廷をささえる公卿の刷新を企図し、若い公卿の海外留学を促していた。

木戸は公卿や諸侯出身の華族はもとより将来の国家を担う若手人材の育成を急務としている。木戸は明治二年正月に戊辰戦争で軍功を重ねた機才の西園寺公望に西欧留学を推奨。六年十一月にもその期待を、「西園寺殿などの成業尤希望仕候、華族論の事などは御序も御坐候は、御噺可被下候《おはなしくださるべく》」と書いた(『木戸孝允文書』五)。それは特に岩倉使節として西欧を見聞した体験にもとづき、より強い信念となっている。森有礼らの幕末留学体験者が日本の国情を無視して「米欧文明」を称賛し、開化に後れた理事官らを愚弄する浮薄な姿勢には警鐘を鳴らしている。その克服のためには、よりはば広い国民全体の教育が欠かせない。木戸はアメリカに到着した直後の見聞で、日本が「真の開化」に向かうためにも、「真に教育に在るのみ」と書き送っていた(『木戸孝允文書』四)。そして木戸は、使節団の副使であるとともに教育を担当し、西欧諸国の学校を精力的に見学している。

木戸は岩倉使節の帰国後、征韓論に批判的な姿勢をとり、内治優先を唱えた。参議の省卿担任に際しては、明治七年一月二十五日に文部卿への就任を受諾する。文部卿在任は、木戸が台湾出兵に反対して五月十三日に下野したことで短期間に終わったが、木戸が教育に関心を深めたことは変わらない。

この点、木戸は明治九年の東北巡幸に際して、学校の充実に着目している。木戸は九年六月十六日、郡《こおり》山《やま》小学校で生徒の体操、校舎などを見学し、翌日は校長の求めに応じて校名を金透学黌《きんとうがっこう》と命じ、扁額《へんがく》をあたえた。同校について、木戸は「如此学校広大なるもの小学校中において未見なり」と記している。中央に幅が五間で長さ三〇間の二階造りの「中堂」があって、左右に男女の教場があり、「結構略《ほぼ》西洋風」に感動したようである（『木戸孝允日記』三）。

そして巡幸では、天皇が仙台で宮城師範学校及び同附属小学校に臨幸し、各教室における授業を天覧している。優等生に辞書・文法書等をあたえ、外国人教師二人にそれぞれ白羽二重《しろはぶたえ》一匹を下賜した。盛岡では、仁王学校に臨幸して各級の授業を巡覧し、県下の各小学校選抜生徒の授業や体操を天覧して、各優等生に書籍料を下賜している。青森でも同様に小学校などを精力的に巡覧した。

木戸は七月一日に品川弥二郎に宛て、小学校の普及と小学教育の進歩について、予想以上の段階にあると書き送った。「国は人より成立候」とし、「着実に漸進」して、「総体の幸福」となることが重要との思いを伝えている。その木戸は、杉山孝敏に対して、西洋式の教育だけでなく、小学校の授業に「修身の学」を増加させるように論じた。西洋各国で日曜日に教会の説教を聞く習慣があることを指摘し、「修身の学払地実に浩歎」として、知識に限らない「修身」の強化を求めたのであった（『木戸孝允文書』七）。

日光の旧観保存　東北巡幸中の木戸孝允は、日光に着いた明治九年（一八七六）六月六日、満願寺三仏堂の保存を訴える町民の歎願をうけた。木戸は翌日、天皇に供奉して東照宮神殿や宝物を見物。「堂宇は実に本邦無類の壮観なり」との感慨を抱いている。

この日光山については、明治四年正月以降に日光県のもとでいわゆる神仏分離が進められていた。二荒山神社と東照宮《とうしょうぐう》の自立をはかり、従来の二六院と八〇坊からなる日光山満願寺の縮小を命じていたのである。四年三月までに宝物・画像や勅額などの区分けが断行された（拙稿「府県創設期の宗教問題」）。そして七年三月には、満願寺堂搭の排除・移転を求める二荒山神社、本地堂を説教用に据え置こうとする東照宮、三仏堂を取壊した売却代金で本地堂などの移転を行おうとする満願寺との間で対立を生じている。結果は、本地堂を据え置くこと、その代わりに三仏堂を縮小して満願寺に移転することが決まった。それに対しても町民から現状のままの三仏堂保存の訴えが噴出し、木戸への歎願になったのであった。

日光町民は、三仏堂の縮小移転などによって、それが日光全体の衰退につながることを危惧した。木戸は、この日光町民の訴えに共鳴し、六月九日には京都府権知事槙村正直に宛て、「神祇官一時暴論の余波」が日光県内に残って神仏分離が強行され、町民の「歎願も不一形」と書いている。木戸は、日光の建物が極めて壮観で、「今後容易に可出来ものに有之間敷」とし、「後代の歴史」について保存いたしたいとの思いを強めた。その上で、日光の景観を失っては、その地の「不繁盛にも相成」と、町民の歎願に思いを寄せている。大久保内務卿が日光県の方針を追認していたことに対しては、内務大丞品川弥二郎に三仏堂取壊しの中止に尽力するように求めた（『木戸孝允文書』七）。

そして木戸は、帰京後も尽力を重ね、七月三十日には、三仏堂を旧観のままに満願寺へ移遷することとし、保存費として御手許金三〇〇〇円の下賜がうけられるようにした。木戸は七月三十日、日光の三仏堂をこわして満願寺へ移し、縮小建築することに対しては、「人民云々苦情」があって種々尽力し、「其儘満願寺へ移すに決せり」と記した。八月十日には、木戸自身が鍋島幹日光県令を呼び、「三仏堂旧観のままを不変」に移転することで、下賜金を手渡している。ついで、同年十二月には満願寺が東照宮内の護摩堂と輪蔵の据え置きを願い出て、栃木県から認められた。十二年七月には三仏堂が旧観のままに移築されて満願寺の本堂となり、日光の壮観が、日光の町民の願いをうけて維持されることとなったのである。

4　士族反乱の糾弾

萩の乱と木戸孝允　山口県士族の一部は、明治七年（一八七四）二月に佐賀の乱が起きると、それに呼応しようとした。木戸は、中野権令から山口県内の困難な事情を聞かされ、七月に帰県している。前参議前原一誠に対しては、木戸は十一月に前原と会い、小田県などの地方官への任官を促した。しかし前原は、その勧誘に応じない。また木戸は士族安堵策として、授産局や防長協同会社の設立に尽力した。それも木戸が大阪会議のために上京すると、停滞をよぎなくされている。

そして、明治八年九月に江華島事件が起きると、山口県内の士族は「巷説《こうせつ》頗《すこぶ》る喧囂《けんがく》」という不穏な状況となった。木戸は十一月二十五日に宮内少輔の杉孫七郎に宛て、萩城の近況が「帯刀連段々増長候」となり、前年来の尽力が無益になったとその失望を書いている。九年三月には、前原らが武器と資金の調達をこともあろうに政府側の密偵に不用意に依頼し、その謀反の企図が政府側に露見した（『木戸孝允関係文書』一）。それを山口県より知らされた木戸は、前原らが捕縛されることを恐れ、「進退窮迫切り死ても可致歟」とし、「諸士の始末可憫笑の至なり」と記している。蜂起が時間の問題となったが、四月には萩に出張した権大史兼内務大丞の品川弥二郎から、前原が大に悔悟・謹慎している旨が伝えられた。木戸も「萩城中幾人歟の幸なり」とみなしたが、槇村正直へは四月二十一日、「確証有之候上」は、「断然条理を以御所致」をすべきと書き送っていた（『木戸孝允文書』七）。

一方、秩禄処分に加えて明治九年（一八七六）三月に佩刀《はいとう》禁止が布告されると、旧熊本藩士族の神風連《じんぷうれん》と称された敬神党《けいしんとう》が十月二十四日に挙兵した。また、旧秋月藩士族の宮崎車之助《くるまのすけ》らも、熊本の敬神党の乱に呼応して立ち上がり、さらに前原らと合流しようとする。そして前原も十月二十八日に蜂起した。明倫館を占拠した前原と山田穎太郎・佐世一清・横山俊彦・奥平謙輔らは、山口藩士族に激文を発し、山口県庁を襲撃しようとしている。

木戸は十月三十日、前原らの蜂起が「嫉妬不平」より生じたとし、人心を扇動して子弟を死に追いやり、山口県士族の面目を汚すと記した。三条・岩倉に対して山口に出張したい旨を願い出ている。前原らは、須佐に移って旧徳山藩士族との合流を企図。三十一日にふたたび萩に入ったが、広島鎮台山口分営の政府軍と戦い瓦解した。木戸は、十一月九日に前原らの捕縛の電報を入手し、「前原終に不能制妬心如此《としんをせいするあたわずかくのごとき》に至る」で長歎息している。翌日に木戸は、山口県令の関口隆吉に宛て、無事の鎮圧を慰労し、「赧顔《たんがん》無此上仕合」とし、「浩歎」にたえないと書いた。木梨信一に対しては、戦火が小規模であったことに安堵するとともに、戦災・被害の詳報を求めている。政府は士族反乱に厳しく対応し、宮崎や前原・奥平らを斬罪に処したのであった（田村貞雄『前原一誠年譜』）。

地租軽減の建言　萩の乱の後、木戸孝允は騒擾に困迫した市民の安堵に尽力した。明治九年十二月七日には関口県令から「現金に無之ては売買不致形情」が伝えられている。木戸は市内の金融の二五万円の拝借金について、三条や参議兼工部卿の伊藤博文を訪ね、その許可の獲得に奔走した。また木戸は、山口県内の窮状の一因に、旧長州藩時代の二朱利米と称した「切手」の売買が禁じられたことがあるとして、政府の施策を公平に行うように主張している。鹿児島県で同県士族に対して、「特別丁重」の措置が取られ、他県と不公平を生じていることを批判したのであった。

萩の乱の発生直後の明治九年十一月、茨城県の真壁郡で地租改正に反対した農民が蜂起した。一揆は、米価の下落で金納が困難になった農民側の出願を、茨城県側が却下したことを端緒としている。十二月に入ってからも農民の蜂起が続き、中山信安権令が出張し、東京鎮台宇都宮分営の兵士が出動した。続いて、同県の那珂郡でも延納・減租を求める農民が蜂起し、政府は士族を募り、内務権少丞千阪高雅《ちざかたかまさ》と警視庁巡査が出張して鎮圧している。また十二月には、高く設定された石代納米価の改訂要求にはじまる一揆が、三重県を中心に発生した。銀行・県支庁や区戸長層を襲撃して「伊勢暴動」と称され、愛知・岐阜・堺(奈良)の四県に拡大している。

木戸は明治六年の地租改正が全国で徹底されると、急激な改正が不公平を生じ、人民の苦情が少なくないと主張した。木戸は、茨城・三重両県で起きた一揆について、哀訴・歎願に行き詰って「不堪憫念」の事態とみなしている。兵力で鎮圧するのではなく、政府も反省が必要との思いを強めた。十二月十三日に参議伊藤博文を訪ねて地租改正を緩和させるように説き、二十二日には天皇に「人民苦情」を言上している。木戸は二十五日にも天皇への上奏を重ねた。三条・岩倉両大臣に提出した「内政充実・地租軽減に関する建言書」は、地租改正の施行を緩やかにし、「其年期を久し、其幾分を薄し」て、地方の利害得失を詳しく調査、地方に会計権限を分与するように求めている（『木戸孝允文書』八）。この地租軽減については、大久保もまた二十六日に地租軽減の議を建白するようになった。

そして十二月二十四日、木戸は改めて伊藤参議を訪ね、地租改正を緩和すること、地税を減ずること、町村会議を一般に開き民費を賦課することなどを論じた。各地の人民の蜂起で「或は非命に死し、或は財産を消失」する事態を指摘し、政府の方向を一変するように説得している。

木戸は、二十六日にも三条を訪ね、農民一揆の苦慮にたえないとし、政府の方向を天下人民のために一変するように論じた。二十七日に地価の二％を建言。翌日は京都から帰着した岩倉に対して「憂慮の件々を切論」し、人民の苦情に配慮するように要請したのであった。

結果は、十年一月三日に三条大臣から「詔書及び布告書写」が示された。翌日にその「地租軽減に関する詔勅」が出され、十年からの地租が地価の三％から二・五％に引下げられている。地租改正一揆と士族反乱の連携が危惧されたことはいうまでもない。木戸は一月三日、近来の苦慮が「聊慰するものあり」と記した。翌四日には、「平生仰願候処実に難有次第」とし、「叡旨貫徹」によって人民の幸福に至る願いを書いている。その先には、「人民を厚くするの策」として、政府の規模を小さくすることを指摘している。ともあれ、木戸にとって詔書は「近来の尤美事」で、「人民の苦情」に敏感であったその願いが叶った喜びは、格別であったに違いない。

西南戦争の征討　木戸は天皇の大和・京都巡幸が具体化するとそれに供奉した。明治十年（一八七七）

一月二十四日に東京を発ち、横浜から蒸気船で鳥羽に向かい、二十八日に神戸に着船した。京都に入った木戸は、二月五日に到着した電報で、鹿児島の私学校生徒《しがっこう》らが弾薬を掠奪したことを知った。征韓論をめぐる政変で下野した西郷隆盛が設立した私学校は、陸軍少将であった桐野利秋・篠原国幹らが参加した一種の軍隊組織であった。私学校党は、政府が鹿児島の兵器・弾薬を大阪に移そうとすると、一月二十九日に弾薬移転を阻止した。そして、鹿児島に派遣された警視庁少警視中原尚雄《なおお》らの活動を、西郷を暗殺しようとする画策として蜂起する。

西郷は日当山《ひなたやま》温泉に隠棲していたが、私学校党の蜂起を知って、出兵を覚悟している。西郷は、鹿児島にもどる途中の二月十日、高城《たき》七之丞に宛て、熊本へ出兵する際の米穀調達の方途を書き送った。西郷みずから政府へ尋問の筋があるとして鹿児島を出発したのは二月十五日である。

このような事態に直面し、京都では天皇巡幸の中止、還幸論が議論となった。木戸は「俄然御変換は必不可然」とし、九州探聞からもどった内務少輔林友幸《ともゆき》と海軍大輔河村純義の再度の派遣を主張している。木戸は十五日、岩倉に宛て、断固とした戦争への決意を書き送った。もともと「御一新」があまりにも「廉価」に達成できたとし、「御一新」をふたたび「買得するの苦労」が必要になったと書いている。西郷らに対しては、「国家の法憲」を破った以上は、「至当の罰に被処候」は当然とし、鎮圧の急務を論じた。また内政上の問題について、大久保利通が、「行政上の事は先つ才子の説を専ら取候」で、木戸の主張する「天下の平均」の視点が欠如していたと批判している。

そして二月十六日には、東京から大久保・伊藤両参議が到着した。勅使を派遣し、島津久光と西郷隆盛を暴徒から切り離す格別の方途が検討される。九州へは巡査六〇〇名の派出が決定された。木戸は、みずから征討総督有栖川宮熾仁親王に随従を出願。天下へ示す「叡慮の次第」の必要を三条太政大臣・大久保参議に論じた。木戸自身が「御主意」にそって草案を作成している。木戸は勅使派遣に否定的であったが、西郷軍が熊本に向かって北上したことから、鹿児島への派遣が決まった。勅使の元老院議官柳原前光は、三月八日に八隻の艦船を率いて鹿児島に入り、久光と西郷軍との関係を絶ち、鹿児島に残る兵器などを廃棄している。

戦争拡大と木戸の死　政府側は有栖川宮熾仁親王を征討総督に任じ、西郷軍の征討を進めた。木戸は戦争が長期化することに危機を深めている。三月二十三日には、諸県不平の徒の蜂起に対する配慮が必要とし、「西南役善後措置に関する意見書」を提出した。士族の徴募を批判したが、旧藩士族を巡査として徴募した派兵が決定。政府は、徴兵令にもとづく陸海軍兵はもとより、警視隊を組織した別働旅団、あるいは旧東北諸藩士族を巡査に登用して組織した新選旅団を九州へ派遣した。

木戸は、熊本城を包囲する西郷軍との戦いが激化すると、長期の籠城を危ぶみ、背後の八代《やつしろ》に増援軍を上陸させるように主張した。西郷軍を挟み討ちする作戦である。結果は、その増援軍の上陸が、熊本城との連絡を早める成果にむすびつく。西郷軍は、四月十五日に熊本城の包囲を解いた後も、人吉《ひとよし》、都城《みやこのじょう》、宮崎などで戦いを重ね、最後は鹿児島の城山に立てこもっている。

木戸は、戦争を機として政府が最後まで断固とした決意でのぞみ、勝利の後に政府の大病根を一掃するように論じた。二月二十四日には、「斃而止矣《たおれてやむ》の決意ならでは、真太平を不能買《かうあたわざる》なり」とし、県の強弱とりわけ鹿児島県に限って特別な配慮が加えられていたことの打破を求めている。木戸は、「王政の基」は公平無私が第一であり、「偏頗の事」があると「天下挙て叛反人に相成候」が自然の勢いと論じた。戦争が「薩州の勢力」を打破する絶好の機会とし、それを放置しては、決して「王政難保事《たもちがたきこと》と奉存候」との思いを強くしている。

木戸は、熊本城の包囲が解けた頃から、急速に病苦が進んだ。木戸は明治八年七月末から九月にかけて三〇日余も病臥にあり、「近来弱体に相成余命も有之歟」と書いていた。東北巡幸後の九年秋には箱根で静養したが、九〇日間にわたって下痢が続いたという。十年二月二十日には伊藤博文に宛て、「昨夜胸腹痛下痢一度に襲来、一時は甚困却」と書いていた。

木戸は十年四月二十四日、天皇の待医伊藤方成の来診をうけたが、「病気尤不快」とある。「余平生骨を東山に埋るは宿志なり、胸部の病不癒を知らは安然直に此地に留臥せんことを欲せり」と書いた。木戸自身はリューマチと思っていたようだが、実際は胃癌であった。ドイツ人医師ウィルヘルム・シュルツが、「難治の胃病」と診断している。「病質は胃中に腫物のごときものを生せし」とあるのがそれを示す（『東京日日新聞』）。

それでも木戸は、戦況や国家の将来について、連日のように手紙を書く。熊本籠城中の品川弥二郎に対しても、数次の書状を書き、開城後の四月二十七日には、「胸痛」で「此節甚困苦鬱々消日仕候」と伝えている。同日には児玉少介にも、「大胸痛」を発し、「甚衰弱困臥罷在《まかりあり》候」と書き送った（『木戸孝允文書』七）。五月五日には、皇后より病気の慰問として、葡萄酒二箱と「折詰御肴」を下賜されたが、「今夜亦病苦を覚ふ」となっている。六日は「昨日来寒気徹病骨を覚ふ」とあり、その後に西南戦争の戦局を書き綴った。熊本城の包囲を解いた後の西郷軍の敗走は、病床の木戸を安堵させたに違いない。五月六日が、日記の最後であった。

幾松（松子）は、人力車を乗りついで、十日に京都に着いた。木戸は、心配する槙村に対して、東京の幾松に病状を報じるのを抑えていたという。木戸と三本木の芸妓であった幾松との間には実子がなく、夫婦の間に波風の立ったこともあったようだ。しかし木戸は、青雲に上った後も、山内容堂との宴席などに幾松を連れ歩いた。東奔西走の折も、二人は情のこもった手紙を交わしている。

五月十九日には、天皇が股肱の臣を慰問した。木戸は病床でも国家と皇室の後事を思い、周囲に語り続けた。意識が混濁するなかで、「西郷もう大抵にせんか」と大声で叫んだという。

木戸は五月二十六日に死去。墓は京都東山の霊山に設けられた。木戸は東京を離れ、京都に転居するのを望み、京都府知事の槙村正直に依頼して土手町に居宅を入手していた。西京の「山水清美」の光景が忘れられないと書いている。勤王の志士として身命を賭し、また多くの友を亡くした京都を、自身の終焉の地とすることを願ったのであった。

エピローグ　木戸孝允の光と影

維新の改革者　木戸孝允は、西郷隆盛・大久保利通とならぶ維新の三傑として知られ、とくに時代の先を見通す先見の明に富んだ。時勢を読む眼識だけでなく、条理分明で、自説の実現に向けて適切な配慮を行い、その周旋尽力が高く評価される。木戸の先見の明と周旋尽力の具体例をあげるとすれば、その一つは五箇条誓文の作成である。

慶応四年（一八六八）三月十四日の五箇条誓文の作成起源を遡ると、由利公正の「議事の体大意」、福岡孝弟の「会盟」となる。しかし、それらは異なった時期に作成され、構想段階で終わっていた。それを三月に入って具体化したのは、木戸孝允の建言の役割が大きい。

木戸は、三月に「国是一定誓約に関する建言」を提出した。新政権の方向が決まらない事態に対し、「国是」を確定して、それを「速に天下の衆庶」に明示するように提起している。形式は、天皇が親しく公卿・諸侯などを率いて、「神明」に誓わせるように建言した。長州藩主毛利敬親も、木戸の建言と軌を一にし、聖断をもって天下の耳目を一新し、宇内の公議にしたがって開国の国是を採用するように建白している。そして木戸は、五箇条誓文案の順番を入れ替えた。徴士を賢才に改める条を廃し、新たに「旧来の陋習を破り宇内の通義に従ふべし」を加筆。その修正が三月十四日の誓文となる。最後の「朕躬《み》を以て衆に先んじ天地神明に誓ひ大に斯国是を定め万民保全の道を立んとす」という勅旨も、木戸の建言にもとづいた。五箇条誓文の同じ日に出された宸翰も、木戸の手記と合致する箇所が多い。木戸は後年の手記で、「国是一定誓約に関する建言」を提出し、それが「朝議遂に斯に決し、五条を撰て之を掲て大礼を布」いたと書いている。木戸の建言と尽力が、まさに五箇条誓文の具体化にむすびついたのである（『松菊木戸公伝』上）。この五箇条誓文は、天皇が誓い、総裁・公卿・諸侯が署名し、その後も政体書や府県奉職規則の制定など、新政の折々に掲げられた。明治国家の形成に大きな影響をあたえたことはいうまでもない。

また、木戸の先見の明と周旋尽力の具体例には、版籍奉還とそれに続く廃藩置県断行があげられる。それは、木戸が新政権の発足直後から主張し、画策し、終始一貫した尽力のもとで実現した最大の功績である。

木戸は、版籍奉還を慶応四年二月に輔相三条実美・岩倉具視に建言した。人民を安堵して世界各国と並立するために、「至正至公」の精神にもとづいて「土地人民」を返還させる版籍奉還の実現を急務と論じている。木戸は、すでに慶応三年（一八六七）十二月二十八日に三条に宛て、長州藩が幕府との戦争で占領していた豊前・石見両国を返上する願書を提出し、同藩によるその管理を要請していた。

木戸は、版籍奉還の建言で、藩内から種々の疑惑や誹謗をうけたが、宿志を貫徹するために長州藩主毛利敬親を説得している。その後の明治元年（一八六八）九月、薩摩藩主島津忠義（茂久）に先ず版籍の奉還の口火を切らせ、毛利敬親と共にそのさきがけとさせる企図を大久保利通に語った。さらに十二月の岩倉具視の諮問に対しては、諸侯から版籍を奉還させることの機宜を密かに進言した。三条実美にも天皇の再幸を行って、諸侯を集めて版籍を奉還させるように説いた。

薩摩・長州・土佐・肥前四藩主の上表が出されると、木戸は明治二年正月、それを「千歳の基を定むるに足る」と喜んだ。そして東幸を行い、その折に数十の諸藩が呼応して建議することなど、断行に向けた方策を企図した。二月一日には、三条・岩倉に宛て、「御東幸の上、大小諸藩同意同論を以、数十藩も建言相成候はば、大好機をまた相成し候」と書いている。

この木戸の思いをうけた岩倉は、政府原案の作成に尽力した。上局会議が開かれ、諸侯・公卿らの意見が徴され、大久保の断固とした決断があって版籍奉還の断行にこぎつけている。その木戸は、知藩事の世襲が検討されるや、郡県制の貫徹の障害となることを危惧し、伊藤博文や大村益次郎に働きかけ、世襲の否定に全力をあげた。最後は世襲の二字を削除することに成功している。木戸は日記で、「百方抗論、終に世襲の二字を除く」とし、もし世襲知事の名目が残った場合は、「天下の統一する難し」と記した。世襲を否定して東京の「本住」を命じたことで、名義が明らかになり、郡県制の目的に向かうようになったのであった。

このような版籍奉還の断行後、郡県論に立った諸務変革や「藩制」による改革が諸藩に指示され、藩体制の解体が進行する。有力藩の中からも、廃藩を掲げて国内体制の刷新をはかる意見、政府改革に参画しようとする動きが顕在化した。木戸もみずから『新聞雑誌』を企画・発行し、諸藩の郡県制へ向けた改革、廃藩の動向などを紙上に掲載した。前藩主毛利敬親の死去に際しても、その「遺表」を作成して、廃藩への方向を強調し、支藩からの廃藩願書の提出を促している。そして木戸は、岩倉にも廃藩置県に向けた新たな動きが必要なことを語った。

それゆえ、廃藩置県が具体化すると、木戸は西郷・大久保らとの密議の中心となった。廃藩置県を事前に知藩事に知らせることなく断行すること、知藩事に上京を命じ、旧藩の大参事を通じて新県への引き継ぎを実施させること、廃藩置県後の統廃合を行うことなど、いずれも木戸の発案を基礎にしている。そして明治四年（一八七一）七月の廃藩置県断行後に、地租改正・徴兵令・学制の実現が可能となる。廃藩置県の明治国家形成における意義は大きい。

さらに、木戸孝允の時代の先を見通した聡明達識な具体例は、立憲制導入へ向けた視角とその努力に示される。木戸は開明的な姿勢を持ち、大蔵省が進める開化政策を支援した。人民の存在を常に意識し、公議・公論にも理解を示している。廃藩置県に前後した政体改革でも、参議に議政官の役割を付し、その後に左院を創設している。

木戸は封建制度の弊害を意識し、その打倒に急進的であったが、とくに廃藩置県後は、急激な文明開化に批判的な姿勢を取るようになっていく。そのことは、明治四年九月に岩倉使節の副使になり、米欧回覧を重ねるなかでより強まっている。先進国の厚い蓄積に驚き、一方で過度な開化政策がもたらす弊害に憂慮したのであった。

木戸は、開明的な姿勢を取りながらも、開化の弊害を危ぶみ、それを防ぐために根本の確立を重視し、根本律法の制定に着目した。留学生や若手官員の共和政治などの議論を聞くにつれ、木戸は憲法の必要を痛感したようだ。木戸は、留学生の河北俊弼らにその思いを書き送り、留学中の青木周蔵や品川弥二郎に憲法をはじめとする法律・制度の調査を依頼している。木戸自身も左院視察団の安川繁成からイギリス議会を教授され、また西岡逾明のもとで仏国政事書の研究を行った。ドイツでは青木の案内でグナイストにも会っている。

そして木戸は、米欧回覧から帰国すると「憲法制定の建言書」を政府に提出した。人民を教育し、品位を上げて大成を期すことが必要として、そのために政規典則の作成を急ぐべきと論じている。功名を企図して外国に模倣した法典の作成、その軽率な施行を避けるべきと指摘する。「大令」を発して五箇条誓文に「条例」を加え、典則を立てることから始めるように論じた。そして、君民同治の憲法が理想であるが、「人民の会議」で作成するには人民の進歩が不十分であるとし、政府の有司が作成して天皇の独裁として制定すべきと主張する。「独裁の憲法」であっても後日に人民の協議を重ねることで、君民同治の憲法に近づくと論じた。

この点、木戸は征韓論にともなう政変後、政体改革についての意見を求められると、将来は元老院と下院の設置が必要になるとし、それまでの間は国議院や待詔院を開設するように提案する。その場合も、憲法に類する「建国の大法」と兵事と教育は独裁にすべきと論じた。大阪会議では、民撰議院を建白していた板垣らと漸進的な立憲制導入で合意している。元老院と地方官会議を上・下院に擬する方向は、明治八年四月の漸次立憲政体樹立の詔となった。みずから地方官会議の議長を勤め、府県会・区会などのいわゆる民会の設置に理解を示したのであった。

この木戸の漸進的な立憲制導入に向けた努力は、その後の元老院権限問題などで後退をせまられるが、木戸の開いた方向は木戸の下野後も継承されていく。伊藤博文によってプロシヤ憲法に学んだ帝国憲法の作成が準備され、欽定憲法として発布されたことがそれを裏付ける。

逃げの小五郎と木戸孝允　木戸孝允は、幕末の政治的危機に直面し、たびたび死地を逃れてきた。尊王攘夷の志士の「多くは黄泉《よみ》の客」で、生き残った木戸には、幸運がついて廻ったといえる。

その結果、木戸は「逃げの小五郎」とも陰口された。元治元年（一八六四）六月に尊王攘夷派が斬殺・捕縛された池田屋騒動がそれである。文久三年八月十八日の政変で京都を追われた尊王攘夷派が巻き返しをはかり、その機先を制して新選組などが池田屋に踏み込んだ。志士らは、新選組に捕縛された古高俊太郎《こたかしゅんたろう》の奪回、さらには尹宮《いんのみや》や松平容保の要撃をめざして池田屋で集会していた。木戸は池田屋に出かけたが、対馬藩別邸に入り、危機一髪の間に難を免れている。その危機は「池田屋及び蛤御門《はまぐりごもん》の変に関する自叙」に、「初夜此屋に至る同志未た来らず、依て一去て又来らんと欲す、対州の別邸に至る」で、数刻後に襲撃されたとある。長州藩邸からは、杉山松助が包囲された志士の救出に池田屋へ向かい、戦死した。同日の志士の死者は七人。捕縛された者の多くは、その後の禁門の変の際に六角獄舎内で殺されている。

また、木戸は同年七月十九日の禁門（蛤御門）の変の際も、幾松の手でかくまわれ、但馬の出石に逃れた。禁門の変では、長州軍は嵯峨・山崎・伏見の三方から京都御所に向かったが、薩摩藩が幕府側に加勢したことで敗北した。御所の堺町門内の鷹司邸で久坂玄瑞・寺島忠三郎が、天王山で真木和泉が戦死あるいは自刃している。木戸は因州藩士の応援の内約を得て、当日は京都藩邸留守居の乃美織江《のみおりえ》と別宴を交わし、因州邸に向かった。因州藩の協力が得られないままに明け方を迎え、戦乱の中を朔平門に近い有栖川宮邸に駆け付け、さらに伏見に至ったが、結局、戦闘に加わらずに終わっている。木戸は対馬藩の大島友之允に対して、左足をくじき、あき家に入ってひそんでいたと書いている。その後も長州にもどらず、京都から但馬に向かい、出石で九ヵ月余を過したのであった。その間、長州藩内では守旧派が主導権を取り返し、尊攘派やそれに近い有力者が斬罪に処されている。木戸はその困難な情勢を判断し、危機を上手にくぐり抜けている。

この「逃げの小五郎」の陰口は、明治になってからもついてまわった。木戸は思慮周密であるだけに、猪突猛進する性格ではない。藩医の生まれだけに、武家の規範に縛られた精神的な挙兵に生死をゆだねる意識は薄かったのかもしれない。聡明才弁で思慮周密な幕末の小五郎の行動は、明治になってからも変わっていない。

木戸は版籍奉還に尽力したが、その断行の成否を左右する明治二年五月の東京政府の改革に参加していない。政府の改革に向けて、岩倉は京都で大久保・木戸と結束を確認して東京に向かったが、木戸は体調をくずして同行しなかった。岩倉が「皇国の存亡只此の一挙にと存候」と記した危機的な場面である。木戸の病状は、四月十九日に「頭痛尤烈不能寝」、二十一日に「胸痛甚し」とあるが、その程度は不明である。岩倉からは、大阪でボードインの治療をうけるように指示された。その木戸は、五月十日にボードインの診察をうけ、過労に原因する精神の疲労と判断され、海水浴を行っている。

版籍奉還を断行するためには、維新官僚による政府内の指導権の確立が不可欠なことは当然である。木戸は、薩摩・長州・土佐・肥前四藩主の上表の後、薩摩藩が口火を切り、有力藩の建言が続き、版籍奉還の断行に結び付くことを期待していた。その念願とした版籍奉還の重大事に首唱者の木戸の病気療養とは、岩倉・大久保からみるとなんともふがいない。岩倉・大久保らが批判した東京政府の中心人物は、後藤象二郎や東久世通禧であり、木戸自身は後藤・東久世両者に近い関係にあったのかもしれない。岩倉・大久保にとっては、肝心の正念場に後れるとは、実に頼りにならず、木戸の評価を傷つけるものであったといえる。

また、木戸は明治六年政変の際も、原因が判然としない病気で心身不能に陥る事態を生じた。いわゆる「征韓論」が主張され、西郷・板垣・江藤・副島・後藤が下野した政変である。米欧回覧から帰国した岩倉・大久保・木戸らは内地優先を唱えて、「征韓」に反対した。木戸は、七月二十三日に帰国したが、「征韓論」の騒動を聞くと、最初から批判的な姿勢を取っている。木戸は戊辰戦争直後に「征韓論」を唱えていたが、米欧回覧からの帰国後は、その経験をふまえて国内問題を優先すべきとの主張に変わっていた。また、岩倉使節の派遣中に「征韓論」が強まり、留守政府内をぎゅうじる西郷や板垣・江藤らがそれを進めることに反発する思いも存在したようだ。岩倉はこの西郷・板垣らに対して、大久保を参議に復職させ、木戸を加えて反撃を企図した。木戸は九月十四日に三条に宛て、大久保の復職を求め、朝鮮問題に対して「天下の景況」に着目し、国民のために「御軽動無之様」を要請している。

政府内では、十月十三日に会議が開かれ、西郷・板垣・江藤らの強硬な要求とその辞意を前にして、三条は朝鮮使節派遣を決した。それに反発した大久保は、十七日に辞表を提出した。木戸も十七日に佐久間一介に託して辞表を出している。判断に苦しんだ三条は人事不省の病に倒れた。

この間、木戸は病いを理由に政府会議に出席していない。木戸は伊藤に宛て、九月二十日に「両三日前より被悩奇病《きびょうになやまされ》座作も不自由」とし、困却の病状を書いた。木戸は、大久保に対して、「不慮の奇病にかゝ、はり静に御高慮を窺《うかがい》候事も不相叶《あいかなわず》」と書き、大久保と岩倉を補佐する旨を書き送っている（『木戸孝允文書』五）。木戸は、「征韓」反対を明確にし、伊藤を通じて岩倉・大久保に連携したが、それでも裏四番町の自宅を出ようとしていない。

そのような最大の危機は、大久保の断固とした姿勢、それをささえた黒田・伊藤らの協力、そして岩倉の頑張りで突破された。三条に代わって岩倉が太政大臣代理となり、朝鮮への使節派遣を却下している。木戸は、十月二十日に岩倉に宛て、「変病に罹《かか》り起坐も独り自由ならす慚慨遺憾の至」とし、代わって伊藤の抜擢を依頼したのであった（『木戸孝允文書』五）。

その木戸は、西郷らが下野した後、士官・下士官らの反政府的な動向を危惧し、情報を収集し、山県有朋や山田顕義を通じて各般の対応をこころみている。辞表を出した三条の復帰、その三条と岩倉との関係の調整を行っている。一月前の「不慮の奇病」が無縁のような深謀遠慮の画策である。まさに思慮周密で、機略縦横の真骨頂といってよい。

このような木戸の姿勢は、どのよう評価されるのであろうか。岩倉・大久保にとって、木戸の同意が確認できたとはいえ、政治対立の修羅場に臨んでなんとも歯痒い思いであったのかもしれない。それでも長州出身者の領袖に位置する木戸との連携は不可欠で、木戸の協力が明白になれば、そのことが岩倉や大久保の援軍になったことは間違いない。木戸は周旋尽力を行い、条理分明に論じるだけに、それでも埒が明かない修羅場あるいは責任が問われる土壇場では、逃げ出したくなるようだ。

この点、木戸は薩摩の大久保との肌合いの違いが、なんとも苦痛であった。木戸は、大久保のような寡黙、剛毅果断のタイプではない。正念場に臨んでも、断固とした決断を貫徹する剛直さとは無縁である。木戸は、聡明眼識であるだけに、危機に直面した場合には、無駄死にをするようなことはおのずと避け、隠忍挽回をはかる。修羅場に飛込んで男気を示すような豪傑肌ではない。木戸のそのような精神構造は、鬱窟沈潜して健康状態にも各般の影響をあたえ、困苦の病状になったのかもしれない。

木戸と大久保　明治十年（一八七七）までの政府にとって、大久保利通と木戸孝允がその中枢に位置したことは明らかである。幕末の討幕運動において、薩摩・長州両藩の果たした役割が大きく、新政権もまた両藩の力を無視して運営できなかった。その薩摩藩出身者の中心が大久保・西郷であり、長州藩のそれが木戸であったことは衆目が一致する。両者の提携によって、新政権の実権が確立され、それが政治的方向を決定したのである。

このような薩摩・長州両藩の関係を理解していただけに、木戸と大久保は反目と対立を繰り返しながらも、政権の危機的な状況が生じると、提携して難局を乗り切った。木戸は明治六年十一月、大久保について、もともと実直の人物であるとし、「一、二の補佐」にめぐまれれば、政府の施策も進むであろうと評している。大久保が台湾出兵後の収拾のために清国に出張し、戦争の危機を回避して帰国すると、木戸は大久保に宛て、七年十一月に「国家億兆の幸福無此上次第と不堪雀躍」として慶賀の書を送ったのであった（『木戸孝允文書』五）。

しかし、木戸と大久保の政治姿勢が大きく異なっていたことも明らかである。封建的領主制の解体に急進的であった木戸と、旧来からの藩の在り方に配慮した大久保の方向は、必ずしも合致しない。木戸が、廃藩置県後に文明開化に疑問を持って国家、人民の先行きに配慮したのに対し、大久保は岩倉使節団の米欧回覧を経て開化に積極的になっている。人民の動向を重視した木戸は、急速な士族の秩禄処分を批判し、重い地租改正の負担を危惧した。それに対して大久保は六年正月、開化などを「取込丈け取込、其弊害は十年か十五年歟の後には必其人出候て改正可致」と主張し、木戸と大きく異なっている（『木戸孝允文書』五）。

それゆえ、木戸は大久保と対立し、数次にわたって辞表を提出し、下野した。だが、国家の危機的な事態に直面した場合、木戸の建言してきた問題の具体化がせまられる場面では、木戸も政府に復帰している。大久保もまた、木戸の復帰のために山口あるいは大阪までみずから出向き、木戸との調和に努力している。佐々木高行によれば、木戸が「書生輩開化家に人望あれば、野に在りては、随分困る事多し」であったという。大久保は、木戸が長州出身者の領袖とみなし、いかなる場合にも木戸を閣内に呼び込もうとした。三条や岩倉もまた大久保と木戸の両者が並び立った政府の安定を望み、そのために尽力したのであった。

その木戸は、大久保のねばり口がにがてだった。直情的な木戸も、「皇国への献身」と「人民の安定」を持ち出されるとそれに反発することができない。長州側の面子と責任を放り出して、逃げるわけにもいかない。理想と自尊心を失ったわけではなくても、結局は大久保に反発しながら協力する役割を負わされたのである。

しかし、木戸は、自分なりの理想を目指して尽力し、奔走する。木戸はみずからの理想に対しては、条理を立てて論じ、決して妥協しない。ある時は意気慷慨に弁じ、また時として愚痴を並べるが、実現に向けて一貫する熱意は大変である。薩摩に対抗する長州側の思いも負っていた。

このような木戸の性格は、精神的にも不安定さを持ち続けた。明治六年十一月二十四日に伊藤に宛てた書状には、薩摩側から幕末の文久二、三年以来、「愚弄され候事も不少、仏の顔も三度と歟、切歯心外」で、「近年多く故に一時としておもしろき事無之」と書いている。それは政策上の問題だけでなく、多分に感情的な反発となった。木戸の理想を追い、志士の時代を残した文士的・感傷的な意識に対して、大久保は実務的である。木戸は、多分に感情的で嫉妬深いと評される点があった。佐々木は、維新の折から「薩長は相互に猜疑あり」で、廃藩置県前の木戸の側は「薩は厭ひ候て、大久保が別けて忌み候景況」であったと酷評する（『保古飛呂比』四）。

この両者の反発は、征台の役以降の政府が大久保によってぎゅうじられるようになると、木戸の大久保批判はエスカレートする。大阪会議の合意が崩れ、漸次立憲政体樹立の詔でめざした立憲制導入が困難になった時、木戸は漸進主義を破産させた板垣を批判し、同時に十分な協力をしなかった大久保に対して反発した。品川弥二郎は木戸について、参議や卿輔が大久保の勢力と威厳を憚《はば》かり、大久保の言うなりの状況で、それを批判できるのは木戸のみであったと語っている。事実、木戸は諸有司が大久保の前にて「鹿児島県の弊害を論ずるものなし、有司の薄情と、大久保の其人たるを不知は今日一歎息」と、記している（『木戸松菊公逸事』）。

それゆえ木戸は、九年末からふたたび参議復帰を求められると、伊藤に対して、「大久保内務卿を辞せしめ内閣に入、大臣を輔け天下の大綱も注目し尽力する」ことを要求した。その理由として、大久保が大概のことを判任官クラスの詮議で行い、勧業を担当する部局が多数となり、大に土木を起こしても「真に民力」の根本に注意するものが少ないと述べる。明治十年一月十八日には、木戸自身が大久保邸に押しかけ、「鹿児島県強藩の余威を以　屡《しばしば》　朝廷に迫り」で、政府の官員もその威力に「怖従」しているとし、公平を失した実情の解消を求めている。大久保に対して、鹿児島県のために、「朝廷屢目的を変遷し根軸確たる能わず」となり、実に人民の不幸と詳述した。大久保が内務卿を辞して内閣顧問となって木戸がそれに代わるか、もしくは大久保が誠意をもって民力恢復《かいふく》の根本に尽力するのでなければ、木戸が深憂する内治の実行が進まないことを主張したのであった。

木戸は、大久保が内務卿を引退し、「朝廷の偏重を熟視」して、艱難の際に必死尽力することを要望した。そのような要求が、現実に無理・難題であることは木戸自身も分かっていたはずである。大久保への反発は、病いがこうじていたせいか、執拗といってよい。仲介する伊藤に対しても、一時の政府の都合で、木戸を参議にしようとすることに不快感を記すようになっている。そして木戸は、大久保が「内政の定規」を厳しく各県に施行しながら、鹿児島県に限って独立国の体面を改めないとし、諸県からの不満を生じ、「真に王政の瑕瑾《かきん》」になっていると批判した。その背景には、明治国家の先行きと、人民の安定を危惧し続けた木戸の強い思いが存在したのである。

あとがき

木戸孝允に会った外国人は、いずれも木戸を高く評価する。オーストリアの元外交官アレクサンダー・ヒューブナーは、木戸ほど「才気煥発《さいきかんぱつ》な顔をした男には江戸市中で出会ったことがない」と書く。ヒューブナーは、木戸と廃藩置県直後に率直な会話を重ねた。木戸が明治維新の主要な推進者の一人で、有名な版籍奉還の仕掛人と聞かされていた。木戸は、話をするとき顔が非常に生き生きとし、弁舌がさわやかであったという。維新の「改革事業に完全な自信を持って」いた。木戸はヒューブナーに、旧勢力の「既得権を取り上げ、風俗習慣を変化させ、思想を改変するには三年もあれば十分だと明言」している。その才気と弁舌が、オーストリア帝国の老練な元外交官をして、「これは誰が見ても傑出した人物である」と評価させたようだ（『オーストリア外交官の明治維新』）。イギリス公使館の日本語書記官のアーネスト・サトウも同様である。木戸が「軍事的、政治的に最大の勇気と決意を心底に蔵」し、その態度が温和で、物柔らかであったと記している（『一外交官の見た明治維新』下）。

一方、明治政府に列した大隈重信は、その回顧談のなかで、木戸が神経質で、「改革党の首領たる姿でありながら、「顧疑躊躇《こぎちゆうちよ》したる言動なきにあらず」と語った。木戸の側近でもあった伊藤博文は、岩倉使節帰国後の木戸がいつも胃病に苦しみ、馬車で頭を打ってから病いが重くなったと語っている。心配性がこうじて、「憂慮に過ぎて夜も眠れぬ」ようであったという。そのような木戸の内面については、政府の中枢に位置した岩倉具視が、木戸の「先見」を評価しながらも、木戸の欠点を、表面では議論をせずに「すねて不平をならし」たと指摘していることに合致する。木戸と対立することが多かった佐々木高行は、木戸を「畢竟《ひっきょう》画策の人」と言い切った。「能《よ》き見込」を「書生抔《など》に示す風」があって、「局外よりは殊の外見事に見ゆる」ことから、後世には実際の木戸より数倍も高く評価されるだろうと皮肉っている（『保古飛呂比』四）。

それにしても、維新の変革は急激で、毀誉褒貶《きよほうへん》がつきまとう。ペリー来航から一五年で幕府は滅亡し、討幕の中心勢力となった長州・薩摩両藩も、幕府崩壊の四年後の廃藩置県で山口県と鹿児島県に変わった。毛利・島津両氏は版籍奉還でそれまでの藩主から知藩事に任じられていたが、廃藩置県では知藩事も免じられている。封建制度が否定され、秩禄処分でかつての武士の特権も剝奪された。文明開化が進行し、中央集権的な政治体制が整えられていく。そのような時勢の急速な変遷のなかで、維新の三傑と称された西郷隆盛・大久保利通・木戸孝允のめざした道は、三者三様であった。寡言で胆力・情愛に富んだ西郷は、政府を批判し、西南戦争で悲劇の最期を遂げる。剛毅果断な大久保は、専制政治家と目されて紀尾井坂で暗殺された。それに対して、木戸は西南戦争のさなかの明治十年五月、その戦局に一喜一憂し、明治国家の行く末を憂慮しながら京都で病死している。

急激な変革をともなう明治国家の形成は、気の遠くなるような困難の克服と、将来の行く末を見通す深謀遠慮が必要であった。十九世紀後半の東アジアの危機的な状況のなかで、幕府崩壊後の封建制度を解体し、資本主義列強に伍していかねばならない。士族の反発と、新たな負担に苦しむ農民の不満が大きい。

この点、木戸は五箇条誓文の実現をリードし、版籍奉還と廃藩置県断行の立役者であった。憲法制定の必要を建言し、立憲制の導入に奔走している。人民の安堵に注意を払い、同時に皇室を頂点に置いた国家の確立に腐心した。明治国家形成の生みの親、その政治思想家ともいえる。

本書は、そのような明治の木戸孝允を追究し、後半生の解明を目的とした。木戸の日記、書簡、意見書を分析し、木戸の先見・聡明眼識と明治国家の形成を検討している。そして、思慮周密で機略縦横と評される政治家木戸の実態を追究した。もとより明治国家形成は、木戸一人の力で成し遂げられるわけではない。木戸は、国家運営をめぐって大久保と連携、対立を重ねた。周囲との衝突と挫折、失意と悲嘆の思いは身体を蝕《むしば》み、早すぎる死に行きつく。木戸の陰気で神経質なまでの鬱窟沈潜《うっくつちんせん》を、その政治過程とあわせて考えてみた。

本書の企画が具体化してからあっという間に歳月が過ぎた。木戸孝允については、『廃藩置県』を執筆する機会があって以来、いつか明治の木戸を正面から取り組んでみたいと願っていた。それでも日本学術会議の改組あるいは勤務先の所用などに追われ、最後はやはり駆足の追い込みになってしまった。吉川弘文館をはじめ製作を担当された有志舎の永滝稔氏にいろいろ苦心していただいた。心から御礼を申し上げたい。

二〇〇六年十月

松尾正人

主要参考文献一覧

書籍・論文

青山忠正『明治維新と国家形成』吉川弘文館、二〇〇〇年
浅井　清『明治維新と郡縣思想』巖南堂、一九二九年
足立荒人『松菊余影』春陽堂、一八九七年
アルバート・M・クレイグ「木戸孝允と大久保利通―心理学的歴史分析の試み―」（『日本の歴史と個性』下。近代、ミネルヴァ書房、一九七四年）
イアン・ニッシュ編『欧米から見た岩倉使節団』ミネルヴァ書房、二〇〇二年
家近良樹「『台湾出兵』方針の転換と長州派の反対運動」（『史学雑誌』九二―一一、一九八三年）
家近良樹『浦上キリシタン流配事件』吉川弘文館、一九九八年
池田勇太「公議輿論と万機親裁―明治初年の立憲政体導入問題と元田永孚―」（『史学雑誌』一一五―六、二〇〇六年）
石附　実「岩倉使節団の西洋教育観察」（『季刊日本思想史』七、一九七八年）
伊藤痴遊『木戸孝允』伊藤痴遊全集、第三巻、平凡社、一九三〇年
稲田正次『明治憲法成立史』上巻、有斐閣、一九六〇年

犬塚孝明『明治維新対外関係史研究』吉川弘文館、一九八七年
井上　勲『王政復古』（中公新書）中央公論社、一九九一年
井上勝生『幕末維新政治史の研究』塙書房、一九九四年
岩倉翔子『岩倉使節団とイタリア』京都大学学術出版会、一九九七年
大江志乃夫『木戸孝允』（中公新書）中央公論社、一九六八年
大久保利謙「五ヶ条の誓文に関する一考察」（『歴史地理』八八—二、一九五八年、『明治維新の政治過程』大久保利謙歴史著作集Ⅰ、吉川弘文館、に補訂再録）
大久保利謙「木戸孝允と華族」（『日本歴史』三二九、一九七五年、『華族制の創出』大久保利謙歴史著作集3、吉川弘文館、に補訂再録）
大久保利謙『岩倉使節の研究』宗高書房、一九七六年
大島美津子『明治国家と地域社会』岩波書店、一九九四年
大西荘三郎「桂小五郎と幾松の顚末」（『霊山歴史館紀要』一四、二〇〇一年）
尾佐竹猛『日本憲政史大綱』上巻、日本評論社、一九三八年
落合弘樹『明治国家と士族』吉川弘文館、二〇〇一年
笠原英彦『明治国家と官僚制』芦書房、一九九一年
勝田政治『内務省と明治国家形成』吉川弘文館、二〇〇二年
木村幸比古「木戸孝允の実像（維新教養講座講演会要旨）」（『霊山歴史館紀要』一五、二〇〇二年）
佐々木克『志士と官僚―明治初年の場景―』ミネルヴァ書房、一九八四年

佐々木克『大久保利通と明治維新』（歴史文化ライブラリー）吉川弘文館、一九九八年
佐々木克『江戸が東京になった日』（講談社選書メチエ）講談社、二〇〇一年
下山三郎『近代天皇制研究序説』岩波書店、一九七六年
菅原彬州「岩倉使節団の成立と副使人事問題」（『法学新報』九七―九～一二、一九九一年）
杉谷　昭「明治初年における長崎府考」（竹内理三『九州史研究』一九六八年）
関口栄一「集権化過程における政治指導―木戸孝允論のための覚書―」（『法学』三五―二・四、一九七一～七二年）
関口栄一「民蔵分離問題と木戸孝允」（『法学』三九―一、一九七五年）
関口栄一「廃藩置県と民蔵合併―留守政府と大蔵省一―」（『法学』四三―三、一九七九年）
千田　稔・松尾正人『明治維新研究序説―維新政権の直轄地―』開明書院、一九七七年
千田　稔『維新政権の直属軍隊』開明書院、一九七八年
千田　稔『維新政権の秩禄処分』開明書院、一九七九年
高橋秀直「廃藩置県における権力と社会―開化への競合―」（『近代日本の政党と官僚』東京創元社、一九九一年）
高橋秀直「維新政府の朝鮮政策と木戸孝允」（『神戸商科大学人文論集』二六―一・二、一九九二年）
田口由香「幕末期における木戸孝允の対幕意識―第二次長州出兵段階を中心として―」（『山口県地方史研究』八五、二〇〇一年）
田中　彰『明治維新』日本の歴史、第二四巻、小学館、一九七六年

田中　彰『岩倉使節団』（講談社現代新書）講談社、一九七七年
田中　彰『近代天皇制の道程』吉川弘文館、一九七九年
田中　彰『幕末維新史の研究』吉川弘文館、一九九六年
田中　彰『岩倉使節団の歴史的研究』岩波書店、二〇〇二年
田中惣五郎『木戸孝允』千倉書房、一九四一年
田村貞雄「地方官としての中野悟一」（『明治維新の人物と思想』吉川弘文館、一九九五年）
妻木忠太「木戸孝允」（『中央史壇』一二―九、一九二六年）
妻木忠太「木戸松菊公の教育普及の建言について」（『歴史教育』三―一、一九二八年）
妻木忠太『木戸松菊略伝』小林印刷所、一九二六年
妻木忠太『木戸松菊公逸事』有朋堂書店、一九三二年
寺尾宏二「明治初期の京都府政」（『経済経営論叢』一二―一、一九七七年）
富田　仁『岩倉使節団のパリ』翰林書房、一九九七年
富成　博『木戸孝允』三一書房、一九七二年
長井純市「木戸孝允覚書」（『法政史学』五〇、一九九八年）
永井秀夫『明治国家形成期の外政と内政』北海道大学図書刊行会、一九九〇年
中村尚美「木戸孝允のもたらせるもの」（『日本歴史』五九、一九五三年）
成田勝美「征韓論における木戸孝允の動き」（『山口県地方史研究』第五六号、山口県地方史研究会、一九八六年）

西川　誠「木戸孝允と宮中問題」(沼田哲編『明治天皇と政治家群像』吉川弘文館、二〇〇二年)
丹羽邦男『明治維新の土地変革』御茶の水書房、一九六二年
野口武彦『幕末歩兵隊』(中公新書)中央公論新社、二〇〇二年
羽賀祥二『明治維新と宗教』筑摩書房、一九九四年
芳賀　徹編『岩倉使節団の比較文化史的研究』思文閣出版、二〇〇三年
原口　清『日本近代国家の形成』(日本歴史叢書)岩波書店、一九六八年
原口　清「明治初年の国家権力」(『大系日本国家史』四、東京大学出版会、一九七五年)
原口　清「廃藩置県政治過程の一考察」(『名城商学』二九、別巻、一九八〇年)
松尾正人『廃藩置県』(中公新書)中央公論社、一九八六年
松尾正人「明治初年における左院の西欧視察団」(『国際政治』八一、一九八六年)
松尾正人「府県創設期の宗教問題―明治初年の日光県を中心にして―」(『近代日本の形成と宗教問題』中央大学人文科学研究所、一九九二年)
松尾正人「明治初年の宮廷勢力と維新政権」(『幕藩権力と明治維新』吉川弘文館、一九九二年)
松尾正人「木戸孝允とその史料」(『近代史料解説』岩波書店、一九九二年)
松尾正人『維新政権』吉川弘文館、一九九五年
松尾正人「明治初年『新聞雑誌』の廃藩論」(『中央史学』一九、一九九六年)
松尾正人「山口藩知事毛利元徳の辞職『上表』」(『中央大学文学部紀要』一六八、一九九七年)
松尾正人『廃藩置県の研究』吉川弘文館、二〇〇一年

三谷　博『明治維新とナショナリズム』山川出版社、一九九七年
三宅紹宣「薩長盟約の歴史的意義」（『日本歴史』六四七、二〇〇二年）
宮地正人「幕末維新期の国家と外交」（『講座日本歴史』七、一九八五年）
宮地正人「廃藩置県の政治過程―維新政府の崩壊と藩閥権力の成立―」（坂野潤治・宮地正人編『日本近代史における転換期の研究』山川出版社、一九八五年）
宮地正人『幕末維新期の社会的政治史研究』岩波書店、一九九九年
宮永　孝『白い崖の国をたずねて―木戸孝允のみたイギリス―』集英社、一九九七年
村松　剛『醒めた炎』下巻、中央公論社、一九八七年
毛利敏彦『明治六年政変の研究』有斐閣、一九七八年
安岡昭男『幕末維新の領土と外交』清文堂出版、二〇〇二年
渡辺幾治郎「木戸孝允の欧米巡遊と其の成果」（『日本歴史』第三七号、一九五一年）
渡辺隆喜『明治国家と地方自治』吉川弘文館、二〇〇一年

史　料

『三条実美公年譜』宮内省図書寮、宮内省、一九〇一年
『岩倉公実記』上下、皇后宮職蔵版、一九〇六年
『品川子爵伝』村田峯次郎著、大日本図書株式会社、一九一〇年
『防長回天史』末松謙澄、一九二〇年（『修訂防長回天史』二冊、柏書房、一九八〇年）
『大久保利通日記』上下、日本史籍協会、一九二七年（後に日本史籍協会から覆刻再刊）

『松菊木戸公伝』上下、木戸公伝記編纂所、明治書院、一九二七年
『岩倉具視関係文書』一～八、日本史籍協会、一九二七～三五年（後に日本史籍協会から覆刻再刊）
『大久保利通文書』一～一〇、日本史籍協会、一九二七～二九年（後に日本史籍協会から覆刻再刊）
『復古記』二・八・九、東京大学蔵版、内外書籍、一九二九～三〇年
『木戸孝允文書』一～八、妻木忠太編、東京大学出版会、一九二九～三一年（後に日本史籍協会から覆刻再刊）
『広沢真臣日記』日本史籍協会編、東京大学出版会、一九三一年
『木戸孝允日記』一～三、妻木忠太編、東京大学出版会、一九三二～三三年（後に日本史籍協会から覆刻再刊）
『公爵山県有朋伝』上中下、徳富猪一郎編述、山県有朋公記念事業会、一九三三年
『世外井上公伝』全五巻、井上馨侯伝記編纂会、内外書籍、一九三三～三四年
『前原一誠伝』妻木忠太著、積文館、一九三四年
『伊藤博文伝』上巻、春畝公追頌会、統正社、一九四〇年
『大隈文書』第一巻、早稲田大学社会科学研究所、一九五八年
『一外交官の見た明治維新』アーネスト・サトウ著、坂田精一訳、岩波文庫、一九六〇年
『大久保利通関係文書』一～五、立教大学日本史研究室・立教大学日本史研究会、一九六五～七一年（後に日本史籍協会から覆刻再刊）
『明治天皇紀』第一～四、宮内庁、吉川弘文館、一九六八～七〇年
『保古飛呂比』（佐々木高行日記）三～七、東京大学出版会、一九七二～七五年。
『伊藤博文関係文書』一～九、伊藤博文関係文書研究会、塙書房、一九七三～八一年

『改訂肥後藩国事史料』細川家編纂所編、国書刊行会発行、一九七四年
『太政官日誌』一～八、石井良助編、東京堂出版、一九八〇～八二年
『初代山口県令中野梧一日記』(田村貞雄校注)、マツノ書店、一九九五年
『前原一誠年譜』(田村貞雄校注)、マツノ書店、二〇〇三年
『木戸孝允関係文書』一、木戸孝允関係文書研究会、東京大学出版会、二〇〇五年

『木戸孝允』をよむ

宮間純一

人物研究の難しさ

『木戸孝允』（以下「本書」）は、吉川弘文館の「幕末維新の個性」シリーズの八巻目として刊行された。このシリーズは、明治維新史研究の第一線で活躍する中堅・ベテランの研究者による人物史として、企画が明らかにされた時から注目を集めていた。一般的な伝記ではなく、幕末から明治前期の政治過程に個人の事蹟を位置づけようとする方向性が各巻に共通する特徴である。また、「幕末維新の個性」というシリーズ名にふさわしく、それぞれのユニークな人物像にも迫っている。

当時、明治維新史研究の入口にいた私にとっても、各巻の出版が待ち遠しいシリーズであった。何冊かは、仲間たちとの自主的な勉強会で批評したこともある。布施賢治さん（現米沢女子短期大学）、清水裕介くん（現渋沢史料館）たちとの「熱海合宿」で、佐々木克さんの『岩倉具視』（二〇〇六年刊行）の書評を担当したのは良い思い出である。

本書が発表された二〇〇七年、私は著者の松尾正人先生が主宰する中央大学大学院のゼミに所属する修士課程の大学院生だった。そのため、本書はひとしお期待をもって手に取ったことを憶えている。指導教員の著作というだけではなく、松尾先生が木戸孝允を学術的な観点からどう論じるのか、とても楽しみにしていた。というのも、松尾先生は、それまでの研究活動で木戸に注目しつづけていたが、人物として木戸を批評することには抑制的であるように見えていたからである。

学部・大学院ともに、松尾ゼミでは、参加者各自の研究発表のほかに史料読解の報告が課されていた。先生から文書群が指定され、その中からおのおのの関心にもとづいて選んだ史料を紹介する形式であった。テキストとなる文書群は毎年変わるが、おもに幕末から明治期の政治史関係史料を扱うので、木戸が話題にのぼることも少なくなかった。

ゼミでの先生のコメントのはしばしからは、木戸への親しみがうかがえた。「維新の三傑」として比較されることの多い大久保利通や西郷隆盛よりも、先生は木戸の「人間くさい」部分に惹かれているように感じていた。それは、史料と対話する中で生まれた木戸に対する思い入れだと思う。

研究対象とする人物を追ってゆく過程で、歴史家はできるだけその人によりそって同じ目線に立とうとする。その作業を何年、何十年と継続していると、その人物になんともいえない特別な感情をいだくようになる。

学生の時にはピンとこなかったが、いまとなっては研究対象に対して生じる、いかんともしがたい愛着はとても良くわかる。とくに、木戸のように残された史料から感情・思考の揺れ動きが読み取れる人物は、歴史家にとって腕の振るいがいのある研究対象だといえる。史料からその人の内心をも捉えられそうで、歴史家の目には魅力的に映る。木戸は、つい深追いしたくなる人物の一人なのである。

一方で、松尾先生は歴史家として過去の人物を批評することの難しさも述べていた。歴史は人間がつくるものだから、人物不在のまま歴史を描くことはできない。しかし、特定の人物に肩入れしすぎるとその人物への感情移入が無意識に進んでしまい、客観的な評価が難しくなる。また、一人の人間から見た世界観をどこまで広げられるのか、いかに通史に組み込めるのかという問題もある。そうした苦悩も語ってくれた。

人物の扱い方や個人史の意義については、学界でもながらく議論されてきた。松尾先生は、木戸に対して一人の人間としての思い入れをもちながらも、このような研究上の課題を意識し、木戸と一定の距離を保ちつつ本書を執筆したのだと推察する。

松尾先生の木戸孝允論

過去の松尾先生の語りを思い返しながら本書を読み直してみると、合点が行った。本書は、従来も注目されてきた幕末期の木戸に関しては概観にとどめ、明治期の論述に比重をおいている。明治前期の政治通史をおさえつつ、木戸の政治家としての長短・功罪をバランス良く叙述している。木戸のすぐれた政治手腕を高く評価する反面、むらっけのある性格や、重要な場面で逃げ出してしまう人としての弱さもはっきりと描いている。

高く評価している点としては、次のような箇所があげられる。朝鮮問題について木戸は当初積極論をとったが、岩倉使節団から帰国した後は消極的な意見を表明した。この変節について、本書では「木戸は直情径行型ではあるが、猪突猛進ではない。周囲の情況を判断し、条理を立てて転向する政治性を持っている」（二七二頁）と、情況に応じて判断を改めることができる政治的合理性・柔軟性を評価している。ほかにも、木戸の優れた政治手腕への言及は本書の中で何度か登場するが、エピローグで、「時代の先を見通す先見の明に富んだ。時勢を読む眼識だけでなく、条理分明で、自説の実現に向けて適切な配慮を行い、その周旋尽力が高く評価される」（二三七頁）とまとめているのは、それをもっとも端的に表現した部分であろう。

反面、木戸には「逃げの小五郎」という「陰口」がついて回ったことも論じている。木戸は、池田屋騒動や禁門の変などで多くの同志が落命する中、危機を回避して動乱の幕末を生き延びた。また、明治政府誕生後、木戸は版籍奉還の断行や「征韓論」をめぐる政府内での対立など重大事における困難な場面で病気と称して不在にすることがあった。「逃げの小五郎」は、このような木戸の姿勢からつけられた「陰口」なのだという。

松尾先生は、こうした事実から「埒が明かない修羅場あるいは責任が問われる土壇場では、逃げ出したくなるようだ」（二四五〜二四六頁）と木戸の精神的なもろさにも踏み込んでいる。「逃げの小五郎」に関しては、本書のほかに「明治の木戸孝允―「逃げの小五郎」と維新政権―」（『駒沢大学大学院史学論集』三七、二〇〇七年）も合わせて読んでほしい。

右のような松尾先生の木戸孝允論は、膨大かつ厳密な史料分析の上に成り立っている。あとがきで、「『廃藩置県』を執筆する機会があって以来、いつか明治の木戸を正面から取り組んでみたいと願っていた」（二五二頁）と述べているが、先生にとって本書は二〇年以上の明治維新史研究の中で培われた木戸孝允論であった。言い換えれば、本書は『廃藩置県』（中公新書、一九八六年）やその後発表された『維新政権』（吉川弘文館、一九九五年）、『廃藩置県の研究』（吉川弘文館、二〇〇一年）といった研究成果が背景にあって生み出されたものといえる。本書が、明治初年から廃藩置県にかけての時期に多くの紙数を割いているのも、こうした先生の研究履歴によるところが大きい。

これらの著作は、今日の明治維新史研究の基本文献ともなっている。本書を読んでさらに木戸や明治政府についての理解を深めたいと思った方は、挑戦してみてはいかがだろうか。『廃藩置県の研究』は博士論文がもとになっているので、研究者以外はとっつきにくいかもしれないが、『廃藩置県』や『維新政権』は比較的読みやすいと思う。

「維新の三傑」と木戸の評価

本書では、大久保との対比の中で木戸の人物像を描写する場面がたびたびみられる。大久保と木戸、西郷を加えて「維新の三傑」と称されるが、彼らは英雄視される一方で比較されつづけてきた。かつて懇親会の席で、松尾先生に「「維新の三傑」というのはいつ頃生まれた表現なのでしょうか」と質問したことがある。先生は、「明治の頃からあったようだよ」といつもの柔らかな口調で答えてくれた。調べてみるとたしかにその通りである。

一八七七年（明治十）、木戸は病死し、同じ年の西南戦争で西郷も生涯を終えた。さらに、翌年の紀尾井事件（紀尾井坂の変）で大久保は不平士族に暗殺される。その直後に出された書籍の中で、はやくも「三傑」という呼び方がみられる。岩村吉太郎『皇国三傑伝』（一八七八年）では、大久保・木戸・西郷が「三傑」とされている。つづいて、山脇之人『維新元勲十傑論』（一八八四年）では、西郷・大久保のほか、江藤新平・横井平四郎（小楠）・大村益次郎・小松帯刀・前原一誠・広沢兵助（真臣）・岩倉具視と並んで木戸が「十傑」の一人に数えられている。ただし、同書でも「木戸、大久保ノ二君ト相並ビテ一時ハ明治ノ三傑トモ称セラレ」（八頁）と「三傑」にもふれられている。このように、木戸・大久保・西郷の三人を並べて「三傑」と呼び、それぞれの個性を解説する文献は明治期から現在まで確認できる。

また、木戸と同じ時代を生きた政治家たちも同じように彼らを並べて比較していた。たとえば、元越前福井藩主で、幕末から明治初期の中央政治に関与した松平春嶽は、「御一新の功労に知仁勇あり、知勇は大久保、智仁は木戸、勇は西郷なり。此三人なくんば、如何に三条公・岩倉公の精心あるとも、貫徹せざるべし」（『幕末維新史料叢書　第四』人物往来社、一九六八年、一一〇・一一一頁）と回顧している。

「三傑」の中でも、木戸と大久保はくらべられがちである。長州藩出身の政治家としては木戸の後輩にあたり、大久保の死後、その後継者となった伊藤博文は、両者について次のように語っている。

木戸公は才識共に富んで居る方の人でドッチかと云へば寛仁大度にして識量のある人と云つてよい、大久保公の方は所謂沈毅《いわゆるちんき》にして忍耐の方で、容易に進退することをしない人である、木戸公はドッチかと云へば識の高い人だから識に依つて事物を判断して往《ゆ》かうと云ふ人ゆゑ自《おの》づから忍耐の力は大久保公に一歩を譲つて居つた、其代り識力の方は大久保公も一歩譲つて居つた、斯う云ふ工合《ぐあい》ぢゃ伊藤は、落ち着いて動ぜず忍耐強い大久保に対して、木戸は高い識見にもとづいて物事を判断する点で長けていたという。

（中央新聞社編『伊藤侯、井上伯、山県侯元勲談』一九〇〇年、四三頁）

このように、「三傑」を評した言説や書籍は、今日までに多数確認できる。木戸の評価や人物像もその分多様である。本書はその中でも、実証的な歴史研究によって構築された木戸孝允論の到達点といえるが、読みくらべもぜひおすすめしたい。他の文献における木戸の評価と並べてみると、松尾先生ならではの議論の特徴がいっそう浮かび上がることと思う。それによって、読者一人ひとりの木戸孝允論も得られることと思う。

（中央大学文学部教授）

本書の原本は、二〇〇七年に吉川弘文館より刊行されました。

著者略歴
一九四八年　東京都に生まれる
一九七六年　中央大学大学院文学研究科博士課程
国史学専攻退学
現在、中央大学名誉教授、博士（史学）

〔主要編著書〕
『廃藩置県』（中央公論社、一九八六年）、『維新政権』（吉川弘文館、一九九五年）、『廃藩置県の研究』（吉川弘文館、二〇〇一年）、『幕末維新論集6　維新政権の成立』（編著、吉川弘文館、二〇〇一年）、『日本の時代史21　明治維新と文明開化』（編著、吉川弘文館、二〇〇四年）

読みなおす日本史

木戸孝允

二〇二四年（令和六）十二月一日　第一刷発行

著　者　松《まつ》尾《お》正《まさ》人《ひと》
発行者　吉川道郎
発行所　株式会社　吉川弘文館
郵便番号一一三―〇〇三三
東京都文京区本郷七丁目二番八号
電話〇三―三八一三―九一五一〈代表〉
振替口座〇〇一〇〇―五―二四四
https://www.yoshikawa-k.co.jp/
組版＝株式会社キャップス
印刷＝藤原印刷株式会社
製本＝ナショナル製本協同組合
装幀＝渡邉雄哉

ISBN978-4-642-07679-1

刊行のことば

現代社会では、膨大な数の新刊図書が日々書店に並んでいます。昨今の電子書籍を含めますと、一人の読者が書名すら目にすることができないほどとなっています。ましてや、数年以前に刊行された本は書店の店頭に並ぶことも少なく、良書でありながらめぐり会うことのできない例は、日常的なことになっています。

人文書、とりわけ小社が専門とする歴史書におきましても、広く学界共通の財産として参照されるべきものとなっているにもかかわらず、その多くが現在では市場に出回らず入手、講読に時間と手間がかかるようになってしまっています。歴史の面白さを伝える図書を、読者の手元に届けることができないことは、歴史書出版の一翼を担う小社としても遺憾とするところです。

そこで、良書の発掘を通して、読者と図書をめぐる豊かな関係に寄与すべく、シリーズ「読みなおす日本史」を刊行いたします。本シリーズは、既刊の日本史関係書のなかから、研究の進展に今も寄与し続けているとともに、現在も広く読者に訴える力を有している良書を精選し順次定期的に刊行するものです。これらの知の文化遺産が、ゆるぎない視点からことの本質を説き続ける、確かな水先案内として迎えられることを切に願ってやみません。

二〇一二年四月

吉川弘文館

読みなおす
日本史

境界争いと戦国諜報戦	盛本昌広著	二二〇〇円
邪馬台国をとらえなおす	大塚初重著	二二〇〇円
百人一首の歴史学	関　幸彦著	二二〇〇円
江戸城　将軍家の生活	村井益男著	二二〇〇円
沖縄からアジアが見える	比嘉政夫著	二二〇〇円
海の武士団　水軍と海賊のあいだ	黒嶋　敏著	二二〇〇円
呪いの都　平安京　呪詛・呪術・陰陽師	繁田信一著	二二〇〇円
平家物語を読む　古典文学の世界	永積安明著	二二〇〇円
坂本龍馬とその時代	佐々木　克著	二二〇〇円
不動明王	渡辺照宏著	二二〇〇円
女人政治の中世　北条政子と日野富子	田端泰子著	二二〇〇円
大村純忠	外山幹夫著	二二〇〇円
佐久間象山	源　了圓著	二二〇〇円
源頼朝と鎌倉幕府	上杉和彦著	二二〇〇円
近畿の古墳と古代史	白石太一郎著	二四〇〇円
東国の古墳と古代史	白石太一郎著	二四〇〇円
昭和の代議士	楠　精一郎著	二二〇〇円
春日局　知られざる実像	小和田哲男著	二二〇〇円
伊勢神宮　東アジアのアマテラス	千田　稔著	二二〇〇円
中世の裁判を読み解く	網野善彦・笠松宏至著	二五〇〇円
アイヌ民族と日本人　東アジアのなかの蝦夷地	菊池勇夫著	二四〇〇円
空海と密教　「情報」と「癒し」の扉をひらく	頼富本宏著	二二〇〇円

吉川弘文館
（価格は税別）

読みなおす
日本史

- 石の考古学　奥田 尚著　二二〇〇円
- 江戸武士の日常生活 素顔・行動・精神　柴田 純著　二四〇〇円
- 秀吉の接待 毛利輝元上洛日記を読み解く　二木謙一著　二四〇〇円
- 中世動乱期に生きる 一揆・商人・侍・大名　永原慶二著　二二〇〇円
- 弥勒信仰 もう一つの浄土信仰　速水 侑著　二二〇〇円
- 親 鸞 煩悩具足のほとけ　笠原一男著　二二〇〇円
- 道と駅　木下 良著　二二〇〇円
- 道 元 坐禅ひとすじの沙門　今枝愛真著　二二〇〇円
- 江戸庶民の四季　西山松之助著　二二〇〇円
- 「国風文化」の時代　木村茂光著　二五〇〇円
- 徳川幕閣 武功派と官僚派の抗争　藤野 保著　二二〇〇円
- 鷹と将軍 徳川社会の贈答システム　岡崎寛徳著　二二〇〇円
- 江戸が東京になった日 明治二年の東京遷都　佐々木 克著　二二〇〇円
- 女帝・皇后と平城京の時代　千田 稔著　二二〇〇円
- 武士の掟 中世の都市と道　高橋慎一朗著　二〇〇〇円
- 元禄人間模様 変動の時代を生きる　竹内 誠著　二二〇〇円
- 東大寺の瓦工　森 郁夫著　二二〇〇円
- 気候地名をさぐる　吉野正敏著　二二〇〇円
- 江戸幕府と情報管理　大友一雄著　二二〇〇円
- 木戸孝允　松尾正人著　二四〇〇円
- 奥州藤原氏 その光と影　高橋富雄著　（続 刊）
- 日本の国号　岩橋小弥太著　（続 刊）

吉川弘文館
（価格は税別）